2018年，在全国自育自学习惯培养现场会做讲座

公开课中与学生合影

与学生一起读报

指导学生学习

与职业技术学院的学生在一起

与同事参加秋季体育运动会的合影

与盘锦市实验中学学生在一起

在讲座中

WEI SHUSHENG

魏书生教育文集

好学生 好学法

魏书生◎著

漓江出版社
·桂林·

图书在版编目（CIP）数据

好学生　好学法 / 魏书生著 . -- 桂林：漓江出版社，2021. 12（2024. 4 重印）
（魏书生教育文集）
ISBN 978-7-5407-9154-4

Ⅰ . ①好…　Ⅱ . ①魏…　Ⅲ . ①中学生－学习方法　Ⅳ . ① G632.46

中国版本图书馆 CIP 数据核字（2021）第 208701 号

好学生　好学法

作　　者　魏书生

出 版 人　刘迪才
策划编辑　文龙玉
责任编辑　章勤璐
助理编辑　周冬辉
营销编辑　俞方远
封面设计　周泽云
责任监印　黄菲菲

出版发行　漓江出版社有限公司
社　　址　广西桂林市南环路 22 号
邮　　编　541002
发行电话　010-65699511　0773-2583322
传　　真　010-85891290　0773-2582200
邮购热线　0773-2582200
电子信箱　ljcbs@163.com
网　　址　www.lijiangbooks.com
微信公众号　lijiangpress

印　　制　天津嘉恒印务有限公司
开　　本　710 mm × 1000 mm　1/16
印　　张　17.75
字　　数　260 千字
版　　次　2021 年 12 月第 1 版
印　　次　2024 年 4 月第 4 次印刷
书　　号　ISBN 978-7-5407-9154-4
定　　价　50.00 元

目 录／Contents

第二辑 激发兴趣

第三辑 磨炼意志

第四辑 发展思维，培养注意力

第五辑　训练记忆力

第六辑 统筹计划

第七辑 科学预习、专心听课、及时巩固

第八辑 认真复习

第九辑 从容考试

教给学生自学方法（代序）

我觉得，教育的责任，固然要教给学生真理，但更重要的，还是要培养学生发现真理的能力；要教给学生知识，更要培养学生自己学习知识的能力。

我还觉得，每位学生都有自学的潜能。有的学生获得了较多的自学机会，掌握了学习方法，便有了较强的自学能力。也有的学生遇到了包办代替过多的老师，被剥夺了发挥自学潜能的机会，没机会掌握学习方法，自学能力当然弱。

于是自70年代末开始，我力求给学生以更多自学的机会，教给学生自学方法，学生取得了优异的成绩。1981年，我教的第一届实验班毕业，当年，我写的《培养学生自学能力》一文曾在全国中语会交流。

以后，我更加放手让学生自学。1997年毕业的学生，我只是教自学方法，两年半的时间，没给学生讲过一篇课文，每节语文课都是学生自学，全班升学考试仍取得了全市总分第一的好成绩。

28个省、市、自治区的3万多位教师先后到我教的班听课，看学生自学，希望我把教给学生的学习方法写成一本书。

我先后给800多位学生当过班主任，这本书其实是800多位学生自学经验的总结。

我先后给31个省、市、自治区的学生讲过语文课或学习方法课，课后，我喜欢搜集他们的学习经验。这本书，其实也是各地学生的学习经验总结。

我们全国中学学习科学研究会1988年成立，大家选我当理事长。其实多年来，我向研究会的专家、学者、老师们学到的，比我给大家的不知要多多少倍。这本书是我读研究会成员写的100多种研究学习方法的专著之后的学习体会。

我真诚地向给我以帮助的学生、专家、学者、老师们表示衷心的感谢!

引发动力、发展智力、掌握技巧，三者总和为广义的学习方法。动力属于德育范畴（有人叫非智力因素，也有人叫情商），智力当然是智育的范畴，技巧为狭义的学习方法。三者常常互为条件、互为因果，要想学习效率高，三者都要兼顾，方能互相促进，形成良性循环。

各种方法都是工具，使用工具就要根据个人的需要去选择，特别是技巧类的方法，更要注重从自己的实际出发去选择。比如记忆方法本书讲了十几种，有的书介绍了上百种，同学们千万不要每一种都用一用，浅尝辄止；而应该选择一两种适合自己的具体方法，反复实践，决不动摇，持之以恒，力求用得纯熟，熟能生巧，方法便能成为助你奔向理想彼岸的渡船。

人类社会经济突飞猛进的发展，使世界信息总量近几年成千甚至上万倍地增长，信息高速公路正向不发达地区延伸，计算机互联网络正深入千家万户，网上学校正在对先生讲、学生听的传统学习模式形成强烈的冲击。所有这些都要求现代的学生必须具备较强的自学能力，才能成为知识的主人、学习的主人，将来成为生活的主人、国家的主人。

愿这本书能成为同学们的工具，成为同学们的助手。愿同学们掌握这些工具，以使自己学习效率更高，学得更愉快、更轻松、更有效!

更盼望大家在使用中，对方法提出更多更好的改进意见，以使这本书再版时，更适合学生的需要。

编辑的话

魏书生是中国教育界的传奇人物，40 多年前，他以严整、科学和极具前瞻性的教育理念，新颖的互动教学方式，学生自主学习的教育方式，民主科学的管理指导思想，引领了新一轮教育改革的重要内容。从教以来，他身兼社会职务达四十多项，却始终不离教学第一线，而是坚持上语文课，并在 1998 年以前一直担任班主任。即使在任盘锦市教育局局长后，除兼上课外，他还做着不挂名的班主任工作，魏书生是教书育人的模范。

由于成绩卓著，魏书生先后获全国中青年有突出贡献的专家、首届“中国十大杰出青年”、“全国十佳师德标兵”、“全国劳动模范”、“五一劳动奖章”、“全国优秀班主任”等殊荣，被评为改革开放 30 年“中国教育时代人物”。

40 多年来，魏书生在全国 31 个省、自治区、直辖市和港澳台地区做报告 2000 多场，上公开课 1000 多次，发表文章 100 多篇，主编、撰写、出版著作 20 多部；听众 5000000 人次，作品总发行量超过 1000000 册。

本套书即他的经典著作，以班主任工作、教学工作、家庭教育、学生学法指导为主题，涵盖了全方位的教育、教学、管理策略和实施方法。从指导思想到管理措施，再到工作细节，完美展现了作者独具一格的班主任、教学工作经验和班级管理的具体方法，以及家庭教育心得和学生学习技巧指导。以情感厚重、风格平实、内容丰富、事例生动感人为特征，深深吸引着读者，成为广大班主任、教师和家长的必读教科书，近 20 年来，一版再版，影响和改变了无数教师。

而随着教改的深入，魏书生的著作畅销，市场上出现了大量盗用作者名义盗印的书籍，其文字及装帧、印刷质量粗劣，严重侵害了读者和作者的权益。鉴于此，我们与作者重新加工、整理和编校文稿，订正文字讹误，并适当修改语句，使之更适应当下读者的阅读习惯。除个别篇目调整较大外，套书保持了大家所熟悉的文字风格和韵味，使作者的教育教学管理思想精髓再度呈现，正本清源，以飨读者。

追随经典，历久弥新。时间会流逝，但教育家的长者智慧与师者风范不会过时。

愿我们的这份努力能给您带来一点益处。

“做良心书，放心书，管用书！”这是读者的期望，也是我们的方向。

2021 年 12 月

第一辑
明确目的

革命家李大钊说过:“青年啊，你们临开始活动以前，应该定定方向。比如航海远行的人，必先定个目的地。中途的指针，总是指着这个方向走，才能有达到那目的地的一天。”

目的不明确的学生，如同没有方向的航船，只是随波逐流，不可能到达理想的彼岸。

学习目的明确、正向

——随波逐流不可能到达理想彼岸

许多人平庸，原因在于没有明确的高尚的人生目的，只是昏头昏脑地活着，不知道追求什么。

许多学生学习成绩差，原因也在于没有明确、高尚的学习目的。今天为了应付家长学，明天为了应付老师学，过两天为了应付考试学，更多的时候是在教室里坐着，被老师逼得不得不学。

要取得好成绩，就应确立明确、高尚的学习目的，也有的称学习动机。

多年以前有个陈浩然，初中毕业，生不逢时，遇上“文革”运动，失去升学机会，病魔又向他袭来。但他不颓丧，他确立自己的目的——当一名出色的翻译。

在这样明确的目的驱动下，他刻苦自学，博览群书，遵循学外语的规律，多读、多听、多说、多写、多译，用自己顽强的精神和艰苦的努力，获得丰富的外语知识。他终于熟练地掌握了日语和英语。

机遇往往偏爱目的明确的奋斗者。“十年动乱”结束不久，陈浩然就遇上了华东政法学院向社会公开招聘外语人才的良机。他去参加应聘考试。工作人员看过他带来的应考证明后，说：“我们登报以来，应聘人数已超过五百人，我们只招两名日语生，而应聘者，留学日本名牌早稻田大学的就有十多人，有的还在日本居住了一二十年，你可以考虑一下……”工作人员觉得他不自量力，根本不相信他有可能被聘用。

他说：“我真正搞日语笔译的时间虽然不长，但我也翻译了五六十万字的技术资料；我的日语水平可能比不上他们，我是一个‘被耽误者’，让我考一考吧！”

工作人员为陈浩然的诚恳所感动，答应如果有多余的试卷，可以让他试一试。

考试那天，在别人已经考了半小时以后，陈浩然终于获得了一次“考试”的机会。

一个月后，华东政法学院派人通知陈浩然，他考试成绩名列榜首，已被录用。他进入政法学院后，仅用一年多时间，翻译了近百万字的资料，担任了学院接待日本法律专家的翻译，还当上了《刑侦研究》的主编。

起初，命运对陈浩然来说似有些“不公”，但这种“不公”在奋斗目的明确的他面前，却变成了“成功的催化剂”。他的事迹告诉我们，明确、高尚的学习目的，会给人以无穷无尽的动力，驱动人们去学习，去拼搏，去获得成功。

我国杰出的生物学家童第周，在学生时代就确立了“中国人不是笨人，应该拿出东西来，为我们民族争光”的学习目的，使自己的学习热情越来越高。他在比利时研究实验胚胎学时，同宿舍住着一个研究经济学的俄国人，他很瞧不起中国人，嘲笑中国人是“东亚病夫”。童第周愤怒地对他说：“不许你侮辱我的祖国，这样好不好，你代表你的祖国，我代表我的祖国，从明天起，我不去实验室，和你一起研究经济学，看谁先取得学位。”那个俄国人不敢应战，赶紧溜掉了。经过四年努力，童第周以优异的成绩取得了博士学位，他尤其擅长在显微镜下做当时外国人还不能做的精细手术，得到了欧洲生物学界的赞扬，受到世界许多专家的瞩目。

年轻的数学家肖刚，上小学时就确立了攀登科学文化高峰、为祖国富强做贡献的学习目的。他只读到初二就到农村劳动，凭着顽强的自学能力，达到了大学水平，1977 年 10 月被破格录取为科技大学研究生。肖刚于 1984 年在法国获博士学位，回国后仅两年就被聘为教授，同年被国务院学位委员会批准为博士生导师，成为我国最年轻的博士生导师之一。

革命家李大钊说过：“青年啊，你们临开始活动以前，应该定定方向。比如航海远行的人，必先定个目的地。中途的指针，总是指着这个方向走，才能有达到那目的地的一天。”

目的不明确的学生，如同没有方向的航船，只是随波逐流，不可能到达理想的彼岸。

心中有祖国，学习有强大动力

理想远大的人，学习目的才高尚，学习动力才持久。理想远大的人，活得才开朗、豁达、乐观、有为。学生应从小树立为祖国学习的远大理想。

要树立远大理想先要爱自己的祖国，为什么？

第一，这是因为祖国同母亲一样，每个人只有一个。为了报效养育之恩，为了人性中最基本的成分——懂得知恩图报，每个人也该爱祖国。

第二，为了自己的成长、学习、工作，我们也需要爱祖国。唯有爱，我们才能在祖国的土地上汲取乳汁、营养；唯有爱，我们才能在这块土地上找到发展自我的道路和途径；唯有爱，我们才会有施展自己才能的舞台和战场。如果谁生在这片土地上，却不爱祖国，100个牢骚，80个愤恨，恨得要死，烦得要命，那么被毁掉的，首先便是他自己。这么大的国家出了一些贪污腐败分子，伟大祖国不是照样前进吗？这些贪污腐败分子呢？却百分之百地毁掉了自己。

第三，爱国是塑造自己完美人格的需要。科学无国界，但科学家有祖国。世界上伟大的思想家、政治家、科学家、文学家同时都是伟大的爱国者。有的在国外开创了一番事业，也还是心系祖国，把大量资产奉献给祖国。只有爱国的人，灵魂才有归宿，人格才高尚，才会受到人的尊重。而个别嫌弃母亲贫穷，换了一个富婆当后妈，回过头来就不认亲娘的人，周围的人谁会拿他当个人看？极个别心术不正的人，削尖脑袋，钻出国门，在国外刷盘子洗碗，挣了美元，买了外国户口，再回到国内，冒充“假洋鬼子”欺侮自己的同胞，损害祖国利益。这种人，其实已经丧失了人格，不仅中国人瞧不起，外国人也没有谁瞧得起这类没人格的人。人要在社会上受到尊重，就要有人格，就要爱祖国。

第四，祖国需要有更多的儿女爱她，才能更繁荣、更昌盛、更强大。祖国繁荣强盛了，我们每一个人才能学习、生活得更有尊严。

每个国家要增强民族的凝聚力，都会进行爱国主义教育。一位中国军人在美国看到了这样一幕：

“一天，我和家人、朋友到西点军校游览。黄昏，西点军校的学员组织了一场露天演奏会，游客们一起坐在舞台前碧绿的草坪上，静待晚会开场。正在这时，突然传来一阵嘹亮的军号。降国旗的时候到了，几乎与此同时，一个使我十分难忘的场面出现了，在场的所有美国人，不管男女老幼一齐站起来，面向国旗，肃然而立，整个校内，鸦雀无声。我顿时感到非常激动。尽管我是外国人，这种此时无声胜有声的情景，使我不由自主也站起来，沉浸在一种沸腾的情绪中。没有讲解，没有宣传，可是人人都感到了这个民族的力量，这是精神的力量。当时我很尴尬，是站着，还是坐着？后来想，我不是美国人，便坐了下来。可是想来想去还是又站起来，不是为了星条旗，而是为了这个民族，这样的民族是优秀的民族，我应该站起来表示对他们的尊敬。”

近年来韩国的经济腾飞举世瞩目，而韩国人的爱国热忱则更令人惊叹。没有人强制，没有官方约束，韩国人竟都以买国货为荣。在韩国，尽管欧美产品比比皆是，但价格最高的都是本地产品，销量最大的也是本地产品。在韩国街上跑的都是国产车，甚至韩国学生到美国留学仍然买韩国车。韩国人的这种爱国热忱也和他们的学校教育密不可分。韩国的中小学生从小就受到“身土不二”的教育，吃本地饭最好，穿本地衣最好，用本地产品最好。在韩国的学校，不会唱国歌是一种耻辱。韩国国歌里有这样一段歌词：“用我们的意志和精神，热爱我们亲爱的祖国，把身心和忠诚献给她，不管面对痛苦还是欢乐。”它一字一句铭刻在每个韩国人，包括孩子们的心里。

新加坡要求学校“教导学生深谙国家生存的大道理”“让他们学习如何在新加坡这块小小的土地上求生存”。新加坡总理吴作栋亲自为莱佛士女子中学新校舍主持开幕典礼，在讲话中明确提出学生们应该“明白除了个人权利与期望，也须负起国家的义务和责任”“了解作为一个国家，新加坡即使蓬勃发展，也会受到永恒的限制，并有它的脆弱性”。这样的教育使新加坡的孩子经常把个人利益与祖国利益统一起来考虑，自觉地维护国家的利益。仅以卫生为例，孩子们不仅自己不随地吐痰、不乱扔杂物，还自觉向大人们宣传，新加坡成了最干净的国家，路旁长凳都一尘不染。

一个有学习动力的人不一定是树立了为祖国学习的理想的人，但树立了为祖国学习的理想的人，一定是有强大学习动力的人，一定是有益于人民的人。

享受学习

什么是享受学习呢？这个话题和学习的目的是相关的，学习的目的是为了得到快乐，得到精神的解脱。要达到这个目的，就要注意学习的三个方面：第一方面是学习的动机，学习的动机必须是主动的，而非被动的，要去掉功利性的动机。第二方面是学习的过程，要想法使学习的过程快乐起来，要遵循学习的规律，循序渐进。第三方面是学习的内容，也就是学什么。

三个方面里首先是学习动机，动机对了一切都对了，动机错了一切就都错了。学习不应该是被动的，不要为了迫于什么压力去学习，或者是为了特别地取得某一个利益去学习。有时候迫于压力，被动地学习，往往就降低了学习的快乐程度。所以动机决定了快乐的开始。

学习过程如果不快乐，就算取得了某些学习成果，也很难充分享受学习的成就感和快乐感。如果不是循序渐进地学，而是想一下子一步登天，在自己达不到那个认识能力的时候，非要急于弄懂自己不可能认识的事物，违背了“闻道有先后”的学习规律，自然就纠结了，就怨天怨地怨自己了，就不快乐了。所以循序渐进地学习，一步一个脚印地收获，这个过程就是快乐的。

我们班最后进的学生，是全年级倒数三名的学生。他们刚来到我们班级，我一个个地找谈话。有个学生考 8 分，咱也得表扬他呀。不然的话，你要是这么说："啊！百分制语文考 8 分，你有什么意思啊？你看人家 80 多分一片一片的，你趁早回家得了。"

他本来就不敢正视那张卷子，一说他，他不更自卑吗？咱得一步步来啊。所以到我这个班呢，我必须想办法。

我说："我听说你考试考得不太好？"

"老师，别说了。"

"我听说你没到这个班来之前，上课都不听课？"

"老师，我想听但听不明白，我就不听了。"

"我听说你回家也不写作业？"

"老师，我过去抄作业，抄完了，那个老师不给我判，我就不给他抄了。"

"我听说你回家连书都不看？"

"老师，您替我想想啊，我课听不明白，作业不会写，书我能看懂吗？"

我说："这不结了吗？你看咱哪，一不听课，二不写作业，三不看书，考试咱还能得 8 分，这不说明咱有点儿天赋吗？"

呀，没人这么说过他呀！他突然眼睛一亮，是！我怎么还能会 8 分呢？没想这 8 分还跟着我，太忠实于我了。于是，他就觉得这张卷他敢看、敢正视了，他觉得 8 分挺亲切了。

我说："这张卷，除了会的 8 分，还有哪个不服气啊？有没有不服气的题？"

"老师，您要这么说，第一题我就不服气。"

我说："第一题有什么不服的？"

"老师，第一题这不是汉字加拼音吗？老师，没到您这班的时候，不会学。到您这班，您把这本书的生字都归纳成一张表，才 118 个生字，老师，学这个东西我觉得我能学会。我下一个星期啊，老师一上语文课，45 分钟，我什么事儿都不干了，您讲什么我也不听了，反正我也听不懂；别人干什么我也不比了，反正我也比不上。我一上语文课就写这 118 个生字，我翻来覆去地写、翻来覆去地写，我写它一个星期，看能不能会。”

他心一旦定下来，反倒发现一个强大的自我。一个星期以后，跟我叫号：“魏老师，你考我这本书，任何一个生字的音形义我都会了。”

我说：“你种这一个星期的自留地儿，秋后能打多少粮食啊？”

“老师，8 分加 2 分，10 分了。”

我说：“接下来还有不服气的吗？”

“文学常识不服气。”

“为什么？”

“老师，您不跟我们画表了吗？这本书才 23 个作家呀，23 个作家一个人 5 个知识点才 115 个知识点，我还用这种办法。老师，一上语文课，您讲什么我也不听，别人干什么我也不比，我就定下心来写这 23 个人，翻来覆去地写。”

你说，他不越写越熟吗？很多学生的毛病出在哪儿？大事儿做不来，小事儿不肯做；元帅当不成，不肯当士兵。于是乎，灵魂流浪，精神漂泊，思想浮躁，居无定所，这是非常难受的一种状态！天天重复着这么一种日子，所以咱就引导学生把心定下来。“元帅看来咱这辈子当不上了，不光你当不上，老师也当不上了。”现在咱们鼓励学生当元帅的宣传太多了，好好当士兵的宣传倒是不太多。我说，实际上，像咱这样的人，一辈子都注定当士兵，教育局局长是个啥？不也是个士兵吗？扎扎实实把小事儿做好，是不是？《大学》开篇是什么？“大学之道，在明明德，在亲民，在止于至善。知止而后有定，定而后能静，静而后能安，安而后能虑，虑而后能得。”心一旦定下来是至关重要的事情。他心定了，一上语文课，什么事儿都不干，就研究这 23 个作家。一个星期以后，考任何一个作家的生活年代、生活地点、作品名称、作品体裁、节选出自何处、名句是什么，人家全会了。

我说：“你又种了一个星期自留地儿，秋后能打多少粮食啊？”

“老师，10 分加 6 分，16 分了。”

“还有不服气的吗？”

“作文。”

“为什么？”

“老师，您没看吗？作文我交的白卷，我不屑给他写。”

我说：“给谁写？”

“评卷老师呗。”

我说：“那你可大错特错了，你以为评卷老师愿意看你写的那个老破作文？期末考试那卷子，老师们都是避开自己学生，不批自己年级组，评的还是密封卷。那么既然不是自己学生，学生分多点少点无所谓的一件事儿，所以，大热的天儿，一边评一边出汗，都盼着能不能快点评完放假呀，能不能评着评着发现一张白卷呀，一旦发现，唰一下完事啦，挺高兴，算一个工作量呀。”

这个学生才明白：“闹了半天，老师，不是给评卷老师写。”

“那是给谁写？”

“给我自己写。”

我说：“对啦，你有什么不服气的啊？”

“老师啊，我没到你这班来的时候，不会写作文，到这班来了，不长时间，我学会了，写 500 字的作文，根本不费劲。老师，如果我这篇作文，写 500 字，分四段，卷面整洁点，字迹工整点，老师啊，35 分的作文能不能给我 10 分呢？”他还挺谦虚。

我说：“你呀，离题如果别太远了的话，得 20 分的可能性也是存在的。”

于是，他就觉得，咱老师给他定的目标符合他的实际。

我说：“张 ×，咱经过一个学期努力，争取由 8 分涨到 26 分。”

“老师，您瞧不起我，我肯定超过 26 分。”

结果，到期末考试，他不是 26、36 啦，后来 40 多、50 多，及格啦。所以怎么改变学生？就用人家学生心灵深处真的、善的、美的、好的一面去激励他。再让他在学习过程中遵循规律，不管起点多低，只要循序渐进，没有学不好的。这就是小目标，小步走；举举手，够得着；学会啦，就成功；

更想学，更成功；更成功，更想学。这就循环起来了。

然后就是学习内容。内容上你得学对头。有的书良莠不齐，还有的书是把人引向思维误区的，你如果是学了这类的内容，你就跟着人家走偏了，走到沟里去了。内容的选择，一个是有益的、真的、善的、美的；另外一个还是适合自己的，特别是对做事而言，要学适合自己职业特点和适合自己的潜能特点的内容。如果一个音乐天赋好像很欠缺的人，非要去学习声乐，这样付出的代价就会很大，而得到的效果呢，就很不理想，也很难有快乐而言了。

所以我一直说，要享受学习的三个要件：

第一个，动力是积极的主动的，为了自身发展而学习，也为了社会发展而学习。

我总说，教育就算到了一万年以后，也都是为个人和社会的全面发展而学习，那么如果你个人要是以这个动机去学习，相对来说，你就会总是快乐的。你是为了自己的全面发展，而不是为了眼前的一些利益，为了一些鸡毛蒜皮的事去学习一些东西，你的动机就决定了你对自己学习成果的评价，你看到的就是自己获得了长远的自身发展，你有所得了，当然就快乐了。就像要学习一项技术技能，比如说焊接，如果是为了提高自己的素质，那么人家给不给你奖金，给不给你表扬，给不给你将来的职位或地位上的承诺，就都无所谓了。原因是什么？因为你是为了发展自己的焊接技能，通过学习你学到了技能，你的技能提高了，你有所得了，别人或上级的表扬都是附加的意外之得，有或没有都无所谓，你仍然会非常高兴。所以说，你放下了那些功利的动机，本着为了发展自己潜在的能力去学习，就很容易获得快乐，享受学习了。

我举的例子是一个技术工人的学习，一个焊接工的学习，但就动机的角度而言，一切的学习都是与此类似的，不存在大的差别。你要是总惦记着，能不能给我评上先进，能不能给我奖励，这样患得患失的时候，学习的幸福感就大大地降低了。而实际上，你要为了自身素质的发展，高高兴兴地静下心来学习，你不但能够享受到学习的乐趣，而且常常在你没想到的时候，很多好事却自然跟着来了。

第二个，学习的过程，不能急于求成。人家一分钟焊 10 个焊接点，你着急了，他怎么能焊 10 个啊，那是全省的状元啊，于是你急于求成说我也要到 10，可你现在的水平才是两个。你不循序渐进，光想着那个数字，就会越焊越乱，乱了自己的阵脚，可能连那能焊好的两个也不合格了。所以得先研究，我焊两个焊接点，是因为具备了什么条件，具备了什么心理素质，电流、焊枪、焊件之间有什么关系……静下心来守住，循序渐进，从而能够合格地焊 3 个、5 个直至更多。这样你就进步了，每有小的进步也就能享受了，急于求成就无法享受成长的快乐。

学习的过程，在孩子身上也是如此，一年级二年级，学扎实了，你再跳到四年级五年级；四五年级可以了，你再跳到初二或者高中。我有个学生张欣阳是跳级的，他是循序渐进地学完课程，大致可以了，才朝前跳。如果超越得太多，就把自己坑了，于是幸福感又没了。这个是正确的符合规律的学习过程。

第三个，学习内容的选择方面。什么是学呢？没事干，讲吃讲穿这也是学，有人把这些学得过多了，看着人家吃什么，他也想学着吃什么；看着人家怎么挥霍，他也想学着怎么挥霍，结果你又不具备那样的条件，就产生了诸多的烦恼和痛苦。

那么该学习什么呢？要学习做人大气的道理，发现人们共通的好的东西，把它们的根本抓住、掌握了，从这里面汲取能量，汲取自己生存的营养，你当然就幸福了。

然后再多阅读探求事物规律的那些非常好的书，看了真是像享用了一种精神的大餐，觉得非常愉快！

所以什么是享受学习呢？为了自身和社会的全面发展，明确目的、动机正确；过程循序渐进；内容要适合自己的同时又是有益的。就这三个要件，就享受学习啦！

关注国外科技动态

——目光远大的人胸襟开阔

多年以前，我还是被批判的对象，当时一边学马列原著，同时订了一份《国外科技动态》杂志。读过几页眼界大开，一时间有站在云端里看井底之蛙的感觉。世界这么大，绝不能被愚弄了，该认真研究点实事，学习点科学技术，将来总是用得上的。

从那时到现在，我每年都订阅《国外科技动态》，我也喜欢向一届又一届的学生介绍这一杂志，给学生们读杂志上的文章。

这一杂志以科学技术各领域的新进展、新趋势以及有关科学技术的述评、展望和预测为报道重点，也注意报道一些重要国家和地区科技政策的变化，大型科技项目与规划的制定与实施，某些重要的科研机构、重要科学人物也有选择地给予介绍。这本杂志还特别注意对自然科学、社会科学、经济、科技与教育以及各学科间交叉性内容的报道。

新一期《国外科技动态》送来了，有的同学和我抢着看，有时我挑自己感兴趣学生也感兴趣的栏目，在语文课堂上介绍。有时原文照读，学生复述，分析结构内容，回家后整理成文写在日记上。有时把文章中适合于学生了解的部分讲给学生听，供学生讨论。

每次讲《国外科技动态》，同学们都显示出极浓厚的兴趣，这样做也弥补了教材因受出版周期限制而离现代生活有一定距离的不足。

每当学习《国外科技动态》中的文章，学生们都深深为人类科学取得的巨大成就所鼓舞，从而产生了极大的学习动力。

比如，我给学生介绍《未来世界的85项新兴技术》——美国乔治·华盛顿大学专门小组预测的。文章写道：

2006年，各类学校和学院将普遍采用计算机辅助教学节目、交互式电视讲座和研究班等形式进行教学。

2008年，发达国家中的大多数人（80%）将进入信息超级公路。

2012年，计算机将能够随时翻译各种语言，其准确性和速度可达到能有效地进行交际的程度。

2014年，利用光子而不是电子为信息编码的计算机将投入市场。

2015年，灌溉、播种、施肥、喷洒农药等工作将普遍地采用计算机控制。

2016年，具备传感输入功能，能够做出决定和进行学习的机器人将进入市场。

2019年，私人公司将作为私人企业完成大多数太空发射任务。

2020年，核裂变发电将占总发电量的50%。

2030年，父母双亲可以常规地通过基因工程选择他们孩子的性格特点。

2049年，地球上的人类将与宇宙中别处的智能生命接触。

……

每学一篇《国外科技动态》的文章，学生们都像开启了一道新的思考问题的门，打开这扇门，走进去，学生们的精神世界变得广阔了。

同学之间偶发的对立情绪，对他人的嫉妒，心胸的狭隘，对人类事业的冷漠，这些思想感情的冰川，都容易在鼓舞人心的科技成果的阳光照耀下融化。

同学们应努力减少一点漫无边际的题海的漫游，省下时间来适当了解一点国外科技动态，你会觉得自己正生活在人类值得自豪的时代，生活在科技飞速发展的时代，为飞速发展的科技而读书、工作、科研，是现代人高层次的享受。

适当抽出一点时间，读一读讨论人类未来、祖国未来的书籍、资料，以使自己目光远大，胸怀开阔，更加珍视今天的学习生活，更加清楚学习哪些知识最有用。

国外的同龄人怎样学习?

我喜欢在语文课堂上介绍国外学生怎样学习。我一直订阅《外国教育动态》(后更名为《比较教育研究》),那上面有了适合于学生的内容,我便向学生介绍。

“日本等许多国家都把爱国主义当作德育的内容,他们的学生都有强烈的民族自尊心和自豪感。”

外国的德育课一般都根据学生的年龄和接受能力,采取循序渐进的方式。美国教育家希柯斯先生讲:“假如我们要教给他们如何对付萨达姆这样的暴君,首先要教会他们怎样对付勒索他们零花钱或抄他们作业的小无赖。”不像我们的德育,小学讲为共产主义奋斗,中学讲建设社会主义,大学讲集体主义,两相对照,学生们觉得我强调的德育要少喊口号,多做实事,从一点一滴做起,从小事做起,从脚下做起的要求是正确的。

在美国教书,最重要的一环是如何组织学生进行课堂讨论,如何针对学生的问题,科学地组织各类讨论。美国式的“油灯精神”,即学生是灯油,教师是灯芯,学生既为老师提供了知识动力,教师的智慧也照亮了学生。这种照亮的过程,绝不是以牺牲教师为代价,而是以师生相互促进、互通有无为基本特征,只有具备这种积极的“油灯精神”,才能不断提高教学质量,促进师生之间的交流。

中国留学生高钢把 9 岁的儿子带到美国,送到一所小学。这是一所什么样的学校啊!学生可以在课堂上放声大笑,每天最少让学生玩儿两个小时,下午不到 3 点就放学回家。而最让人开眼界的是根本没有教科书。

不知不觉一年过去了,儿子的英语长进不少,放学之后也不直接回家了,而是常去图书馆,不时就背回一大书包的书来。家长问他一次借这么多书干什么，儿子一边看着那些借来的书，一边敲着电脑，头也不抬地说："作业。"

这叫作业吗？一看儿子打在计算机屏幕上的标题，这位家长真有些哭笑不得——《中国的昨天和今天》，这样大的题目，即使是博士，敢去做吗？

过了几天，儿子完成了这篇作业。没想到打印出的是一本20多页的小册子。从九曲黄河到象形文字，从丝绸之路到五星红旗……家长自己也有点发蒙，一是看到儿子把这篇文章分出了章与节，二是在文章最后列出了参考书目。这位家长想，这是我读研究生之后才运用的写作方法，那时，他已30岁。

这位家长的儿子在小学毕业的时候，已经能够熟练地在图书馆用计算机和缩微胶片系统查找他所需要的各种文字和图像资料了。

以前，他怀疑把儿子带到美国来是不是干了一生中最蠢的一件事，儿子的变化促使这位家长重新去看美国的小学教育。他发现，美国的小学虽然没有在课堂上对学生进行大量的知识灌输，他们却想方设法把孩子们的眼光引向校园外那个无边无际的知识的海洋……他们从不用考试把学生分成三六九等，而是竭尽全力去肯定孩子们的一切努力，去保护和激励孩子们所有的创造欲望和尝试。

在日本中小学，学生的考试成绩被输入微机，不向全体学生公布。除了学生本人及其家长，任何人不得而知，而且，同学之间打听别人的成绩也是不礼貌的，是要受到抨击与谴责的。

在新加坡的课堂上，学生上课玩硬壳虫，老师就会让他下课后写一篇关于硬壳虫的作文。

读《加拿大教育一瞥》这篇文章时，学生们感到加拿大有的学校确实是把学生当成了学习的主人。有的校长介绍说："我们学校有500名学生，便有500张不同的课程表，学生完全可以按照自己的实际水平，每天、每节课选择适合自己的科目与教师，高高兴兴地听适合自己实际的课。"这样灵活的组织方式，同样培养出了大批人才。

读《美国教育掠影》一文，我的学生对美国有的中学选修课竟达到几十门乃至100多门，感到不可思议，说："我们刚刚讲一点课外知识个别人就认为冲击了考试科目，这样理解学生的学习确实太狭隘了。"

10多年前，上海10个县区的老师到我们班听课，我讲的是《外国教育动态》上刊登的文章《哥伦比亚少年教改营》……这个教改营取得了异乎寻常的教育效果，也使我们班同学感到震惊，这样一个由犯罪青少年组织的小社会尚且管理得井井有条，我们这些并没走太大人生弯路的学生，自己仅仅管理一个班级，就更应该井井有条了。

我也和学生讨论英国一些学校至今仍没有废除体罚，利和弊各有几分。

介绍得最多的还是苏联的教育。我给学生讲凯洛夫主张的"三中心"，也讲参加过凯洛夫教育学编写的赞可夫关于最近发展区的见解，讲巴班斯基课程最优化理论，讲得最多的是苏霍姆林斯基的教育理论与实践。

讲美国富豪洛克菲勒的儿子约翰零用钱很少，且从不娇惯。约翰长大后，继承了父亲节俭的习惯，对子女教育也很严格。讲美国前总统肯尼迪也曾被父亲苛刻地要求过。曾任证券交易委员会主席的父亲不允许孩子们谈论钱，不允许金钱腐蚀孩子的心灵。讲英国首相撒切尔夫人的女儿当记者自食其力。

学生们通过同龄人学习生活的比较，通过不同国家教育目标、教育内容、教育方法的比较，能找到既科学又比较适用于我们自己的方法，能更全面地认识和理解教育，不至于像有的同学所狭隘理解的那样，教育便是抠教材、做练习、考试、得分、升学。

通过比较，学生们也乐于接受我所提出来的，学生要做学习的主人，要培养自我教育能力和自学能力的主张。学生们觉得这些做法符合世界教育改革的大趋势。

书桌里的伟人，座右铭上的导师

春天开学不久，市新华书店的经理告诉我，这几天学生们纷纷拥到书店，买人物传记。

我曾要求全市中学生书桌里必须放一本伟人或名人传记，小学生书桌可以放一位先进少年、英雄人物的事迹读本，也可以放一本伟人传记。

要求学生读人物传记，我在我的班级强调了 20 年，在我们学校强调了 11 年。到市教委，我强调必做的事情之一，就是市直中小学生必须有人物传记（小学是人物事迹）。

我觉得伟人对学生们的鼓舞力量是巨大的。

我爱读人物传记。孟子、诸葛亮、岳飞、文天祥、周总理是我自小学起就一直崇拜的偶像。尽管我不可能达到伟人的境界，但这并不妨碍我朝着伟人的方向攀登。以他们处世的言行为典范，指导自己的言行，本身就是一种人生幸福。

一个凡人，始终不渝地崇拜着一位伟人，他一定能减少许多庸人层次的烦恼，一定能较容易地使自己摆脱低层次社会现象的缠绕，从而使自己在许多问题上能超凡脱俗。

谁都有过这种体验，当读爱因斯坦这样对人类有突出贡献的伟人传记时，自己也感觉天地高远辽阔，觉得大自然美丽清新，觉得人生珍贵可爱，觉得踏踏实实做事便有无穷的幸福和欢乐，痛感自己做的实事太少，应该抓紧时间为自己生存的这个世界尽自己的一份责任。

反过来，当与贪官污吏腐败分子比享受时，自己便感到天地狭窄、阴暗。觉得大自然污秽荒凉，觉得人生卑贱无聊，觉得踏踏实实做事的人太吃亏，太倒霉。痛悔自己过去太实干、太廉洁，应该为自己捞些东西了。

我从伟人身上汲取了力量，便也愿引导自己的学生这样做，引导学生看伟人传记，引导一届又一届的学生把伟人的名字写在座右铭上，天天看到，时时置于伟人的鼓舞之下。

敬爱的周总理的纪念章我已经在胸前戴了 20 多年，春风夏雨、秋霜冬雪，总理的形象时时鼓舞着我，国内国外、高山大河，总理的音容笑貌处处激励着我。学生见我最崇敬周总理，于是许多同学在自己的座右铭上写道：最崇敬的人——敬爱的周总理。

也有的同学写最崇敬的人：华罗庚。有的写陈景润，有的写焦裕禄，有的写雷锋，有的写张海迪，有的写孔子，有的写岳飞。

每位同学书桌里常放一本伟人传记，同学们便有了高瞻远瞩的人生导师，我便有了许许多多比我高明得多的助教，带着我教会学生积极主动地学习。

有的老师问：学生崇拜歌星怎么办？我觉得崇拜歌星也可以，可是我们十几年来没有一位同学把歌星的传记放在书桌里，也没有一位同学写自己最崇拜的人是歌星。我甚至建议唱歌很好的同学，可以写自己最崇敬的人是歌星。她回答说："歌星是供欣赏，不是供崇拜的，我即使成了歌星，也要有一份踏实的主业，而把唱歌作为副业。"其实这话也不尽然，尽管有的歌星浅薄无知，但相当多的真正的歌唱家还是有深厚的文化底蕴、崇高的人生理想、豁达的处世态度的。崇拜这样的歌唱家并没有什么不好。但学生不好意思崇拜歌星，这也没什么不好。可是如果一个班级的许多同学都一窝蜂地崇拜几个浅薄的、搔首弄姿地唱流行歌曲、自称所谓"歌星"的人，那就说明了班风的浮躁，老师就得从伟人的传记中寻找激动人心的素材，去安抚学生那一颗颗浮躁的心了。

我曾在全国31个省、自治区、直辖市的上千个会场的讲台上大声呼吁：让我们两亿中小学生的书桌里都放一本伟人传记吧！让我们中国中小学生都在伟人的激励鼓舞下去学习吧！

"各位伟人，咱们开始上课！"

——意念上进入自己最崇敬的人的角色

每节语文课前两三分钟，我们班同学都要全体起立，站在那里，我任意出一个题目，然后大家开始七嘴八舌、自自然然地口头作文。

也有时候，学生说："老师，今天咱们不口头作文，还是进行精神充电吧！"

什么叫精神充电呢？一些电器电量不足影响工作，需要充电，学生说，人脑也需要充电。我们常用的一种充电方式，便是和伟人接通精神电源。

课前，全体起立，站在那里，挺胸昂头也可，含胸拔背也行，微闭双目也可，双目炯炯有神也行。意念上想自己最崇敬的人，想这位伟人如何面对学习、面对工作。

接着想自己进入最崇敬的人的角色，自己就是这个人，像王铁成扮演周总理一样，自己也扮演伟人的角色。自己的音容笑貌、举手投足、为人处世，都和自己最崇拜的人一样。想得越逼真、越形象、越生动、越细致，充电就越成功。

这时，再看同学们的表情，使人感觉他们对学习充满信心，对未来充满憧憬，对生活充满热爱。这样持续两三分钟，我说请坐，请同学们回到现实，这时大家感觉神清气爽，信心百倍，精力旺盛。我说："各位伟人，咱们开始上课！"同学们在这样的精神状态下学习，当然容易战胜学习中的困难。

集体充电，有"场"的作用，效果好。有的同学遇到挫折、不幸时，跟我说："当自己沮丧时，使用这种方法充电，也较快地使自己进入强者的角色，充满战胜困难的勇气。"

愿全国学生遇到困难、遇到挫折时，这样充一充电，养成习惯，逐渐能使自己成为目光远大、意志坚强、勤奋学习的人。你想，等你成功后再回想起今天这点小挫折，岂不是更有成就感！

点亮你的心灯

——每天一条格言，心明眼亮

阳光、火光、电光，能照亮江河山川，能照亮道路，能照亮物质世界。

思想之光，能照亮人的心灵，能照亮人的思想道路，能照亮人的精神世界。

小时候，一本《今古贤文》我不知读了多少遍，至今"尊人者，人尊之""隐其恶，扬其善""宁可人负我，不可我负人""一万次口号抵不上一次行动”“聪明的人改变自己，糊涂的人埋怨别人”等许多格言警句，还深深刻在脑子里，成为照亮我心灵的明灯。

从1969年教书开始，我便注意给学生抄格言警句。到1979年4月，便由我给学生抄格言，改为学生按学号轮流抄，每天轮到一个人，挑选自己认为对大家最有教育意义的格言，写在黑板右侧。

我常觉得格言警句像一盏盏心灯，倘在学生心灵中点燃，会有利于学生选择正确的道路，朝着自己的理想的高峰攀登。

如果有谁说，我们班的学生每天学一条格言，所以每个人都变得积极进取，思想发生了巨大的变化，世界观发生了根本性的转变，你千万别信，每天一条格言不可能有那么大的教育力量。

如果有谁说，魏书生班上的学生几年如一日，每天学一条格言，一点用处都没有，学生无动于衷，你也别信。有的格言是千古传诵的，曾经激励过一代又一代的仁人志士；有的格言是学术界公认的至理名言，曾成为千千万万做学问的人的座右铭，怎么可能一点作用没有呢?

它有它独特的作用，春风化雨点滴入土，日久天长，潜移默化，学生的心灵世界，有了一盏盏明灯的照耀，一定会比昨天更明亮，理想会逐渐变得远大。

几年来，一届又一届的学生，多次选择周总理的话，恭恭敬敬、工工整整地写在前面：“为中华之崛起而读书。”“我们都要像春蚕一样，把最后一根丝吐出来，贡献给国家和人民。”

也有的写陶铸同志的诗：“如烟往事俱忘却，心底无私天地宽。”

还有的写程思远先生发人深省的话：“人不能从八十岁向一岁活，如果能够从八十岁向一岁活的话，那么我敢肯定，二分之一以上的人类都会成为伟人。”

为了劝诫同学们珍重友情，有位同学抄了爱因斯坦的话：“世界上最美好的东西，莫过于有几个头脑和心都很正直的严正的朋友……”

为了鼓励同学们乐观地面对生活，有的同学写道：“生活像镜子，你对它笑，它也对你笑。”

也有的同学互相摘录自己编写的话，读起来，使同学们感觉离自己的思想更近：“生活是一杯酒，强者说它甜，弱者说它苦。”这是蔡乐同学写的。

“一个忘我的人能够彻底摆脱烦恼忧虑，真正体验到生活的乐趣。”这是张颖同学写的。

学生抄的格言，不仅照亮学生的心灵，也照亮我的心灵。薛百志同学抄过这样一条格言：“乐观的人把困难当作帮助自己前进的机遇，悲观的人总是在机遇中首先看到困难。”这句话后来我曾数百次地背诵。记着它，使我充满战胜困难的勇气，努力做一个乐观的人。

名人伟人，经历了比常人更多的磨难，做出了使常人仰慕的贡献，他们的名言曾鼓舞他们在磨难中矢志不渝，奋力拼搏，努力做着贡献。他们的名言经过历史长河的冲刷，仍然能散发着灿烂的光芒，人们如果在自己的有生之年，采撷不到这光芒四射的名言，那确是人生的一大憾事。

学生抄的这些名言，给我以启示时，我常想，如果在少年时代我看到，那将会减少很多在黑暗中探索的道路。越是这样想着，越觉得“每天由学生轮流抄一条格言”这条班规定得符合学生们的切身利益。

有的同学可能说，我们学校，我们班级不抄格言，我怎么点燃一盏盏的心灯？我建议你自己积累，每天一条，用个三五分钟就写下来了；也可以买一本《名人名言》的书，每天挑一条自己喜欢的，写一写，读一读，背一背。这样用时不多作用较大，日久天长，你会变得心明眼亮，理想远大。

设计自己的座右铭

——同龄榜样，你追我赶

要树立远大的理想，确立明确的学习目的，获得学习动力，我建议全国每位学生都该设计自己的座右铭。

提倡贴座右铭是多年前的事了，1986 年春天我当了校长，便要求全校

1516 名学生每人都要贴座右铭。

1988 年，我又要求全校学生课桌上都要蒙上白桌罩，这样一来座右铭就没办法贴了，学校便号召大家搞小发明，解决桌罩和座右铭统一的问题。

同学们做了各式各样的座右铭，我们暂时从中选中了一种，即做一个长 10 厘米、宽 6.18 厘米、高 1.5 厘米的五面体，从两个侧面看是腰长为 6.18 厘米、底边为 1.5 厘米的等腰三角形。

这个五面体可以用硬纸板折叠而成，也可以用塑料板，用五合板，用铁板。这种形状的五面体放在桌罩上比较稳固。

座右铭上有三部分内容：

第一，自己最崇拜的人的名字或照片。

第二，自己要追赶的同学的名字。

第三，针对自己思想弱点写一句医治这一弱点的格言。

为什么要写上追赶的同学的名字呢?

这些年来，我组织学生进行学习竞赛，不只让学生追尖子，当冠军，更多的是鼓励学生自我竞赛，鼓励学生和自己程度相近的同学竞赛。

假如你期中考试在班级排第 70 名，那么你期末奋斗方向就是追上第 69 名同学，能超过他，你成了第 69 名，就是进步。

这样的竞赛，这样的追赶，取胜的希望值大，也就更能激发学生的竞赛积极性。

倘若鼓励第 70 名学生经过两个月的努力成为第 17 名学生，那同在一个班、同样的老师教，前面的学生一直努力，第 70 名学生以前也不是没努力，他自己也会感到两个月进入 17 名是开玩笑。由于根本没有可能达到那个过高的目标，目标便失去了激励意义，他当然就不积极进取了。

引导学生追赶排名紧挨着自己的同学，这本身就是对他的一个刺激，他自己的内心深处也不服这个同学："我以前比他强，这次考试，我没认真复习政治，结果总分比他少了 3 分，下次我一定能超过他。"这种不服气的心理才容易激发竞赛的积极性。

每位同学桌子上都写着前面一位同学的名字，而自己的名字又写在别的同学桌子上，成为别人公开挑战的目标。这样大家都前有榜样，后有追兵，班级便形成了一种你追我赶的学习气氛。

全班只有倒数第一的同学没有追兵，但处于这个位置，他也不能不着急，没人追他他也会尽最大力量超过倒数第二的同学，改变自己的处境。学习最好的第一名同学没有追赶目标，但后边那么多人都追他，想替代他的位置，这么多动力推着他，他也会奋力向前。

许多先进学校、先进教师的经验都告诉人们，同龄人中的“有理想”的典型对学生更有说服力，这样的榜样会激励他们对比：人家能办到的事，我怎么不能！

中国科技大学少年班的孩子们之所以能够比别人早几年进入大学，最重要的内部动因就是他们“心中都有一个他”：陈若平（女）心中的“她”是同龄人程新（女），施展和祁震心中的“他”是同龄人谢彦波，杨笛心中的“他”是同学季力，季力心中的“他”是同学王凯宁，而王凯宁心中的“他”则是宁铂……（以上所引用人名均为中国科技大学少年班学生）

愿同学们都能从同龄人中选择学习的榜样，用他们的事迹来激励自己。这样的榜样离自己越近，激励作用就越大。在同龄人、身边人一点一滴的激励中，自己更远大的理想才有基础，才能逐渐形成。

坚持道德长跑

——写日记的五方面好处

1998 年 4 月 22 日，我到北京参加“师德标兵颁奖会”。4 月 23 日，中国教育工会领导安排我到海淀区做报告，会场上我又一次真心诚意地向中小学老师建议，每天指导学生写日记。《工人日报》、《中国教育报》、中国教育电视台的记者分别采访我，我又不厌其烦地通过他们建议青少年朋友都来写日记。

多年来，我已经不止 1000 次在大会上建议老师、学生都来写日记了。

为什么总这样建议？因为我自己和我的学生们从写日记中获得了多方面的益处。

第一，日记能使我们记住自己做过的重要的事、见过的人、用过的物，记住自己的经验教训。人很奇怪，许多过去好的经验、好的做法常常忘记。我常想，人这一辈子如果不背叛自己童年、少年时心灵深处真善美的一面，坚持自己童年时勤奋上进的好习惯不动摇，那么每个人都会成为杰出的人。遗憾的是，人常常善良一阵子之后又觉得恶人常有好报，于是便也学着作恶，但终于狠不下心来像恶人那样无耻，于是又回归自己的善良。人都有过勤奋的时刻，但又经受不住懒惰者的诱惑，向往无所事事又觉得问心有愧，于是踱回勤奋。

生命便在这善与恶、勤与懒的左右动摇、前后踱步中过去了一大半。写了日记，常翻一翻，人容易记起自己真善美的一面，忠实于自己真善美的一面。

第二，写日记有利于改变自我、超越自我。很少有人劝自己狭隘、损人、消极、懒惰。精神正常的人一般都在日记中劝自己、鼓励自己：要宽厚、要助人、要积极、要勤奋。这发自内心的劝说鼓励同来自外界的劝说鼓励相比，作用更大。

第三，写日记能磨炼人的毅力。写一篇日记容易，坚持下来难。特别是时间紧、作业多的时候，再坚持写日记就更难。而一旦坚持住了，便产生了心理惯性。如一位同学已坚持写了一年日记，某一天要他停止，他往往不甘心，觉得那是不忠实于自己，积累起来的惯性也不允许，于是极忙的时候，他也坚持写日记，日久天长，磨炼出“一不做，二不休”“不管千难万险，也要坚持到底”的毅力。

第四，写日记能提高分析问题、认识问题的能力。日记内容很大一部分是把对社会的观察分析写出来，能认识更清晰。如社会超前消费问题，初写可能是罗列现象，表达不满；再写则可能寻找原因；过一年再写，就能想出一两条控制超前消费的切实可行的措施来；现在写呢，就可能分析控制消费过了头，同样会阻碍生产力的发展。

第五，写日记可以积累材料，提高写作水平。这一点，许多人早已认识到了，即使什么也不写，单是翻看日记，就是一件十分愉快幸福的事情。我经常跟着我的日记到“昨天”去旅游。不知为何，昨天那万般痛苦、惆怅的经历，今天读来，都觉得宝贵，觉得可亲。

写日记的好处，当然不止以上这些。

我管写日记叫道德长跑。为什么？我看到春夏秋冬，年复一年坚持长跑的同学们都长得身体健康，强壮有力。能不能有那么一种锻炼方式，倘长年坚持不懈，就使人心灵健康、强壮、乐观、开朗呢？我觉得写日记就有这种作用。绝大部分心理正常的人写日记时都说心里话、说真话，这便起到了教人求真的作用。绝大部分人写日记一般都劝自己上进向善，劝自己助人改过。绝大部分人都在日记中针砭丑恶赞美善，歌颂心灵美的人，歌颂美好的事物，这便起到了教人向善爱美的作用。

即使有了烦闷，向日记宣泄，写在上面，日记不会发火，又不会给别人带来不愉快。有时边向日记宣泄烦恼、苦闷，边增强着自己的理智，宣泄完了，再看一遍，原来的怒气、闷气不知不觉之间没有了。难怪有的学生管日记叫“无声的朋友”“最知心的朋友”“最冷静的朋友”“品德高尚，胸怀开阔的朋友”。

所以我总跟同学们说，坚持写日记，便是坚持道德长跑，便是交上了一位品德高尚的朋友，能使人心灵求真、向善、爱美。

每位同学一入学，便要开始写日记。“不会写怎么办？”有人问。

我说：“保证都能会写，学习最后进的同学也能会写。”

“那怎么能会写呢？”

“对不同的同学提出不同的要求就可以了。先进同学一篇日记五六百、千八百字都可以，后进同学就不能这样要求，而要引导他们自我竞赛、超越自我。”

第一天，对后进同学，提的要求不多，能多写的多写，不能多写的，就把当天的年月日写上，至于内容，只写一句话就行：“今天我到盘锦市实验中学读书了。”

第二天，介绍自己同桌的外貌和衣着，写两句话，两句话的日记就该有个题目啦，题目就叫作《我的同桌》。

第三天，写《魏老师简介》，三句话：①魏老师说话快还是慢；②魏老师是急性子还是慢性子；③魏老师的教育教学方法哪一种你最喜欢。

第四天，写《我的教室》，观察四面墙壁的特点各写一句话。

依此类推，写上两个月，60 天，后进学生的日记也将近 500 字了。

因为日记含有作文的性质，那就既可以凭自己的兴趣选题选材，又可由老师确定题目，并且进行“日记指导”，通常情况下，后者居多。

有了日记指导，同学们人生的航船就不只在个人的小河上打转，而是被导向了广阔的社会海洋，日记起到了道德长跑的作用。

日记当然有一部分内容要谈到自我，但我力求使学生认识到那是一个比昨天更新的自我，认识到一个比昨天更广阔的自我。

几十年来，我曾上百次引导学生写两个自我的日记，戴明峰同学就写《两个戴明峰》，蔡乐同学就写《两个蔡乐》。写这两个自我是怎样就某件事展开争论的。有时请学生写《我心中公与私的对话》《心中勤与懒的对话》《善良与邪恶的对抗》《我心中上帝与魔鬼的斗争》《我心中的天平》《心灵世界君要明》。写这样的命题日记有助于同学们学会辩证地看待自我，实事求是地分析自己思想深处的两个方面，然后理智地调动头脑中的正义之师，去战胜那些把自己拖向泥潭的错误思想。

我还引导学生们认识到：每个人的思想不仅仅分成两部分，其实每个人心灵深处就是一个广阔的世界。我请同学们写《我的心灵世界》，意在请同学们感受到自己内心深处确实同外界世界一样广阔。我们心中真的有日月星辰、江河山川、花鸟草虫、城市乡村、真善美、假恶丑……

同学们写《天人合一》，天，指自我之外的客观世界，人指自己的主观世界。中外许多杰出的教育家都认为教育的最高境界是实现天人合一，即主观世界全面正确地反映广阔的客观世界。人达到了这一境界，就真正获得了思想的解放，真正掌握了改造客观世界的方法，就获得了最大限度的自由。就如马克思所说，实现了从自在的人向自为的人的飞跃。因此，人最根本的任务，还在于开拓自我，挖掘自我，改造自我，战胜自我，真正把自我改造成适合宇宙发展规律的，同时也是适合人民利益、党的利益需要的人。

我引导学生通过写日记，正确处理与父母、与老师的关系，长大了才可能摆正与人民的关系。我多次引导学生写这样的日记:《尊人者，人尊之》，我告诉同学们这是一个使人尊重自己的秘诀。我的学生还常写这样的日记:《常思己过，莫议人非》《多琢磨事，少琢磨人》《记长不记短》《记恩不记仇》等。引导同学们写这些命题日记，有助于养成尊重人、理解人、帮助人、原谅人的好品质。

我特别强调学生要爱自己的母亲。20年来，我反复向学生强调：一个连自己的母亲都不爱，不理解母亲，不替母亲分忧，不关心母亲，不帮助母亲的人，一定不可能去关心同学、帮助同学，更不可能热爱人民。不管他说得多么好听，也一定是在欺骗别人。我反复引导学生写《妈妈笑了》《替母亲分忧解愁》《我为母亲做了些什么》，旨在引导同学们从心灵深处爱自己的母亲。

为了从更高层次帮助同学，也为了替老师出主意、想办法，我多次引导学生站在老师的角度，写《他不溜号了》《他的心沉下去了》《假如我是许东辉的班主任》《怎样转化后进生》。写这样的日记，学生们都设想自己当了老师，遇到了爱溜号的学生、浮躁的学生、聪明但不刻苦的学生、爱怨天尤人的学生，他们想了许多奇特的、有效的办法来教育这些学生，边写日记，边提高着自己的能力，边将改造自己与改变别人结合起来，学会从思想上、品质上，从最根本的问题上关心帮助同学和朋友。

为了引导学生正确分析、理解、认识社会，我多次引导学生写社会生活变化，使学生认识到一旦真正把发展生产力作为中心任务，国家各项事业的发展确实是突飞猛进的。人们有生之年的短暂，使相当多的人患急性子病，产生理想主义，希望在自己的有生之年，人类社会便发生翻天覆地的变化，希望自己能进入共产主义，于是对社会的期望值过高，期望值越高便越容易失望，容易产生牢骚情绪。我引导学生写《人类正在青年时代》《人类尚未完全成熟》《我心中的共产主义》，意在引导同学们思考共产主义与社会主义初级阶段的不同，从而理解在初级阶段还会长期存在大量不尽如人意的地方；写题为《心灵的摄像机对准啥》的日记，是引导学生多关注那些真共产党员，关注那些为人民利益咬牙硬干的党的干部，让周总理、焦裕禄、孔繁森、雷锋的形象在他们心中高高树起。

引导同学们写《我为祖国做了些什么》《替祖国母亲分忧解愁》的日记，则是引导学生从看客、从指手画脚的批评家的角度，转变到国家主人的位置来思考问题。国家有不尽如人意的地方，我们为消除这些，做了多少实实在在的事情呢？《谈同舟共济》写的则是我们 13 亿人同乘一艘航船，每个人都是这船上的工作人员，既然同舟，自然应该共济。

《谈责任感》则是引导学生思考社会上不尽如人意的地方，我们都有责任，都有制止的责任。至少我们都有从我做起不参与的责任。大家都这样尽自己的责任，那么，广大人民群众厌恶痛恨的那些不正之风就会少，就会收敛。

同学们每天都写一篇日记，每天都站在比较正确的角度，分析自己，分析他人，分析社会，经常制订战胜自己的措施，制订为别人、为社会做实事的计划，自然提高了同学们的思想觉悟和认识水平，增强了自我教育的能力。

就这样，几十年来，凡进我班的学生都要写日记。写得最多的李琦同学，3 年时间写满了 8 本，有 70 多万字。有两届学生在升学考试前两个月，我说可以不写日记了，他们中许多人仍自觉写到毕业，有的到大学后还坚持写日记。

有的同学毕业后来校，谈到一个最大的损失，就是离校后没有坚持写日记；有的在信中谈到必须恢复写日记，才能不断提高管理自己的能力，才能生活得更清醒、更愉快。

从学生的日记里，可以看到他们在心灵的原野上向着真善美奔跑的足迹。

我从 1968 年下乡时开始写日记，但那时不是每天必记。1978 年 2 月到学校教书后开始每天必记工作日记，内容记每天的主要工作，一直记到现在，已经记了 20 多本，超过百万字。

另一种日记从 80 年代第一天开始每天写，或记叙，或议论，或说明，或描写，或抒情，或几种表达方式兼而有之。写所见所闻、所思所感，写风土人情，写崇敬的人，赞喜欢的书，颂感人的事……至今已经写了 20 多本，约 200 万字了。

我有过忙的时候，晚间，我还是打开日记本，让自己的思绪轻松愉快、自由自在、随随便便地顺着笔端淌到日记本上，愿怎么淌就怎么淌，感到那是一种快乐，一种享受。

我不仅要求学生写日记，也提倡青年教师写日记。1987 年开始要求全校每位教师每学期至少都要写 40 篇日记。我唯一的孩子刚上小学我便开始要求他写日记。1989 年 10 月他还不满 6 周岁，我带他上丹东，回来以后，他竟写了 300 多字的一篇日记（实际上大部分字他都是用汉语拼音代替），我不辅导他怎样写，也不告诉他不会写的字，只让他随意地写。前几天，他还把自己过去的日记，一篇篇地翻来看，情不自禁地为自己当年的幼稚笑出了声，这更坚定了他今后写好日记的信心。

写日记似乎和提高数理化成绩无关，但持之以恒地每天写上十七八分钟的日记，能磨炼你的意志，增长你的智慧，能使你胸怀更开阔，信心更坚定，看问题更深刻，想问题更全面，兴趣更持久，情绪更乐观，学习方法更科学，提高分数措施更具体。这些显然都有利于提高综合素质。

每一位坚持常年写日记的人都有了多方面的收获，我常想，如果我们 14 亿中国人中有一半的人坚持常年写日记，那我们民族的思想素质、文化素质就会提高得快一些。

写工作笔记

第二辑

激发兴趣

许多科学家、优秀的学生，谈到自己成功的原因时，都一再强调自己对学习有浓厚的兴趣。兴趣是学习成功的最好的老师。

兴趣不明确的同学要开发兴趣，培养兴趣。根据心理学的研究，人的心理自我期待的力量是无穷的，为一种兴趣去努力，日后你有可能是这方面的专家，至少术业有专攻，可以丰富你的才能，提高生活质量。

兴趣是最好的老师

——有兴趣就有自我期待

达尔文在自传中写道：“就我在学校时期的性格来说，其中对我后来发生影响的，就是我有强烈而多样的兴趣。沉浸于自己感兴趣的东西，深入了解任何复杂的问题。”

许多科学家、优秀的学生，谈到自己成功的原因时，都一再强调自己对学习有浓厚的兴趣。兴趣是学习成功的最好的老师。

为什么指南针永远指着南北极？这个现象使童年的爱因斯坦大惑不解，也使他兴趣盎然，从此对科学着迷。罗曼·罗兰自幼酷爱写作，16 岁时曾发誓：“不创作，毋宁死！”后来成为一代文豪。亨德尔 5 岁即对音乐发生兴趣，却遭到父亲的反对，强烈的兴趣驱使他夜晚趁家人睡觉时去屋顶练琴。

著名女作家冰心，四五岁的时候，母亲教会了她识字，她便对读书产生了浓厚的兴趣。小冰心读书到了入迷的程度。有一次，她在澡房里偷着看书，时间太久，洗澡水都凉透了，气得她母亲把书抢过去，撕破，扔在地上。小冰心竟趔趄地走过去，拾起被撕残的书又看起来，生气的母亲只好笑了。小冰心看书成癖，哪怕是一张纸，只要上面有字，也要看看。

孔子曾说：“知之者不如好之者，好之者不如乐之者。”

爱因斯坦说：“兴趣是最好的老师。”

日本教育家木村久一说：“天才就是强烈的兴趣和顽强的入迷。”他还说：“制造庸人的方法是极为简单的，那就是不让孩子热衷于某一事物，只这一点就够了。对任何事情都不着迷，都不感兴趣，这就是庸人的特征。”

兴趣是能量的调节者，它的加入便发动了储在内心的力量。据研究，如果一个学生对学习有兴趣，积极性高，就能发挥其全部才能的 80%—90%；反之，他的才能只能发挥 20%—30%。法国著名昆虫学家法布尔说，兴趣能把精力集中到一点，其力量好比炸药，立即把障碍物炸得干干净净。

兴趣不明确的同学要开发兴趣，培养兴趣。根据心理学的研究，人的心理自我期待的力量是无穷的，为一种兴趣去努力，日后你有可能是这方面的专家，至少术业有专攻，可以丰富你的才能，提高生活质量。

《谈学习是享受》

——在学习中寻找快乐

我的学生每天写一篇日记，从入中学写到毕业，说是日记，其实是命题作文，题目由我来出。

刚入学没几天，学生问："老师，今天日记题目是什么？"

我说："写《谈学习是享受》吧！"

"学习那么苦，怎么能是享受？"

"每件事都是有一失必有一得，有一苦必有一甜，大家站在甜的一面想一想，保证有享受的感觉。"

这篇文章许多同学写得非常成功。

过了些天，学生又问："今天日记题目是什么？"

我答："《谈学习是享受》。"

学生喊："老师说错了，已经写过了！"

"我知道写过了，但是没说错。今天是谈学习是享受之二，换一个新的角度去论述。"

又过了些天，我留的日记题目又是《谈学习是享受》。这回没人说我错了，纷纷问："老师，是不是之三啊？"我说："正确。"

"老师，还写几篇《谈学习是享受》？"

“请同学们注意，这是魏老师教大家几年最重要的一个命题，到毕业前夕，老师准备让大家写完《谈学习是享受》之一百。”

快期末考试了，学生又问：“今天日记题目是什么？”

我说：“写《谈学习是享受》。”

刘洋同学（他专门承包记录《谈学习是享受》写过多少篇）站起来说：“请同学们注意，今天是《谈学习是享受》之六十八。”

“老师，今天从哪个角度论证？”

“今天专门论证‘考试是享受’。”

“老师，我们最苦的是考试，最烦的也是考试，怎么可能是享受呢？”

“不只你们烦考试，老师也烦。但现代社会的人终身都面对考试，无法躲避，既然无法躲避，你是怨它恨它，愁眉苦脸地面对它好，还是喜欢它，乐观积极地面对它好呢？”

“当然是乐观积极好，但怎么能喜欢得起来呢？”

“万事万物都有两个方面，走出阴影就是阳光，手心翻过来，就是手背，全看你站在哪个角度去看。大家站在积极乐观的角度想一想，考试有没有使人感觉是享受的一面？”

一位同学站起来：“去年期末考试前夕，我们家出了点烦心的事儿，但我为了备考，就想这段先紧张地学习吧，等考完试，不忙了，再挤出时间去烦心。结果真的忙备考，没有时间烦心了，所以是享受。”

又一位同学说：“考试前夕，老师要求严，家长期望值高，我又想追上前 10 名，这样一紧张，学习效率是平常的两倍，乃至三倍、四倍。效率一高，心情极好，吃饭也香，睡觉也甜，从这个角度讲，考试是享受。”许多同学点头赞许。

李智说：“由于备考比较充分，进了考场，打开试卷，一看 75% 的类型题都做过了，越答越高兴，越答越顺手，考试过程就是享受。”

冷双说：“考试之前，我比较骄傲，复习不认真。考过之后，发现了几处漏洞。漏洞小的时候及时补救，不至于大了叫苦，也是享受。”

“考试完了，无事一身轻，可以尽情玩了，所以说考试是享受。”大家都笑了。

又有同学抢着说："上次我考试成绩好，学校奖励，老师鼓励，家长满意，我心里也美滋滋的，确实是享受。"

同学们又举了一些例子，这些例子真实、具体。

这些年来，我们班学生写过《谈预习是享受》《谈背英语单词是享受》《谈做数学题是享受》《谈写作业是享受》《谈背课文是享受》《谈写左手小楷是享受》《谈写日记是享受》《谈跑步是享受》《谈读课外书是享受》……

我问学生："咱们天天到学校干什么来了？"

大家喊："享受来了！"

我说："这就对了。我们生活在和平环境中，每天在学校里不愁吃不愁穿地学习，确实是享受。消极悲观的人觉得学习是受罪，乐观积极的人觉得学习是享受。我们要做乐观积极的人。吸毒是不是享受？从某个角度看，确实是享受，但那是毒品贩子干的事儿。赌博是不是享受？对不眠不休的赌徒来说，也是享受，但我们做学生的不能享受赌博的快乐。跳舞是不是享受？也是享受，但我们只能把跳舞当成第四、第五享受，学习劳动之余，偶尔享受一次，也就可以了。不同的享受观使人成为不同层次的人，所以我说这是老师教大家的第一重要的命题。"

老师是教书的，我们只能不断强化教书是享受的观念。学生是学习的，也只能强化学习是享受的观念。想得多了，写得多了，强化得多了，便形成了良好的思维习惯，形成了爱学习的品质。

学习优异的学生，大多都享受到了学习的乐趣，大多都把学习当成享受。科学家、思想家都具有把学习、劳动、科研当成享受的品质。

愿中学生一百次、一千次、一万次地施加学习是享受的意念，感受学习的快乐。

满怀兴趣地对待学习

——学习的兴趣在于情绪高昂

苏联学者西·索洛维契克曾对3000多名懒于学习的学生进行过“满怀兴趣地学习”的实验，取得了良好的效果。

他的实验要求是：

1. 学习前做好充分准备，对自己一再说：“我喜欢你——植物学（原来最不感兴趣的学科），我将高兴地去学习！”

2. 一定要努力去学习，要比平时更细心一些，要花更多的时间。因为，细心就是热爱学习的主要源泉。

实验进行几周后，陆续收到参加实验的学生充满兴奋情绪的报喜信。绝大多数学生实验成功了，开始对原来最感头痛的课程产生兴趣了。

其中一位学生说：“每次，我开始学习俄语语法时，我就……不断地打呵欠。我非常想打呵欠，可我紧闭住嘴。在开始准备语法课前，我故意让自己表现出高兴的心情，就像在预习历史课时那样（历史是我最喜欢的课程），我跳呀，唱啊！我想象着一定会像历史那样有趣。这样持续了12天。您知道，现在，这种自我寻找乐趣的方法已经成了我的习惯。俄语课也真的使我觉得是一门有趣的课程了！”

西·索洛维契克指出：“实验本身表明，满怀兴趣地学习收到了成效，并且要继续下去。成功给人以鼓舞，给人以力量，给人以兴趣。”“直到正常的学习变成习惯，实验也不再是实验了，它已成为一种常规。”

这种学习法，其实就是要让自己做情绪的主人。

获得兴趣的重要原因之一在于情绪。面对同一事物，不同情绪的人有不同的感受。同样面对明媚的春光，情绪高昂的人会为之欢欣鼓舞，奋发上进；情绪消沉的人则会为缤纷的落花而伤感，为纷飞的柳絮而惆怅。同样面临一座高山，情绪高昂的人会为自己战胜重重困难，攀上顶峰而兴奋激动；情绪低落的人，则会对在荆棘丛生的羊肠小道上跋涉感到苦不堪言，而最终望“峰”却步。

要善于控制自己不良的情绪，怎么控制？就从身边事、手头事、脚下事开始，从写一个字记一个词，算一道题，理解一个公式开始。硬是要施加一个快乐的意念，硬是不让低落的情绪干扰自己。快乐的意念施加久了，就成为习惯，成为一种在困难面前也满怀兴趣去思考、去实践的习惯。

培植兴趣的幼苗

——看哪些幼苗能长成大树

中小学生兴趣广泛，心灵的田野里长满了各种各样的兴趣的幼苗。

幼苗多了，你不让我，我不让你，争营养，争水分，争时间，结果谁也长不好。随着年龄的增长，中学生应理智地分析一下自己这些兴趣的幼苗，哪些是有益的，哪些是有害的，哪些是没希望长大的，哪些根本没有培养前途，然后忍痛割爱，像菜地里间苗一样，锄掉那些没希望长大的幼苗。

有一段时间，社会上流行琼瑶谈情说爱的小说和金庸的武侠小说。班上有几名同学也着了迷，自习课也看。我找他们谈，他们说：“这也不是黄色小说，为什么不可以看？”我说：“这些小说写得很好，老师也愿意看，但我能控制住自己。一天只有有限的一段时间，你们这个年龄很容易失控，趁着兴趣还不十分浓，快停止，长大了，参加工作了，再看也不迟。”他们停止了，大学毕业以后来看我，回忆起这件事，他们还十分感激，如果不是当时及时停止，这个兴趣在心田上越长越粗壮，就挤掉了学习教材的幼苗的地盘，将会一无所成。

要间苗，又要护苗。没希望的兴趣之苗间掉，有希望的兴趣之苗要细心呵护。

英国大数学家麦克斯韦童年时，父亲有心将他培养成画家。一次，父亲让他画静物写生，对象是插满金菊的花瓶。麦克斯韦画完，父亲一看笑了，原来满纸画的都是几何图形，花瓶是梯形，菊花是大大小小的一簇簇圆圈，那些大小不一的三角形大概是表示叶子的。

从此父亲发现了麦克斯韦的数学天赋，于是因势利导，培养他学习数学，使他一步步走入神圣的数学殿堂，并最终成为一个伟大的数学家。如果麦克斯韦的父亲一味培养孩子没前途的美术兴趣之苗，美术界也许会多一个三流画家，而数学领域却少了一位卓越的数学家。

列夫・托尔斯泰生长在一个贵族家庭里，父母都爱好文艺，家里有很多文艺藏书。在这种家庭环境的熏陶下，列夫・托尔斯泰爱上了读书。有一天，他放开喉咙，高声朗读普希金的《致大海》，他父亲听了，点点头，脸上露出了赞扬的微笑。这个愉快幸福的印象留在托尔斯泰的心坎上，直到晚年还没有消失。父亲及时发现了托尔斯泰文学兴趣的幼苗，及时地给予呵护。托尔斯泰自己又不断地回忆这微笑、这呵护，于是兴趣的幼苗越长越大。这个愉快幸福的微笑，直到晚年还没有消失，还在扶植着托尔斯泰心田上那棵参天大树。可以这么说，列夫・托尔斯泰之所以能成为一个享有世界声誉的伟大作家，有他父亲点头微笑的一份功劳。

善于坚守快乐的阵地

——不快乐多因自寻烦恼

人世间有什么？人世间有阳光，有鲜花，有正义，有善良，有周总理，有雷锋，有勤奋，有自强，有开朗，有快乐。

人世间还有什么？人世间有阴云，有毒草，有凶恶，有懒惰，有自卑，有狭隘，有忧虑。

同样面对人生，看你会选择哪一方，站在哪一方。

你站在正义善良一方，持久地、毫不动摇地站在正义善良一方，你就成了正义善良的人。

你站在假丑恶一方，久了，长了，你便成了假丑恶的代言人。

生活中原本有快乐，你善于寻找，善于站在快乐一方，坚守住快乐的心理阵地，不让忧虑打进来，你便是快乐的人。

反过来，你总到生活中寻找忧虑的陷阱，并且习惯钻进去，习惯坚守住忧虑的陷阱，不肯钻出来，你当然就是一个性格忧虑的人。

要坚守快乐的阵地，应先了解一些人不快乐的原因是什么。

比尔·利特尔在出任心理治疗专家的14年中，为无数精神抑郁、不愉快的人提供咨询服务，他把这些人不快乐的原因归纳为下面的几点：

1.滚雪球似的扩大事态。

这些人不是在问题一出现就正视、处理它，而是一拖再拖，让它们像滚雪球一样，不断扩大。

2.代人受过。

习惯把别人的过错揽到自己身上，而自怨自艾。比如，这种人看到某人不喜欢自己，就把责任归于自己，确认“这都是由我造成的”，导致忧郁成疾。

3.盯着消极面。

这类人老是把注意力放在消极面上，牢记自己多少次受到不公正的待遇；对自己也是如此，有时看到自己的优点而情绪愉快时，又马上记起一个弱点，使快乐抵消。

4.以殉难者自居。

这种人不能快乐的最大障碍是他们总能找机会把自己比作殉难者。像有的母亲过度地承担家务劳动后，对自己说：“没有一个人真正心疼我，对我们家来说，我不过是一个仆人而已。”有的父亲则采取同样的方法自言自语：“我的骨架都累散了，谁也不把我当回事，大家都在利用我。”这样做的结果不仅给自己制造了恶劣情绪，而且使周围的人感到讨厌，这又加剧了“殉难者”的不愉快感觉。

从这几种情形来看，很多人不快乐的原因就在于自寻烦恼，而我们是有能力克服这些弱点，支配自己生活的，正像比尔·利特尔说的：“在生活中，你不会永远有特权做你高兴的事，但是你有权利从你的所作所为中得到更多的乐趣。”

针对滚雪球似的扩大事态，你可以立即找一件快乐的事情让自己想，感觉人生有顺利的事也有不顺利的事，站在顺利的角度看不顺利的事的出现就觉得理所当然，没有必要为此而不快。

“代人受过”时，快想一想是谁之过，倘因自己坚持原则别人不喜欢自己，那就让那个人进“忧虑陷阱”。我们该坚守自己快乐的阵地，并且还要插上一面“自豪”的旗帜。

“盯着消极面”的人快从阴影里走出来，要知道，万事万物，有一利，便有一弊，手心翻过来必是手背，走出阴影，便是阳光。多在阳光下看自己，便找到了“快乐”的阵地。

“以殉难者自居”的人，改换一下位置，以主人自居，以责任者自居，就感到自己为别人、为子女、为下属做事是一种责任，一种机遇，一种快乐，一种幸福。

先学喜欢的科目

有的同学学习兴趣很浓，各科成绩都很好，他学哪一科都兴趣盎然，我们班的刘洋、李智就属于这种类型，对他们来说先学哪一科都无所谓。

但对傅金利、齐际这些学习兴趣与玩儿的兴趣不相上下的学生来说，要激发学习兴趣去战胜玩儿的兴趣，就不容易。他们在课堂上还可以，就是自习课和回到家里写作业时管不住自己。

我同他们谈心，引导他们上自习的时候，先挑自己喜欢的学科学，这样容易将兴奋中心由玩的一方向学的一方转移，静下心来，进入学习状态，一旦学起来，兴趣就越来越浓，再学不太喜欢的学科也容易接受。

倘若自习和在家学习时，本来想玩的兴趣挺浓，你却先捧起不喜欢的学科，这便加重了不想学习的心理，熄灭学习兴趣的火花。

英国有一家采取开放计划系统的学校，每天早晨让走进教室的学生，先从自己喜欢读的科目开始读，因为喜欢，读起来自然又快又顺利。等学生较顺利地把功课做好，并得意扬扬地拿去向老师展示成果后，才转移到下一个科目。

做完得意科目，学习不喜欢的科目时，老师也不会让孩子满脸忧伤地趴在桌子上，而是让孩子站起来到处走走，看看同学做功课，让心情转换一下，再踱回去面对问题。如果学生实在受不了，想放弃时，老师再给予切合实际的指导。

也许你会说，我喜欢的学科老师没留作业，不喜欢的学科却留了一大堆作业怎么办？

20 多年来，我都是引导学生自己给自己留作业。我也 20 年（1978 年我就做教导处主任）如一日地要求全校老师最好引导学生自己留作业。即使不能全部，至少有一半作业由学生自己选择。个别教师还是不放心，全由自己包办代替，作业量又大，学生向我诉苦。我一方面劝老师给学生点自由，当着学生的面，又要维护老师的威信，说："老师也是为你们好。"

不愿写怎么办？我说，那就先挑这个学科里简单的题来做吧，一组试题，多种类型，几十个知识点，你先忘记讨厌，先挑哪个题简单，做完一道，再挑一道喜欢做的，这样挑到最后两道题，一比较还是有一道更喜欢做，更简单点，这样容易使人的心态变得积极乐观。

说话、演讲激发兴趣

现代社会，人与人交往频繁。交往便要说话、演讲。有的怕与人说话，怕在众目睽睽之下表达自己的观点。每到这种场合，便手足无措，抓耳挠腮，吞吞吐吐，语无伦次，这显然不符合现代社会的需要。

我一直注意培养学生说的兴趣，几乎每堂课都给每位同学以说的机会。我也力求通过讲课、讲演、说话激发学生的学习兴趣。

一句话有一百种说法，同一句话，会说的能把人说得笑起来，不会说的，能把人说得跳起来。怎样说话容易激发听众的兴趣呢？仅就声音变化而言我从四个方面入手，同学们也可以试用这些方法提高朗读的兴趣。

1. 调整音量。

大音量容易引起别人注意，有时在大音量之后再用小音量，听众反倒感兴趣。有时我讲课，讲到重点时，便问学生："老师是小声讲好，还是大声讲好呢？"学生纷纷要求小声讲，于是我便用很小的声音讲，尽管音量很小，前面的同学却还说："老师再小点声。"后面同学正伸颈、凝神细听，听说还要让小点声，便说："不能再小了，我们脖子都伸疼了。"音量大小适当调节，能用较小的力气获得较好的表达效果。

2. 调整音调。

同一句话，可以用 A、B、C、D、E、F、G 等不同音调说出来。我喜欢给学生读报告文学，读的时候，我不仅变换音量，也变换语调，以使自己和学生都不容易疲劳。讲课时，我也喜欢根据教材内容、学生实际，甚至自己的身体状况，变换语调。

3. 调整音速。

说话速度的变化也影响到听众的兴趣。有时我讲话速度极慢，以引起听众对所讲内容的重视；有时用一连串的排比句子说得极快，同样也是引起听众兴趣。但往往听众更感兴趣的是快说之后慢说的那部分内容。如《陋室铭》这篇课文，在快而不乱的前提下，可以用 12 秒钟读下来，在慢而不断的前提下，可以用 92 秒读下来，两者相差 80 秒之多。两者都具有不同的激发听众兴趣的作用。学生也好，老师也好，其实都喜欢听别人抑扬顿挫的讲话，喜欢听别人疏密相间的发言。如果每句话、每个字都用平均速度，不仅听的人容易疲倦，讲的人其实也容易感觉累。

4. 以情感人。

音量、音调、音速的变化能影响人的情绪、兴趣，但这些都是声音的形，而不是声音的神。声音的神的变化，才具有最大的感染人的力量。什么是声音的神呢？就是说话的感情。比如“要与人为善”这句话，就可以用喜怒哀乐、希望、憧憬、淡漠、热情、厌恶等几十种不同的感情说出来。感情不同，所产生的效果当然不同。同一句话，我还引导学生模仿不同身份的人的感情去读、去说。如“要与人为善”，急性子怎么说这五个字，慢性子怎么说，真诚的人怎么说，虚伪的人怎么说，文盲怎么说，大学教授怎么说，朴实勤劳的人怎么说，玩世不恭的人怎么说，刘备、关羽怎么说，曹操、董卓怎么说，周总理、雷锋怎么说，作威作福的人怎么说。这样变换角色，说同一句话，读同一段课文，同学们兴趣非常浓，说话、讲演水平提高较快。

说话是一门艺术、一门学问。谁都能说话，但说得好却不容易。说好了，别人高兴，自己愉快；说得不好，别人心烦，自己也别扭。要通过说话激发听众、学生的学习兴趣，就得从研究说话的声音做起。

今天我当老师

——角色扮演法

每天上课，先生讲，学生听，有点单调，我经常引导学生进入教师的角色去备课、讲课。1979 年，我先引导刘诗奎、林华等几名学习好的同学，每人分工给同学们讲一篇课文。我先帮助他们备课设计写教案，确定教学目标、重点，如何引导学生预习，设计提问，预料学生提出的问题怎样回答，如何布置作业。

备课的同学兴趣很浓，讲课时尽管有点紧张，但也讲得有板有眼，程序不乱，最有趣的是，他们讲课，激发了各种类型同学的听课兴趣。

后来，我便多次引导全班同学都进入教师的角色，面对一篇新课文，设计教案，思考自己如何去讲课。备完了课，临到上课时，问今天这篇文章谁讲。同学们争先恐后，我不仅请先进同学讲课，也请中等学生、后进学生讲课。

有一次，外省教师来听课，我又急着赶一篇文章，没时间讲，便请我们班学习后进的梁强同学到讲台上给大家讲这篇课文。尽管梁强课前不知道，上课才通知他，但因为平时经常进行“假设我是老师”的训练，梁强同学在大家热烈的掌声中走上讲台，很从容地按照我平时讲课的六个步骤去讲，遇到自己实在不太明白的问题，他也不说自己不明白，而是说：“这个问题我们请陈洪琴同学回答好不好？”这篇课文大家在轻松愉快的气氛中学完了，课后练习题都做完了。下课了，听课的教师还以为梁强是学习成绩很好的学生。

20多年来，我一直注重引导每一位学生都进入教师的角色，激发了各种不同类型同学的学习兴趣。这样做的好处是：

1. 学生长期处于被动听讲的地位，日子久了，容易感觉枯燥、单调，换成自己讲课或换成自己的同学到讲台上讲课，无论讲得好不好都容易有一种耳目一新的感觉，讲和听的人的积极性、主动性都增强了。

2. 个人想到自己是教师，站在讲台上，面对几十双眼睛，他的学习责任感不由自主地会增强。他感到自己要教会别人，那么自己想学会的欲望自然增强。

3. 语文教材的知识点，学生只要肯学，真的能自己学会。实在不会，再查查资料，再有不明白的地方，我帮着他备课。这样一来学生觉得，语文知识不难学，不仅自己能学会，还能讲给同学听。有的后进同学，在讲课时提问别人几个通假字的讲法，被提问的是个中上等的学生，一时答不上来，后进学生一时着急，竟然责备起这位同学：“这么简单的问题都不会，是不是没有预习？”通过当教师讲课，“后进”学生都感觉到语文知识90%靠自学都能会，平时不会“非不能也，是不为也”，这样做增强了学习信心。

4. 扮演教师的角色，站在讲台上给大家讲课成功了，当然更激发了兴趣，即使个别知识点没处理好，没讲清楚，也不丢面子。甚至有的“后进”同学讲完课，自己感觉不满意，还一再跟着我，要求再给他一次讲新课的机会。当然做老师的要多给“后进”学生帮忙，帮助他备课细一点，减少失误。

这种“角色扮演法”，同样适用于家庭教育。例如：芳芳是个粗心、不爱学算术的孩子，给她辅导、补课作用都不大。有一次，她和奶奶一块去买东西，鸡蛋、油、酱油、粉丝等买了一大堆，到家一算，售货员少找了钱。芳芳说：“哈！奶奶跟我一样，算术也不好！”奶奶说：“我没学过算术啊！以后你教奶奶吧！”芳芳说：“行！”以后她学了什么都给奶奶讲，不到一个学期，芳芳也成了算术不错的孩子了。

把文字变成画面

——创设情境法

把文字变成画面能激发兴趣，想象自己进入情境之中，更能激发兴趣。

比如学《菜园小记》，我引导学生这样想象：先看书，看书之后，先在大脑中放映菜园的图像。这图像越来越鲜艳，越来越逼真，越来越大，好像不是平面的，而是立体的，不是在我们的脑子里，而是在我们周围。一行行的果树下面是一片片的菜园，我们就站在菜园里，站在畦垄上，前后左右是嫩绿的菜苗，空气中飘来泥土的芳香、花的芳香、菜的芳香。我问：“踩上菜畦了吗？”学生们闭着眼睛，笑眯眯地说：“踩上了！”“闻到土香、花香、菜香了吗？”悟性好的同学可以回忆起过去闻过的土味、花味、菜味，于是便答：“闻到了！”“那么我们开始间苗吧！”于是同学们弯下身子去间苗，一时间课堂上充满了愉快的气氛。同学们在这种身临其境的想象感知过程中，品尝到了田园乐趣，深深理解了文章的中心。

又如教《老山界》，我请同学们想象半夜在半山腰宿营的情景，请同学们想象又冷又饿的滋味。然后我们去爬山，爬到山腰，准备宿营，躺下来，躺在只有一尺来宽的山路上，高低不平的石头硌得浑身疼，只盖一条薄薄的毯子，翻身时动作不敢太大，不然身边就是悬崖……学生们进入角色，深深感受到了长征的艰难。

学《核舟记》，我问：“核舟有多大呀？”学生一时竟说不上来。再看教材，写的是“长约八分有奇，高可二黍许”。“请同学们用纸叠一个这样大的东西。”大家叠出来了，长不及半支粉笔，高不及粉笔直径的一半。“请同学们在这上面画上五个人，八扇窗……”同学们当然画不下，而古代艺术家，不是画，而是刻，而且人物刻得栩栩如生，神情毕肖。这样设身处地想来，自然激发了学习兴趣。

想象课文内容也是一种方法，即力求把单调的文字符号变成生动形象的画面，在大脑的荧光屏上放映出来。

将文字变成图画，一般有这样四个步骤：先勾勒出形态，再染上色彩，再使画面动起来，让画面更细致、更逼真。以张志和《渔歌子》的前两句“西塞山前白鹭飞，桃花流水鳜鱼肥”为例。教这首词的时候，我说：“这是一首景色描写极其艳丽的词，我们应该认真品味，在大脑的荧光屏上放映。下面请大家打开大脑这部电视机。”于是有的同学闭上了眼睛。一般情况下，闭眼的效果要好得多。

1. 勾勒形态。请先在脑子里放映西塞山、白鹭、桃花、流水、鳜鱼的轮廓。

2. 染上色彩。把黑白电视变为彩色电视，看谁脑子里的画面更加鲜艳美丽。学生说脑中出现了青色的山，粉红色的桃花，碧绿的流水。

3. 使画面动起来。白鹭在山前自由自在地飞来飞去，小溪水在哗哗流淌，鳜鱼则不时跃出溪流汇集而成的深潭……

4. 让画面更细致、更逼真。同学们还可以在大脑中放几个特定镜头：白鹭身上洁白细密的羽毛，鲜艳的桃花上带着花粉的花蕊……

不只写景的文章能变成图像放出来，状物的、写人的都可以引导学生这样做。少年闰土那明亮、聪明的眼睛，红润的脸膛；中年闰土那黯淡无光的眼神，那满布皱纹的脸。形态色彩越逼真，学习起来就越有趣，印象就越深刻。

第三辑

磨炼意志

每个人都有巨大的潜能。

伟大的人物之所以伟大，他们一个共同点，就是不断开发自己大脑的潜能。

有的人埋怨社会埋没人才，实际细想起来，自我埋没掉的人才要比社会埋没掉的人才多得多。

坚信自己有巨大潜能

每个人都有巨大的潜能。

伟大的人物之所以伟大，他们一个共同点，就是不断开发自己大脑的潜能。

反过来，许多学习后进的人，绝不是没有潜能，而是不相信自己有潜能，经历一两次失败，就总是怀疑自己笨，不断强化“自己脑子笨”的意念，久而久之，觉得自己脑子笨的那根神经工作能力越来越强，形成习惯，一事当前先想自己笨，先想自己不行，不给那些潜在的能力、脑神经以工作的机会，于是，潜能当然被埋没了。

有的人埋怨社会埋没人才，实际细想起来，自我埋没掉的人才要比社会埋没掉的人才多得多。

要开发自己大脑的潜能，开发大脑的智力资源，第一要紧的，就是坚信自己有巨大的潜能。

每个人的大脑皮层舒展开来，都在 2200 平方厘米左右，每个人都有 140 亿个左右的神经细胞。许多生理解剖学家和心理学家都认为，最杰出的科学家，也只不过用了大脑资源的十分之一。我们这样的普通人，浪费的大脑潜能就更多了。

苏联《今日生活》曾载文：在正常情况下工作的人，一般只使用了其思维能力的很小一部分。如果我们迫使我们的大脑达到其一半的工作能力，我们就可以轻而易举地学会 40 种语言，也可将一本大百科全书背得滚瓜烂熟，还能够学完数十所大学的课程。这种对人类潜能的推断现在已为人们所接受。

捷克斯洛伐克有位叫米兰·米凯什的语言奇才，他精通 40 国语言，共懂116种语言。立陶宛有一位叫拉比·伊莱贾的人，只读一遍就能记住的书竟有2000册之多。

许多人到了暮年，忽然发现自己有着从来未被发现的这样或那样的能力。美国著名艺术家摩西老母在她的晚年才发现自己有惊人的艺术天才。美国学者往往把她当作范例，解释这类现象，并称之为“摩西老母效应”。与之相提并论的还有“短路理论”：如果人不去唤醒自身的潜在能力，这些能力就会转化或自我毁灭。

最新研究证明，人有19种潜能。人的潜能如地下的煤矿、油田，如果自己不相信地下有资源，只是着眼于砍伐地表的柴草，当然会感觉资源贫乏，柴草越砍越少。如果坚信自己大脑深处潜藏着巨大的资源，立足往深处开采，那当然会有不尽潜能滚滚来的感觉。

每个人都要坚信自己有巨大的潜能，每个人也确实都有巨大的潜能，不要紧盯着地表那点野草，大家都信心百倍地向大脑深处去开采巨大的潜能吧！

利用潜意识，坚信我能行

——心理暗示的超强魔力

近20年来，我曾数十次引导学生写《利用潜意识》《再谈利用潜意识》的文章。

我曾数十次讲同一个故事：20世纪50年代初有一个爱疑神疑鬼的人，总是怀疑自己有病，便到医院去看。医生诊断后告诉他，他没有病。他还不信，非让医生给他透视拍片不可。逼得医生没有办法，只好给他拍了张片。紧跟着一个病很重的人也进来拍片。过了两天底片冲洗出来，两人的底片装病历档案时不小心放颠倒了。医生一看，大吃一惊，连声道歉：“没想到您病得这么重，我们竟没看出来，赶快用贵重药，赶快回家休息吧！”

本来这个人心眼就小，疑神疑鬼，没病都想病，这下子就更受不了了，精神几乎崩溃，整日忧心忡忡，真的得了病，越来越重，没过一年，就告别了人间。

另一个人呢，本来就不拿病当一回事，这回一看底片，没病了，心里更轻松了，整天高高兴兴地锻炼，正常上下班。再过一年复查，病灶真的没有了。

后来，人们才发现底片装颠倒了。人们分析，为什么没病的人，最后病得离开人世了呢？要紧的是他施加了自己有病快不行了的潜意识，从那里接收了不行了的指令，便编制“不行了、身体各个器官全面撤退”的程序，最后真的不行了。另一个人的潜意识则编制“自己没病、自己能行”的程序，身体各个器官按照这一程序清理了“不行”的病灶，身体便恢复了健康。

人脑分为“意识”“下意识”“潜意识”三个层次，潜意识的功能很强。有的科学家研究问题，数学家算题，百思不得其解，但都在睡梦中惊醒，有了答案，人们认为这是潜意识的功劳。意识将已知、求证的内容通过下意识，输送给了潜意识，潜意识便默默开始工作，得出答案，再通过下意识输送给意识。

前世界重量级职业拳王乔·弗雷沙，每一次赛拳以前都要在自己寝室的天花板上贴一张大书的“我一定能赢”的纸条，好让自己睡觉也念着这些字合眼，醒来时更是第一眼就能看到这句话，日夜将必胜的信念输入潜意识。弗雷沙常说：“这样强制自己相信绝对能赢之后，即使是比赛时受到对方强烈的拳击，只要脑海里浮上这些字眼，就会涌上不可思议的力量来，帮助我击倒对方。”人们分析，这也是潜意识帮拳王获胜。

在临床心理学科里，也有这种实验，将精神异常的不良少年，以品优学生对待，并施以暗示，让其“自以为是”，并表现如正常人及品优学生一样，结果真的恢复正常。实验展现出惊人的效果。这也是潜意识使人发生了转变。

因此，同学们要时时提醒自己，充分利用潜意识的魔力，调动自己的整个思想、意志、精神、体力，你一定会成为你所期待的人。

放声高呼——我能成功

有的老师问我："魏老师，我一上公开课就紧张，学生也紧张，平时思维敏捷、语言流畅的学生也变得结结巴巴。您在全国各地上公开课，学生们在舞台上，下面一两千人看着，学生不紧张吗？"

"说不紧张不现实，但做老师的要设法帮他们消除紧张的情绪。"

"怎样消除呢？"

"消除紧张的方法，应该有很多种，我在全国各地给不同年龄、不同民族的学生上课，用过几十种消除紧张的办法，用得次数较多的是培养学生的自信心。"

"培养自信心？那是一朝一夕的事吗？那不得经过长期努力吗？"

"长期有长期的效果，短期有短期的作用。使学生树立战胜人生道路重重困难的信心，当然要付出毕生的努力，而引导学生树立记住一个单词、学会一首歌、上好一节课的信心，不用付出太大的代价也可以。"

"那怎样在很短时间内，使学生对做好一件小事建立必胜的信心呢？"

许多年以前，我在阜新工人文化宫给学生上课，台下是1500多位老师听课。

为消除学生紧张的情绪，课前，师生问好之后，我随意出了个作文题目《宇宙中有没有外星人》，请同学们七嘴八舌地口头作文。要求：随随便便地说，可以翻来覆去地说，可以颠三倒四地说，可以忘乎所以地说，总之是无拘无束、随心所欲地说。这样不加任何限制，文题本身又容易使学生产生兴趣，一时间舞台上人声鼎沸，大家顿时忘记了紧张。两分钟过后，上课时，学生们充满了信心。

1997年底我到深圳宝安中学上课，第一节课是初中学生先走上舞台，

第二节我给高中学生讲文言文。我怕初中学生紧张，便问：“大家紧张吗？”回答“紧张”的人很多。

“大家愿学一种消除紧张，使自己充满必胜信心的办法吗？”

“愿意学。”

“那好，请同学们站直，目视前方黑板的中缝，面带笑容。好了，下面，请同学们深深地吸气，挺胸，气憋足了吗？”

“憋足了！”

“请大家大喊三遍‘我能成功’，要求一遍比一遍声音大。”

同学们听了，都大喊起来，但喊得不齐。

我说：“这次老师说预备，请大家齐声喊。好了，预备——齐喊！”

同学们齐喊，但三遍基本一样，没有层次。

“这次请同学们想一想三次力量分配，不要平均使用力气，最后一遍用全身的力气高呼，好！再来一次！”

“我能成功！我能成功！！我能成功！！！”

学生们一声比一声大，喊过之后，会场里充满了活力，学生紧张情绪一扫而光，对上好这堂课，充满了信心。

我们班的同学，遇到较大型的考试、活动前，也喜欢这样一齐放声高呼几遍。特别是全班同学齐声高呼时，有一个群体效应，有“场效应”，大家互相鼓舞，互相竞争，互相感染，声震屋宇，情动内心。在“我能成功”的声浪中，怯懦、紧张、疲劳、懈怠、拖拉、自卑的情绪常常被驱赶得无影无踪，尽管这些情绪过了一段时间还可能回来一些，但经常这样驱赶，自卑紧张的情绪就少得多了。

也有时候，自习课比较紧张了，有的同学便建议：“老师，高呼几遍吧！”不用说高呼什么，大家已心领神会，热烈赞成，一声令下，大家起身，昂首挺胸，吸足气，放声高呼：“我能成功！我能成功！！我能成功！！！”

有的同学管这叫“精神充电”，也有的说这是“精神加油站”“精神食粮”。

集体放声高呼好，一个人可不可以呢？我们班平时较自卑的薛军同学说：“自从班级用这种高呼成功的方法以来，我觉得自信心增强了。平时，在家里写作业遇到难题，生活中遇到难题，我也经常这样高呼几声，这么一喊，自卑就吓跑了。夜深人静，不好放声，便自己吸足了气，用气去喊，也很有效。”

许多后进学生，由于经常给自己的潜意识施加“我能行，我能成功”的意念，学习利用潜意识为自己服务，最后战胜了自己的弱点，成了优秀生，并升入了大学。

愿中学生朋友都来试一试，用这种方法增强自己的自信心。

信心之火不熄，大器可以晚成

有的同学看了一些宣传神童的书，便也照着学。从小学起又是弹钢琴，又是学美术，又是练唱歌，又是上英语班、电脑班，不停地折腾自己。折腾来折腾去，不仅没成为神童，反倒连中等生都赶不上。于是便急躁，越急躁越静不下心学习，成绩每况愈下，于是便逐渐丧失了信心，以为自己没什么希望了。

其实人和人的成长过程不仅不完全一样，有的甚至有很大差异，有的正常成熟，有的早慧早熟，有的则大器晚成。

不能早熟早慧，那也无须自卑自怨，而应信心百倍，奋斗不息，争取大器晚成。

德国著名哲学家黑格尔，是大器晚成的典型。少年时代的黑格尔很笨，体操、武术都不行，而且拙嘴笨舌。在学校里，他经常受到同学们的嘲弄，得了一个“老头儿”的绰号。毕业时的学生鉴定上甚至注明：“神学可以，但没有哲学方面的才能。”但他并不自卑，而是信心百倍，默默地把精力倾注在思索上，后来终于成为最有成就的哲学家之一。

英国生物学家、进化论的创始人达尔文在学校学习时，成绩并不太好，后来达尔文说：“不管是老师还是父亲，都认为我的能力只是一般，或者比一般还低些。”他的父亲认为这个儿子“是个无用的废物，好像是为了辱没家里的声誉才生下来的孩子”。但达尔文不自卑自怨，潜心研究生物学，于50岁时发表了《物种起源》，在全世界引起巨大反响。

挪威剧作家易卜生，小时候学习成绩不好，在学校里始终是个劣等生，特别是中学毕业的时候，成绩仅勉强及格。参加大学招生考试，易卜生没有考上，从此决心走文学创作的道路，写了一些作品，可没有得到重视，只好做舞台监督。后来失业了，债台高筑。36岁时和妻子逃到国外。发表《玩偶之家》时，才赢得了世界性的声誉，那时他已经51岁了。据说易卜生78岁去世时，其葬礼盛况空前，与国王的葬礼相比，有过之而无不及。

有的同学早早地学画画，以为画家必须具备良好的早期教育，大器晚成是不可能的，其实也不尽然。

法国后印象派最杰出的画家之一保罗·高更，20多岁才开始学画。他的理想是当个水手，19岁时服兵役，在海军里做锅炉工。25岁时，由于同事的劝告，他拿起画笔做了个“业余画家”，35岁时才放弃了人们公认他能有所作为的交易所工作，专心作画。

另一位画家起步就更晚了，她的名字叫安娜·麦阿利·莫泽斯。她是美国纽约州一个贫苦农民的女儿，小学还未毕业就到附近的农家做了雇工。她生育了11个孩子，每天起早贪黑地照料孩子。莫泽斯67岁时丈夫去世，她就和小儿子夫妻一起生活。从这时起，她患风湿症的手指不能动弹了。但是，莫泽斯70岁时，拿起了画笔，她创作的第一个作品便受到美术收藏家的赏识。法国卢浮宫近代美术馆收购的最早的美国画家的作品，就是莫泽斯的作品。前几年，在莫斯科普希金美术馆举办她的作品展时，排队参观的观众达11万之多。

大器晚成的人很多。日本著名作家夏目漱石迈出作家的第一步时是40岁；而日本的富冈铁斋作为画家出名时是50岁；《圣经》中的摩西，他从一个牧羊人到统率民众的预言者时是80岁；还有歌德，他很早开始写《浮士德》，但这部作品是在他行将去世的83岁时完成的。

每位学习成绩不理想的同学都必须坚定信心，对生活充满信心，对自己充满信心，对未来充满信心，用许多大器晚成的人的事迹，点燃自己的信心之火。

同学们千万不要被个别人的鄙视摧垮。有的人知识浅薄，急功近利，津津乐道于个别神童的成功，评头品足，贬斥鄙视那些晚慧、后进的学生，使这些学生自尊心受挫，信心被摧残，潜在能力被埋没。本来可以晚成的大器，却过早地失去了旺盛的生命力而十分勉强地活着，难成大器，甚至难以成器。

后进的同学一定要建立起不可动摇的信心，相信自己会是一个大器晚成者，从而一点一滴、目标始终如一地发展自己的潜能。

自古英雄多磨难

——培养抗挫折能力

我接到一封信，是孙峰同学的父亲写来的。孙峰我没教过，但他的父亲是我以前的学生，所以才写信同我商量怎样教育孩子。

信中说，孙峰还算老实本分的孩子，只是性格内向懦弱，害怕失败。结果越怕越失败，中考本来能进省重点高中，可由于紧张导致失误，本来会的题也答错了。家长让我想想办法。

有什么办法呢？最好是没有挫折，直入高中、大学，又分配到好工作，老百姓管这叫一帆风顺。但这可能吗？行船的人都知道，一年平均下来，有多少顺风，就有多少逆风。人生不也是这样吗？总体平均下来，有多少成功，就有多少挫折。你想成功吗？那么就别怕挫折。你怕挫折吗？那就不要期待成功。

我想，办法只有一个，要培养学生的抗挫折能力。人生道路上既然挫折没办法避免，那就只有增强抗挫折能力了。

增强抗挫折能力，是一个古老的话题。两千多年前孟子就写过：“天将降大任于是人也，必先苦其心志，劳其筋骨，饿其体肤，空乏其身……曾益其所不能……”孟子的这一名句之所以千古传诵，就是因为它揭示了人才成长的规律：经受过大的挫折磨难的人才会有大的作为。

随着历史的发展，到了20世纪90年代，人们愈加认识到抗挫折能力的重要，有识之士纷纷提出，一定要下大力气培养下一代的抗挫折能力，要让他们经受磨难，让他们承受压力，让他们经受误会。

外国有的学校，甚至把学生送入孤岛，老师们离去，让学生学会死里逃生。许多理论家发表了成千上万篇论文，论证“抗挫折能力”“磨难教育”“压力教育”“淬砺教育”“死里逃生教育”……的必要性。现代社会，信息广，变化大，多元化，快节奏，高效率，多机遇，成功的机遇越多，受挫折的次数也越多，就越需要人具备抗挫折能力。怎样培养呢？以下7种办法都可以试一试。

1. 努力认识到抗挫折能力的强弱，决定人一生成就的大小。所有为人类做出大贡献的伟人，都经历过无数次挫折，都有很强的抗挫折能力。初中语文课本中《生于忧患，死于安乐》这篇文章，不能只停留在读书的时候会背诵，最要紧的是从心里接受这样的观念。

2. 把中考失利这一挫折当成机遇，当成什么机遇呢？当成磨炼自己意志的机遇，当成增长自己能力的机遇。挫折能断送一个人，也能锻炼一个人，全看你怎么对待。

有这样两个面对挫折的故事：

一家公司招聘职工，一位高才生去考试，发榜后，见没有自己的名字，便跳河自杀。后来发现他考的分数是第一名，抄分的时候抄漏了。高才生跳河被人救起，闻知自己是第一名便去报到，老板却无论如何不肯要，理由是：“这么一点挫折便要跳河，到公司遇到更大挫折怎么办？”

另有一位希腊人到一家公司去应聘清洁工，招聘者问他：“你会写字吗？”答：“只会写自己的名字。”于是他没被录用。后来，他发愤图强，成了一位大富翁，在自己豪华的会议室举行记者招待会。记者说：“您的经历太动人了，您该写一本自传。”他说：“那是不可能的。如果我会写字，我只能是个清洁工。”

同样面对不被录取的挫折，结局却截然不同。聪明的人善于把挫折当成激励自己奋发向上的阶梯。

3. 在挫折面前，要满怀必胜信心。情绪不好时，不妨放开喉咙高呼几声："我能成功！"面对挫折，决不退缩，要千方百计去寻求新的解决问题的途径。全国各省市每年都有许多这样的事例：重点高中的学生没有考上大专，而一般高中的学生却考上了本科，有的还考上了国家重点大学。有了好环境是好事，没有好环境，只要自己自强不息，不屈不挠地努力，也能取得优异的成绩。

特别是在高中这个阶段，一名勉强考上重点学校、排在最后的学生，常常不如到普通高中去、排在最前面效果好，因为那样更受老师们的重视。

4. 学习中，生活中，都要发挥自己的积极性、主动性，减少对老师、对家长的依赖，凡是自己能做的事，绝不请别人替做，只有这样，才会在克服困难中增长能力。

5. 早上或晚间，培养锻炼身体的习惯。体质弱的孩子一般难以经受挫折。每天早起，坚持跑上几千米，风雪无阻，冬夏不断，自然增强了抵抗风雪冰霜的能力，学习中有点挫折也觉得不在话下了。

6. 日常生活中，可以故意制造难题，创设些困境，从而想出解决难题、走出困境的办法。

7. 用跳读、细读相结合的方法，多读一些伟人的传记。读得多了，会感觉到人生的过程，就是不断战胜困难、战胜挫折的过程。和伟人比起来，我们遇到的困难和挫折实在算不了啥。伟人是在海洋里与大风大浪搏斗，而我们真像是在公园里划船，遇到的真的是小风小浪。读伟人传记还可以向伟人们学到战胜挫折的方法和技巧。

有了抗挫折能力，便成了意志顽强的人，一个意志顽强的人，容易征服学习道路上的困难。

从失败中崛起

——车晓东的成功经历

12岁的车晓东蒙头躺在床上，悲伤地抽泣着。他没考取重点中学——上海控江中学，而被降格录取到一所很不理想的学校，这对车晓东来说实在是太突然了。

读小学时，他自学代数入迷，做了几千道代数题。在上海杨浦区小学数学竞赛中，车晓东获第一名。他发展得很顺利，被公认为是“高才生”“尖子”，他飘飘然了。作业不像从前那样认真了，有点错误也不在意了。升学临近他也紧张不起来。就这样，他慢慢地退步了，在升学考试中，车晓东出乎意料地“马失前蹄”了。

失败虽然令人痛苦，但“祸兮，福之所倚；福兮，祸之所伏”，只要辩证地对待失败，失败有时也会从另一个方面给人以更深刻的启迪。车晓东经过痛苦的反思，在家人的帮助下，找到了失败的原因，体验到了骄傲带来的痛苦，他横下一条心，从头做起。

从跨进被称作“杨浦区老五”的建设中学的第一天起，车晓东便在自己房门后贴出一张“最佳作息方案”。

早晨，五点半起床，长跑，读外语，背课文；中午，回忆上午听课的内容，做作业，或午睡；下午放学后，复习功课，做作业或看课外书；晚饭后，完成作业，预习，自学；晚上8点半，听音乐或看课外书；晚上9点钟，准时入睡。

他严格执行这个最佳方案。

5年中，车晓东一直不忘12岁那年的教训。平时他有总的学习计划，每次考前还制订小计划，注意查缺补漏和全面发展。由于坚持不懈地努力，车晓东克服了不稳定的缺点，全面提高了学习能力，读高三时，获得了全国中学数学联赛上海赛区的冠军。由于成绩优异，他作为我国中学生代表参加“美国第三十四届数学邀请赛”。参赛前，他又想起了12岁那年的失败，他决心全力以赴。为了解邀请赛概况和提高应考能力，他找来了这个竞赛的历届试题，用种种难题来考自己。每次自测，他都慎之又慎，像真正参加国际竞赛一样认真，测后马上分析自己的优缺点，争取老师的帮助，发现问题，及时解决。他先后完整地做了十届比赛的试题，获得了丰富的经验，他听歌曲《全部属于优胜者》，用来激励自己。车晓东已开始成熟，再也不是5年前的他了。

考场上只听到钢笔在纸上摩擦的沙沙声，考场上的时光总是流逝得那么快，令人难以把握。可是车晓东经过5年的艰苦努力，练就了把握时光和灵感的能力。按规定，90分钟交卷，但车晓东只用40分钟就做完了全部试题，复核、订正，确信无误后，他充满信心地交卷，面带笑容走出考场。

成绩揭晓，车晓东获得满分，与另一名美国中学生并列榜首，为祖国争得了荣誉。

这一年，车晓东还参加了本市、全国和国际数学、物理竞赛，连中“三元”，接着又夺得上海市高考第一名。全家沉浸在幸福之中，设宴欢庆，还把奖状和奖章挂在墙上。但车晓东却把奖状、奖章摘下来，都锁到了箱子里。他清醒地意识到，此时此刻的他，最需要的是冷静和谦虚，因此，他只挑出老校长送来的一幅题词，挂在墙上：“锲而不舍，为国争光。”

车晓东从失败中崛起的事迹应引起每位中学生的深思。如果他在失败时灰心丧气，一蹶不振，甚至自暴自弃，那么他的潜能很容易先被自我埋没，很容易成为一个平庸的人。

其实，一个平庸的人也要面对失败，如果不在失败中奋斗，同样要经受痛苦。有的同学怕读书太累，于是平庸度日，未能升学。中学毕业以后，想参加公务员考试，学历不够；想参加聘干考试，一看复习提纲，觉得知识面宽，复习难度太大，只好不战而败；又准备参加招聘职工的考试，效益好的企业都要高学历的人，去不成了。效益一般的企业考题也比较深，复习起来头痛，只好放弃。

招工招干考试都不战而败，怎么办？只好自谋职业。做什么？卖服装？卖家具？都需要较多的成本，拿不出。再说，拿得出，服装、家具市场竞争异常激烈，初涉波涛汹涌的市场，其所需智力和体力比读书要累得多。

卖大东西怕失败，就只好卖菜了。卖菜同样需要费脑筋，到哪里进菜便宜，什么时间进什么菜，见了什么样的顾客怎样吆喝，怎样宣传，菜怎样保管。夏天热，冬天冷，风里来，雨里去，许多卖菜的人都说，卖菜比读书累多了，操心多了，面对的失败，面对的挫折，面对个别人的刁难都比中学生多多了。

怕卖东西失败，那就到劳动力市场去出卖自己的劳动力吧。但往那里一站同样要面对失败，雇主来问：会木工吗？答：不会。会瓦工吗？答：不会。再问：会疏通下水道吗？答：不会。有点专业技能的先被雇走了。刚毕业的中学生当然因竞争失败而站在那里。好不容易来了一名需要搬运工的雇主，到了货场，又因为中学生体力不够持久，而被辞退，那种失败的滋味并不比读书失败好承受。

显然，失败是人生任何一个位置上都必须面对的一个障碍，任何人都无法回避，谁想躲开障碍，那就只有后退，而退到下一阶段，仍然要面对失败，倘若继续后退，那就等于到再后面的阶段去面对新的失败。

平庸的人面对失败，伟大的人一生也不断面临失败。认真研究，就会发现，伟人之所以伟大，不是因为他们面对的失败少，而是他们善于战胜失败，在失败中崛起。

爱迪生钻研一生，对失败有深刻体会。他说过：“失败也是我需要的，它和成功一样有价值。”为选择灯丝，他就曾经历过几千次失败。

“失败是成功之母”这句话，几乎每位中学生都会说。但真的要从失败中孕育出成功，就必须做好经受辛苦，甚至经受痛苦的准备。

失败可以是人前进的障碍，也可以成为人上进的阶梯，全看你怎么对待它。你屈服了，它便是障碍；你咬紧牙关，战胜它，它便是助你上进的阶梯，你就能在失败中崛起。

升学考试落榜仍需信心百倍

中考、高考前，不少学生想，升不了学怎么办？其实，以高考为例，每一年的适龄青年有上千万人，大学录取只有几百万人，咱们中国不能升大学的同龄人还有一定比例。

高考落榜无须自卑，仍然要信心百倍地自学，信心百倍地面对生活。即使是发达国家，没读完大学的人，也仍旧可以有作为。世界首富比尔·盖茨，大学没有读完，便投身计算机事业，研究设计软件，他的微软公司已成为世界最大的计算机公司，至 2004 年 2 月，比尔·盖茨名下已有净资产 466 亿美元的个人财富。

问题的关键在于无论升大学还是就业都要在自己的位置上信心百倍地自学，不断地探索新的课题，这样平凡的工作也有极深的学问。

我有一位朋友是养猪的，他没上过大学，他把养猪当作一项有无数科研课题的大事业。在前些年许多人养猪赔钱的时候，他能赚几十万、上百万，他的猪场被称为花园式猪场，1991 年联合国有关组织评选全球环境保护最好的 500 家单位，中国有两家评上，盘锦市李正龙的生态养猪场便是其中之一。

养蚕是个顶平凡的工作吧，我到四川乐山，教委赵主任告诉我，乐山有一个人，没上过大学，却全身心钻到养蚕的学问之中，他摸透了蚕的生活习性和吐丝规律，居然可以指挥着蚕们自动织出一件背心来，令人叹为观止，外国老板花高价来买这样的背心。

浙江台州有一位玻璃雕刻大师吴子熊没读过几年书，他全身心钻研玻璃雕刻技术，在玻璃杯上雕一对栩栩如生的虾，只用 55 秒时间，他在许多国家表演都引起轰动，在美国表演时克林顿总统看得出了神。

一穷二白的农民张锡金，独自一人到青岛打工，扛着一台赊来的旧织机回农村，靠织脖套起家，后来成了有100万资产的诸成华泰服装绣品公司的董事长。

北京的李晓华，国外有人评定他是中国大陆第一富豪，他也仅仅是一个初中还没有读完的下乡知识青年，十几年以前，还在北戴河的大街上吆喝着卖冷饮，但他钻研经商知识，研究市场规律，经历了常人难以忍受的挫折，仍旧信心百倍地奋斗，终于取得了令世人瞩目的成绩。

还有一个转业军人，没上过大学，带着仅有的800元钱闯深圳，住不起旅社，晚上睡公共厕所……800元钱早已花光，找工作又难似登天，他就带着弟兄们到饭店捡易拉罐卖……他们白手起家，艰苦创业，创办了一个贸易公司。他刻苦钻研，信心百倍地自学新知识，到1996年，他36岁的时候，其公司下属已有近百家企业，拥有20亿元固定资产。后来还入选“中国十大杰出青年企业家”。

落榜后仍信心百倍，追求探索的名人古今都有，有一期的《做人与处世》写道：

两次科场失利的宋代文人苏洵，失利后不气馁，刻苦自学，终于成为“唐宋八大家”之一。

三次落榜的著名医学家李时珍，下决心从医，经过27年的精心钻研，参考了800多种医书，写下了医学巨著《本草纲目》。

四次落榜的清代文学家蒲松龄，深入民间采访，写出了著名文学作品《聊斋志异》。

三次落榜的剧作家曹禺，年轻时一心想当医生，报考北京医学院失利后，积极参加戏剧活动，写出《雷雨》《日出》等名著。

三次落榜的翻译家苏阿芒，选择了自学道路，掌握了20多种文字，在50多个国家和地区刊登过文艺作品和论文。

四次落榜的严文井，20岁左右，在北京两年中报考了四所大学，均落第。后到北京图书馆当小职员，秉烛夜读，翻译、撰写了大量书籍，成为著名作家。

写这些不是鼓励大家争取高考落榜，而是劝同学们，无论在人生哪个位置上，都要信心百倍地学习、钻研，努力上进，重要的不是位置而是上进的信心。

竞争中磨炼意志

到国外考察的人，有的回来喜欢宣传国外学生学得如何轻松，如何像玩乐一样学习。

其实这只是问题的一个方面。问题的另一个方面，发达国家的学生也有竞争，竞争能磨炼一个人顽强的意志。

美国纽约，有一所史岱文森高中，有小哈佛之称，里面都是通过严格考试才能挤进去的“各族精英”，西屋科学奖第一、二名全由那里的学生获得，入围决赛占全美国的16%。

但是史岱文森也不是好混的地方，学生智商140是平常的事，做功课到一两点钟也是当然。在近百年老旧的建筑中，一群顶尖老师的压力下，学生们必须寻自己生存的空间，抗拒毒品的诱惑，面对无数的挑战，更有许多人必须每天搭乘三四小时的车到史岱文森上课。

高中竞争这样激烈，读得这样辛苦，那么升学竞争呢？

哈佛大学的入学资格审查，具有很高的选拔性，竞争十分激烈。每年申请入哈佛就读的学生一般都会高达15000多名，而最后仅有不到15%的人能够如愿以偿。

进了大学呢？在哈佛校园里，学生的学习压力是非常大的，竞争的激烈近乎残酷，简直是向自身极限能力的挑战，故称其为“地狱”也实不为过。

禹宏、鲁原在《哈佛不败》一书中写道：

作为哈佛浓缩的HBS，在这一点上表现得尤为突出。它一方面由于其绚丽的光环而被人们称为“商界的梵蒂冈”，另一方面也因其管理的严格而被称为“商界的西点军校”，既“上帝般令人敬爱”，又“上帝般令人敬畏”。一位中国留学生在一封写给国内朋友的信中曾借用《北京人在纽约》的片首语这样说：“如果你爱他，就送他去 HBS，因为那里是‘天堂’；如果你恨他，就送他去 HBS，因为那里是‘地狱’。”

HBS 一年级的课程一般是这样安排的：每周上午有三节 80 分钟的课，11 点半结束。下午 1 点又开始两节同样的课。每节课安排一个案例，刚入学的新生准备一个案例一般要花 3—4 个小时，再加上课外学习小组活动时间和上课时间，每天大概要学习 13—18 个小时。

很多学生差不多每天要学习到深夜一两点钟，然后睡上几个小时，再赶快爬起来去上 8 点半的课。

HBS 的评分采用一种强制性的分配法。每个班级每门课规定成绩好的 15%—20% 的学生得“优”，成绩差的 15%—20% 的同学得“及格”，成绩中等的 60%—70% 的得“良”，还有 5% 左右的学生“不及格”。

一年级的学生要学 11 门课程。校方要求每个一年级的学生至少有 10 个“良”。拿到 8 个以上“及格”或“不及格”的同学被称为“触网”，一旦触网，究竟能不能升入二年级，要经学生成绩委员会根据学生本人的请求，教授的评价，以及造成“触网”的客观因素来决定。其中有一小部分人将获准升学，而另一部分则被迫退学，但可以保留重新申请入学的权利。

因“触网”而被迫退学的威胁是始终存在的，并且由于评分的范围不是整个年级，而是按照固定的百分比在班级内分配，这给考生造成的心理压力是可想而知的。

哈佛给学生的告诫是：如果你进入社会后，在任何时候任何场合下都得心应手，并且得到应有的评价，那么你在哈佛的学习期间，就没有晒太阳的时间。在哈佛广为流传的一句格言是：“忙完秋收忙秋种，学习，学习，再学习。”

一位毕业生曾这样回忆说，第一次期中考试前几天，他晚上很难入睡，闭上眼睛满脑子不是案例，就是万一“触网”怎么办。（即使那些最优秀的学生，在第一次期中考试前的紧张也会达到极点。考试引起的焦虑和失眠是普遍的。每到此时，HBS 的心理学专家门诊室门外，便会排起长队。）他邀请好友吉姆去打网球，想休息休息调整一下状况。他看得出，吉姆同他一样紧张。吉姆是个很好的网球选手，但那一次他几乎抓不稳球拍。他们在打球时还在谈论考试，因为近乎残酷的强制性分配法考试制度，预先就决定了必定会有人考试不及格。每次考试都是你死我活的大混战，两人只希望这个厄运不要落在他们头上。由于过于紧张，他们无法继续打下去，草草收拾东西回去继续学习。结果他们的考分在班里均属前十名。

经过这样激烈的竞争磨炼出的人才，显然都有顽强的意志和极强的能力。到毕业时，学生面临的不是能不能找到工作的问题，而是如何在几个公司中进行挑选抉择的问题。

跑进快乐天地，磨炼顽强意志

数九寒冬，北风怒号。

六里河大坝上，朔风吹得枯草、芦苇都向南倒在了地上。修水利工程的工人们朝北走的时候，棉帽子系上了带子，有的还用大围巾围住了脸，每个人的棉大衣都紧紧裹着，并且用带子系紧。即使如此，向北走的时候，他们还是觉得冷，风实在太大了，寒风穿透棉大衣，并且刮得人透不过气来，于是他们便转回身，背对着风，一步一步倒着往北走。

这么冷的天，还要不要坚持每天越野 10 里地的班规？大家举手表决，结果以压倒多数通过。学生们把大衣扔在教室里，有几位同学只穿着毛衣，于是一支队伍冲出校门，争先恐后地朝西北，朝着六里河跑去。跑上六里河的大坝便折向了北方，正对抗着那肆虐的北风，全班同学和北风抗争着，充满了压倒它的气势，终于跑到了预定的地点。

10 里地跑完了，回到教室，同学们满脸通红，有的发梢、眉毛上结满了冰凌，额头还冒着汗，充满了战胜自我的幸福感、自豪感，畅谈着战胜严寒的欢乐。

1979 年 4 月，我接班不久学校便举办运动会，我们班只有 100 米（第二名)、1500 米(第六名)两个项目拿了名次。跑了两年以后，还是这个班，还是这些原班同学，参加校运动会，同年组共 9 个班一块儿竞赛，我们班取得了全部竞赛项目的冠军，我们一个班得分比其余 5 个班的总和还要多。

1997 年 6 月 18 日，还差一天就要升学考试了，天极热，骄阳似火，柳梢不动，人们穿短袖衬衣，坐着都出汗，下午第三节课我们班同学照旧冲向炽热的操场，你追我赶地跑起来。我穿短袖衬衫，跑完后已满头大汗，可我们班的刘洋、李智、运娜、张晓星同学都穿着长袖衬衣不算，居然外面都套着蓝色运动服，我问为什么不脱掉。他们回答是：这样能苦中求乐。从早晨一直观察同学们的江苏如东县教委严仲清主任看着一个个满头大汗的学生，深有感慨："学生们意志这样坚强，这样能吃苦，学习上有点难处根本不在话下。"

从严冬跑到盛夏，一届又一届的学生，从跑步中去体验甜，从更高层次上去认识苦与甜，去认识自我、战胜自我、超越自我，去发现一个新的快乐的天地。一个身体强健的学生，学习效率自然要高于身体病弱的学生。

坚持长跑，更重要的，不是增强了体质，而是磨炼了顽强的意志。有了顽强的意志，就容易征服学习上的道道难关。将来走出校门，凭着顽强的意志，同样容易战胜工作中的重重险阻。

建议中学生朋友每天给自己安排一段跑步时间，这种运动方式简单易行，不需要什么设备器械。运动方式单调，唯单调，才更容易磨炼意志；唯单调，才更容易养成苦中求乐的品质。

每天做 100 次仰卧起坐、俯卧撑

1984 年秋天，我给同学们读鲁光写的报告文学《敲开世界冠军的大门》。文章记叙了中国女排刻苦训练、顽强拼搏夺取世界冠军的经过。文中有一

句话深深激励着同学们，中国女排姑娘们说：“苦是一服灵丹妙药，我们要想强大起来，就得天天吃它。”

同学们说：“老师，咱们也该找服灵丹妙药来吃，使我们也强大起来。”

“大家讨论一下，我们上哪儿去寻找这样一服灵丹妙药。”

“女排的训练器械，我们没有。”

“打沙袋，绑沙袋，也不现实。”

商量来商量去，大家觉得比较实际的方法就是在教室里练仰卧起坐和俯卧撑，不用器材，不用特殊的训练场地，又节省时间。

刚开始，每人只做三个，即使如此，有的同学两臂一屈，便胸部触凳，起不来了。练了一段时间，都能做三个了。

同学们觉得不苦了，就说：“苦才是灵丹妙药，不苦就不是灵丹妙药了。我们该增加运动量，两天增长一个试一试。”

那时国家体委规定的锻炼标准，女同学俯卧撑能做 8 次就达到了标准，可我们都增长到 10 次了，同学们还要求增加。

大家一致要求，干劲十足，我看同学们体力很好，没有什么副作用，便同意增加。增多少？同学们要求每天增一个，这能受得了吗？同学们说：“受不了的时候再停也不晚。”

日月如梭，不知不觉两个月过去了，我们已增到了每天做 50 次。同学们吃着这苦药，果然自我感觉比以前强大了许多，于是还要求增，直增至 80 次、90 次。达到 100 次的时候，有的同学意犹未尽，还要增。

我说：“不能再增了，万事万物，过犹不及，过分了就会走向反面。我们做到 100 次没出现什么副作用就不错了，每天能坚持下来，已经相当不容易，增到此为止吧！”

每天我都和学生们一起做 100 次仰卧起坐（躺在桌子上做），再趴在椅子上做 100 次俯卧撑。1985 年 6 月我从北京开会回来，陪三（1）班的学生做，那时我任三（1）、三（7）两个班的班主任。一班后进生多一些，我便常同他们一起活动。

好不容易坚持做到 100，可同学们没停，体育委员还在喊着：“101、102……”

我一看没停，自己也不好意思停，双臂颤抖着，一次又一次撑起那越来越重的身躯，感觉有骨断筋折的滋味，再坚持，似乎麻木了，也说不清是什么滋味了。做完了俯卧撑，我又躺在桌子上，在体育委员的指挥下，又做了 120 个仰卧起坐。我真不知自己是怎样坚持到底的，真不知道是哪里来的力气，从那以后，多年来我至今没能打破这个纪录。

做完以后从桌子上下来，我浑身已像没有筋骨了，一点支撑的力气都没有了，我问："以前都是做 100 次，这次为什么做 120 次？"

"老师，您不在家时，全班同学要求体育委员每天再长一个，您已 20 天不在家了，我们便长到了 120 个。"

"乱弹琴，老师不是说过万事万物过犹不及吗？不是说过达到 100 次就不长了吗？为什么不听话？为什么和辩证法对着干？"我装作生气批评学生，内心却充满了喜悦。为什么？三（1）班学生比三（7）班学习成绩差，有几位同学相当淘气，但老师不在家时，这么苦的训练，他们不仅能坚持，还要求体育委员领着长，这充分说明他们成熟了，他们真的认识到了这是使自己强大起来的灵丹妙药。

1991 届学生我没让做，我想实验比较一下，做和不做有什么不同，这届学生的吃苦精神、学习意志，明显比不上 1985 届、1988 届每天坚持做仰卧起坐、俯卧撑的学生，这届学生不仅体育达标优秀率比前两届低将近 20%，学习成绩也没有前两届高。

从 1991 年暑期开始至今，我又引导学生每天坚持做。实践证明，那些做得标准、做得认真的同学真的是学习中、生活中的强者。别人在椅子上做，蔡乐每天双手伏在地上做，增大了强度。别人做 100 次，李智同学每天做 130 次。许多认真吃这服灵丹妙药的人都成为学习尖子。

全中国的中学生如果每天都坚持做上 100 次仰卧起坐和俯卧撑，同学们的意志会坚强得多。

天道酬勤，勤奋定能成功

从 1979 年开始，我们班级黑板的北侧，每天都要写一条新的格言。同学们轮流做这件事。有一天轮到了杨奕同学，她只写了八个字：“勤劳是做人的根本。”我觉得这八个字道出了人生真谛，便引导大家以这八个字为题目，写作文，写了一次又一次。

“勤劳是做人的根本”“聪明在于勤奋”“天才在于积累”，本来这都是人生最简单不过的常识，是学生最应该遵循的最基本的规律。但近几年，面对浮躁、喧嚣的社会，个别人急功近利，宣传一些违背基本规律的所谓“学习窍门”“得高分诀窍”，什么“老实勤奋型的没有大出息”，什么“边吃喝玩乐，边学习看书是现代学生的标志”，什么“勤奋型的人落伍了”，等等。

有一段时间这些论调甚嚣尘上，以致班级个别同学也傻乎乎地跟着这帮子标新立异的人去讽刺刻苦的同学，去挖苦勤劳的同学，去指责勤奋、批评努力。

有的懒同学还劝勤奋的赵军：“聪明型的学生都不太用功，像你这样的男同学，全校才三名，你若像女同学那样勤奋，那就没什么后劲了。”

勤奋的赵军听了这话，觉得也有一点道理，堂堂男子汉，是不能像女同学那样勤奋，于是赵军变得比过去贪玩了。

个别记者、写文章的人，在报道少年大学生的事迹，报道某省状元时，也常把着眼点放在宣传他们的聪明上，把他们搞得神乎其神，有的小报甚至还把“少读书，少学习，多唱，多跳，多玩”吹成学习经验。

班级内否定勤奋的糊涂认识在潜滋暗长，为纠正这不良的潜流，我组织大家写了“勤劳是做人的根本”的系列文章，召开了“聪明来自勤奋”的讲演会。文章中、班会上，大家搜集了大量的材料，澄清了个别同学的糊涂认识。

人世间，思想家、科学家、艺术家、作家，大凡有成就的人都是勤劳的人。任何一位对人类有贡献的人，都认为勤劳是做人的根本。

另一类人，监狱里的犯人，绝大部分都曾经是妄想不劳而获的人。追寻他们犯罪的思想根源大都不承认勤劳是做人的根本，而要靠别的方式去获取名利地位，以致走上犯罪道路。

勤劳与否真是判断一个人究竟是人还是“兽”的最要紧的标志。

学生也是这样，聪明而勤奋的学生，会变得更聪明，更爱学习，更正直。聪明而不勤奋，或过去勤奋后来懒惰的学生，会变得自私、贪婪，并学会作弊，会产生许多不劳而获的愚蠢的想法。不太聪明但勤奋的学生，即使考不上大学，将来参加工作，凭着自己的勤奋也能站稳脚跟，有大发展。不聪明而又懒惰的学生，必然成为家庭的负担，将来到社会上便是社会的负担。

科技大学少年班的学生够聪明了吧！但个别的还荒废了学业，原因不是别的什么，就是原来勤奋后来不勤奋了。绝大部分科大少年班的学生取得了出色的成绩，他们自己和他们的老师总结成功经验时都觉得，最重要的一条，是因为他们付出了比一般少年更多的努力和心血。

科技大学第七期少年班学生陈冰青，因为特别土气，在校时有个绰号，叫“老饼”。进校时，“老饼”的入学成绩就像他土气的绰号一样不起眼。然而，“老饼”在少年班三年的主课平均成绩高达 94 分。他获得科大最高荣誉奖——郭沫若奖学金，并提前两年参加中美联合招收赴美物理学研究生考试，以全国第二名的佳绩被美国第一流的普林斯顿大学录取。

“老饼”的诀窍是勤奋。他每天背着一个鼓鼓囊囊的书包，在校园的“三点一线”上大步流星。一次，他因英语摸底考试不理想，就自制许多词汇卡，挂在床边。每晚的美国 VOA 教英语节目一到，他就抱着收音机到校园的草坪上收听，即使是阴冷难耐的冬日也一如既往。后来，“老饼”终于成了少年班里公认的“英语活字典”。

在科技大学做教授的冯珑珑，是第三期少年班毕业生，大学 3 年就学完 5 年的课程，并以优异成绩考取天体物理学博士生。他说起自己的成长过程，一再强调刻苦的重要性，脑子灵也得勤奋。

伟人的成功更是来源于勤奋。

司马迁写《史记》花了 15 年。

司马光写《资治通鉴》花了 19 年。

达尔文写《物种起源》花了 20 年。

李时珍写《本草纲目》花了 27 年。

哥白尼写《论天体的运动》花了 37 年。

马克思写《资本论》花了 40 年。

歌德写《浮士德》花了 60 年。

牛顿在剑桥大学 30 年里，常常每天坚持工作十六七个小时之久。富兰克林说："礼拜日是我的读书日。"达尔文说："我相信，我没有偷过半小时的懒。"

华罗庚说："我不否认人有天资的差别，但是根本的问题是勤奋的问题。我小时候念书时，家里人说我笨，老师也说我没有学数学的特别才能。这对我来说，不是坏事，反而是好事。我知道自己不行，就更加努力。经常反问自己：我努力得够不够？"

托尔斯泰说："天才的十分之一是灵感，十分之九是血汗。"

爱迪生说："有些人以为我所以在许多事情上有成就，是因为我有什么'天才'，这是不正确的。无论哪个头脑清楚的人，都能像我一样有成就，如果他肯拼命钻研。""天才，就是百分之一的灵感加上百分之九十九的血汗。"

班级同学经过写系列作文、演讲比赛，搜集了大量的论据，同学们发自内心地认识到：怀疑勤劳的人，是糊涂人；向学生鼓吹玩乐，讽刺勤劳的人，是别有用心的人。只有勤劳，才使猿完成了向人的过渡，也只有勤劳，才能使人类完成由低层次的人向更高层次的人的过渡。

现代中学生要取得好成绩，必须坚定不移地相信："勤劳是做人的根本，是做学生的根本。"

持之以恒，水滴石穿

有的中学生临考前三天，突击复习，又是写，又是算，又是记，又是背，夜以继日，废寝忘食。考过之后，成绩发表，平均分远远赶不上复习不慌不忙，临考前饮食起居还照常的同学。

细一分析，前者学法是一曝十寒，平时不努力，临考才着急，当然见效慢。后者重在平时做事认真，说了算，定了干，持之以恒。这样水滴石穿，绳锯木断，功到自然成，临考不突击也有好成绩。

牛顿说过：“一个人如果做事没有恒心，他是任何事也做不成功的。”

爱因斯坦说：“智慧并不产生于学历，而是来自对知识的终生不懈的追求。”

英国科学家道尔顿，为了研究气象，从年轻时起，每天晚上 9 点半钟记录当天的天气情况，夜夜如此，从不间断，坚持了 57 年。在他病逝的前几个小时，还进行了最后一次观测，用颤抖的手记下：“今晚微雨。”

我国近代地理学的奠基人竺可桢，为了研究中国气象，仅从 1936 年到他病逝的近 40 年时间里，他天天写关于中国气候的日记，达千万字左右，无论遇到什么困难，无一天间歇。

爱迪生发明电灯，为了找一种合适的灯丝，前后实验了 1600 多种材料，经过 5 万次实验，最后选择钨做的灯丝，终于制成电灯。

人贵有志，学贵有恒。

要学会持之以恒，就要目标始终如一，不能见异思迁，这就如同打井，如果水源是在地面 10 米以下，你挖了七八米，还不见水，心浮气躁，换一个地方再挖；又挖了六七米还不见水，就又换个地方挖；不见水，又换地方挖。换来换去，都是还差两三米就成功了。所谓为山九仞，功亏一篑，意思是说，本想堆成一座高山，由于只差一筐土没有完成。见异思迁的打井者，不断改换目标，力气也用了不少，每次都是在接近成功时，改换目标而前功尽弃。现代社会的中学生尤其要目标始终如一，因为我们面对信息滔滔、红尘滚滚的现代社会，这个社会机遇多，诱惑也多，面对各种各样的诱惑，不成熟的中学生，很容易放弃自己最初的目标，而去追逐一些所谓流行的时尚。

要持之以恒就要有耐心，要耐得住胜利前的寂寞，经受得住胜利前的失败。

还说挖井这个例子，10 米以下有水，10 米之前，一点点地挖下去，都是寂寞的，没有清水，没有胜利的欢愉，只有追求的寂寞与艰辛。爱迪生发明灯泡，搞了 5 万次试验，前 4 万多次都是失败，都是挫折，没有鲜花和掌声，只有寂寞和冷淡，如果他因此而放弃，那就会前功尽弃。我们现代中学生面临的现代社会，相当多的人急功近利，心浮气躁。如果不磨炼自己的耐心，耐不住寂寞，经受不住失败的考验，很容易也成为急功近利、心浮气躁的人。

向成功者学习，耐得住寂寞，持之以恒，朝着一个方向努力吧！

好习惯让你事半功倍

什么是教育？

《新华字典》解释说：〔教育〕①教导和培养。②教育事业，按一定要求培养人的事业。

《辞海》解释说：按照一定的目的要求，对受教育者的德育、智育、体育诸方面施以影响的一种有计划的活动。

《中国百科大辞典》解释说：培养人的一种社会活动，传递生产经验和生活经验的必要手段。

《中外文化辞典》除了跟《百科大辞典》有相同之处，又解释说："凡是有意识，有目的地对受教育者施加某种影响，以便在受教育者的身心上获得预期的结果，都是教育。"

《语言大典》对教育一词有六种解释，较简单的一种解释是：①教导或接受教导的行动或过程。②对个人、物或团体进行教导和训练。

《中国大百科全书》对教育从广义和狭义两个方面进行界定，指出："从广义上说，凡是增进人们的知识技能，影响人们的思想品德的活动，都是教育。狭义的教育，主要指学校教育，其含义是教育者根据一定社会的要求，有目的、有计划、有组织地对受教育者的身心施加影响，把他们培养成一定社会所需要的人的活动。"

还可以举出很多不同的解释。

一个概念，多种解释。老师如何教育学生，学生如何进行自我教育呢？我经常给学生讲：我们学校教育就是帮助人培养良好的习惯，自我教育就是帮助自己心灵中真善美的一面养成良好的习惯。最重要的不是口号，不是认识，不是情感，而是习惯。习惯是怎样养成的呢？

行动养成习惯，习惯形成品质，品质决定命运。

谁想实实在在搞教育，谁就不能只在喊口号、激发情感上下功夫，谁就应该用力气提高认识，在行动上下功夫。

比如这本书中讲的自学、预习，你只是喊要自学预习不行，只是认识到自学预习重要不行，只是感觉到自学预习很好也不行，一定要真的去自学，去预习。

自学预习一两次、三四次也不能养成习惯，要持之以恒。三次自学的点能连成自学的线，四条自学的线能构成自学的面；六个自学的面能构成一个自学习惯的体，简单地讲一个自学习惯的体要由 72 次自学行动构成。这当然只是个比喻，事实上，行动次数越多，习惯的体就越坚固，越经受得住各种考验，滚滚红尘吹不动，遍地诱惑不动摇。

别的方法，用一两次可能有用，也可能感觉不管用，只有多次用，用得娴熟，用得得心应手了，才会感觉确有作用。

力求养成习惯吧！每天养成了预习的习惯，按作息时间学习的习惯，认真听课的习惯，自留作业的习惯，唱歌的习惯，跑步的习惯，做仰卧起坐、俯卧撑的习惯，写左手小楷的习惯，写日记的习惯。学习生活便像一首婉转悠扬、顿挫起伏的歌，便忙而不乱，紧而有序。习惯使事情变得容易，习惯使阻力减到最低点，习惯使体能和心能都节省到最低点，习惯是提高学习效率的源泉。

刚开始，不要着急，要一点一滴地坚持，只要不动摇，朝着一个方向，72 次行动都朝着一个方向，就有了习惯的雏形，再一点点坚持，习惯就成熟了。

与学生在课堂上互动

第四辑

发展思维，培养注意力

具有思维独立性的同学，遇到问题善动脑筋，容易形成独立工作能力。这一品质，不但对学习有益，对将来独立解决工作中的问题也是很重要的。

思维的独立性，是指坚持真理而言，与“固执”是截然不同的。在学习中要敢于坚持自己认为是正确的东西，但一旦发现自己的看法是不正确的，应有勇气马上放弃。

培养思维的独立性

——一定程度上的脑筋急转弯

18 世纪世界许多地方流行一种可怕的疾病——天花。天花是由病毒传染的，死亡率很高。

乡村医生琴纳经过研究，产生了大胆的设想：用人工接种牛痘，预防天花。

可是这种危险的实验谁肯做呢？琴纳决定给自己的儿子接种牛痘，但遭到妻子和亲朋好友的反对。他们说，接种牛痘，儿子头上会长出牛角，身上会长出牛毛，像牛一样哞哞叫。教会也出面反对，说琴纳用牲畜的疾病来传染人，是“亵渎上帝”，说琴纳的宣传是“魔鬼的谎言”。但琴纳为了追求真理，一直坚持独立思考，果断地给自己的儿子接种上了牛痘，几天过去了，儿子只是微微不适。琴纳成功了。

几经争论，琴纳的发现才被科学界接受，人间再也没有人因为天花而失去亲人了。琴纳的美好理想得以实现，就在于他的思维有独立性。

思维独立性的反面，则是易受暗示。有此弱点的人，即使有正确的观点也不敢坚持。

英国诗人拜伦曾编写了下面这样一个测试题，同学们不妨试着做一做。

诗好比是一面明镜，是人们心灵的真实写照。当您面向镜子时，映出的常常不见得都是您的真实容貌。我想，一个人站在两块相对挂着的立镜中间，就会照出一连串影像。那么，假设有一间小屋，屋内上下左右前后都铺满了无缝隙的镜片，请问：当有个芭蕾舞演员身处小屋地面之中央，她能看到什么样的影像呢？

这个题能考查一个人的思维是否具有独立性。因为屋内上下左右前后都铺满了无缝隙的镜片，屋内是一片黑暗，什么也看不见。如果认为能看到芭蕾舞演员的某种形象，那是思维受了“暗示”而失去了独立性。

中学生思维的独立性已开始形成。中学生不像小学生那样，对教师和家长百依百顺，而是逐步用独立的眼光看待周围的一切。中学生不满足于接受成人和书本上的现成结论，而敢于大胆地发表个人意见，喜欢怀疑、争论和提出一些新奇的想法。但初中生容易偏激，好走极端，容易肯定一切或否定一切。高中生相对而言则有较强的独立思维能力。他们思考问题时不肯盲从，喜欢探讨事物的发展变化的根本原因。

作为中学生，要努力培养自己独立思考的能力，凡事应动脑筋，形成自己的看法。一旦深信并被验证自己的思考是正确的，就要敢于坚持。

有的同学在学习、实践中能坚持自己的看法和观点，据理与同学、老师讨论和争辩。但据研究，相当一部分同学缺乏独立见解，人云亦云，一遇难题或争论，很容易怀疑自己，或放弃己见，甚至做完题目后，常常不相信自己的答案是正确的，非要和别的优秀同学核对一番才放心。

具有思维独立性的同学，遇到问题善动脑筋，容易形成独立工作的能力。这一品质，不但对学习有益，对将来独立解决工作中的问题也是很重要的。

思维的独立性，是指坚持真理而言，与“固执”是截然不同的。在学习中要敢于坚持自己认为是正确的东西，但一旦发现自己的看法是不正确的，应有勇气马上放弃。“独立性”与“谦虚”是一致的，没有良好的思想觉悟和高尚的情操，思维的独立性便会走向与真理相对的一面。

培养思维的深刻性

思维的深刻性是指透过表面现象，甚至是不屑一顾的表面现象看事物本质及其发展规律。

马寅初教授是著名学者，一代宗师，他认识问题入木三分，充分体现出思维的深刻性。

1953 年我国进行了第一次人口普查，有 6 亿多人。1954 年马老回到家乡浙江嵊州浦口镇，他的 1 个侄子竟然领来 9 个孩子拜见阿公，这使马老大吃一惊。经过 3 年调查，马老发现我国人口每年增长率为 22‰，即每年净增人口 1300 万，于是他在 1957 年全国人代会上提出了新人口论，主张计划生育。遗憾的是他受到了全国性的批判。1959 年马老在最后一篇答辩文章中写道："批判我的学术思想的不下 200 多人，而且要把这个战场延伸到几家报纸和许多杂志。这个挑战是很合理的，我当敬谨拜受。我虽年近八十，明知寡不敌众，自当单枪匹马，出来应战，直至战死为止，决不向专以力压服，不以理说服的那种批判者们投降。"

1979 年，当马老 97 岁高龄的时候，中共中央统战部派一位副部长到马老家里宣读为他平反和恢复名誉的决定。1 万个日夜可以做证，马老的"新人口论"完全符合中国国情，其学术思想是多么深邃和富有远见！

这就是思维的深刻性，它能依据事物的发展规律预见未来。

作为中学生，在理解思维的深刻性和重要性的同时，应努力培养这一优秀品质。怎样培养呢？应按照爱因斯坦所说的"思考，思考，再思考"去做，就能逐步获得这一宝贵的思维品质。

善于课前预习的中学生，思维容易具有深刻性，一个长期坚持预习的同学，一定会养成积极的动力定型，这类动力定型将来必然会迁移到工作上。

思维的深刻性是学好各门功课的基础。例如，在《社会发展简史》中，我们一定要抓住一条主线，即生产力和生产关系的矛盾运动，可以通过不断回忆学过的知识，加深理解生产力是怎样决定生产关系，生产关系又是怎样反作用于生产力的。我们可以绘图来揭示剩余价值的产生过程。

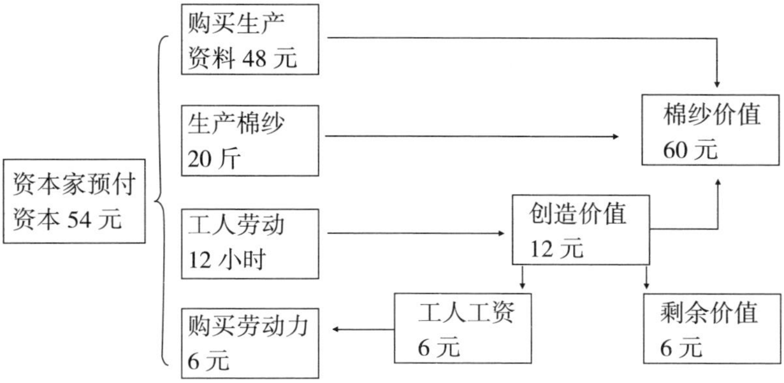

通过上表，我们就可以具体地了解资本家是如何靠榨取工人创造的剩余价值发财致富了。这样思考，容易使我们的思维变得更深刻。

我们把很强的条形磁铁的一端迅速地接近磁针的同极，反而会互相吸引。碰到这样“反常”现象，我们就得往深层次去探究原因，原来，条形磁铁的磁性很强，所以当它迅速接近磁针时，还未显示排斥作用，磁针的同极已被磁化为异极，因而互相吸引。

思维深刻性的反面是肤浅性。凡是思维肤浅的人，往往被表面现象和眼前利益迷惑，而不去认识事物的本质及其发展趋势。

据某省调查，中学生厌学率超过 30%。这些同学缺乏学习动力，老师不抓出勤，就迟到；老师不追作业，就不写；不考试，就很少复习。这种厌学心理的产生，与思维肤浅有直接关系。如果这些同学能往深想一想人生的意义，想一想未来，想一想对祖国的责任，就容易变得积极向上，好学上进。

培养思维的逻辑性

思维的逻辑性表现在思考、论证问题时有条不紊，有理有据，令人信服。

要培养思维的逻辑性，必须学习形式逻辑的普遍规律，即：同一律、矛盾律、排中律和充足理由律。

1. 同一律。

同一律是指在研究一个问题时，不允许偷换概念或转移论题。

很久以前，有个县令上任伊始，便在堂上高悬一副对联："得一文，天诛地灭；徇一情，男盗女娼。"打官司的富贵人家相信"有钱能使鬼推磨"，于是把金钱玉帛送给这位县令。这位"清官老爷"照收不误。有人不平，当面问县令："你接受贿赂，怎对得起对联上的誓言呢？"县官非但不觉羞耻，反而振振有词："我没有违背誓言，因为我所得的不是'一文钱'，受贿徇情也非'一次'呀！"

这个县官在写对联时就存心玩弄诡辩，蓄意欺骗世人。从逻辑上看，这个县令的诡辩违背了同一律——偷换概念。

2. 矛盾律。

矛盾律是指在研究一个问题时，不能做出两个互相矛盾的判断，而要前后一致，互相统一。

成语"自相矛盾"这个人人皆知的寓言中卖矛又卖盾的那个人，被人问得无言以对，就是因为他的两个判断互相矛盾，无法自圆其说。

有一位中学生在日记中写道："我昨夜做了一个梦，游山玩水，看见了许多奇花异草，游览了亭台楼阁，可惜醒来全忘了，不然真可以写出一篇十分精彩的《梦游记》。"

这种说法违背了矛盾律，既然"醒来全忘了"，怎还能记得"游山玩水"和"看见了许多奇花异草"呢？

3. 排中律。

排中律是指在研究一个问题时，不能同时否定或肯定两个互相矛盾的事物，而要正确地选择其一。

下面一道逻辑推理题，就可用排中律加以正确的解答。

一位姑娘对求婚者说："这里有三只盒子，一只金盒子，一只银盒子，一只铅盒子。每只盒子上写着一句话：金盒上写的是'肖像在这里'；银盒上写的是'肖像不在这里'；铅盒上写的是'肖像不在金盒里'；三句话中，只有一句是真的，谁能猜中我的肖像放在哪一个盒子里？"

有一位猜中了，他运用的是排中律的知识。他看到铅盒上写的一句话与金盒上的话是互相否定的，是两个互相矛盾的判断。根据排中律，在互相矛盾的两个判断中，必有一真。根据题意，只有一句是真话，而这句真话只能在这互相矛盾的两个判断之中。因此银盒上的那句话一定是假的。既然银盒上的话“肖像不在这里”是假的，适得其反，就可以判定肖像放在银盒子里。

4.充足理由律。

充足理由律是指任何判断和论证，只有当它有充分的理由和根据时，才能是正确的，合乎逻辑的，才能具有论证和说服的力量。

可作判断和论证根据的充足理由有三种来源：

（1）是明显的事实。如“这个教室有两扇门”，是明显事实，无须别的理由加以证实。

（2）是公理。公理就是不加证明而公认为正确的命题。如“全体大于部分”，“两量各等于第三量，则此两量相等”这类的判断，都不需要论证。

（3）是既得的规律、原理的学说。在各种学科中可凭借大道理推出小道理，凭借旧的，已被证实的定理、法则推证新的，前所未有的命题。

我们可举这样一个例子：“铜是电的良导体。”我们可用两种方法证明：即用实验方法（通电流于铜线）；或用纯粹逻辑的推论方法（凡金属都是电的良导体，而铜是金属，所以铜是电的良导体）。

中学阶段是逻辑思维能力迅速发展的阶段，我们应抓住这个大好时机，培养自己的逻辑思维能力。

有人说话、写文章颠三倒四、模棱两可、自相矛盾、苍白无力，这都与犯了逻辑错误、缺乏逻辑修养有关。

有的人面对巧言诡辩，无力分辩，盲目附和，这也与逻辑知识贫乏有关。

有的人遇到复杂情况，好比乱麻在手，“剪不断，理还乱”；而有的人却条理分明，纲目清楚；有的人思想迟钝，紧急关头举棋不定；有的人却能迅速做出恰当的判断。这种思维快慢之差，也反映了人们逻辑修养之深浅。

逻辑思维能力是人思考、说话、写文章必不可少的能力。经常运用逻辑知识思考分析实际问题，逻辑思维能力就能越来越强。

培养思维的灵活性

思维的灵活性指能从不同角度利用各种方法考虑问题，着眼于事物之间的联系和关系，能根据客观条件的发展而采取相应的措施，能及时修改自己原订的计划或方法，灵活地解决问题。

平时，人们说一名学生“机智”，就是指思维具有灵活性。但这与“见风使舵”是截然不同的。

奥泽罗夫是苏联最有名的体育评论员。他从事体育比赛的现场报道已有 30 多年的历史，在人们心目中享有极高的威信。他不但熟知多种体育项目和国内外著名运动员，而且具备机智多变的良好品质，临场发挥得特别好。

有一次在斯德哥尔摩举行欧洲田径锦标赛时，突然下起倾盆大雨，比赛无法进行，而实况转播又无法中断，奥泽罗夫在大雨中滔滔不绝地介绍了头一天比赛情况，直到雨停。另一次是 1968 年的冬季奥运会，因运动员没做好准备，无法比赛。可是实况转播已经开始，老练机智的奥泽罗夫不停地讲了 33 分钟，讲得头头是道。电视观众听得津津有味。这充分体现了他极强的应变能力。

据研究，初中二年级有 20%—30% 的学生具有极好的灵活性，高中学生中具有此种思维能力的人数还有增加。这些同学能活用学过的知识。如做数学习题时能发现练习题与例题的细微差别，因而能选择恰当的解题方法，不犯“死套公式”的错误；在做汉译英练习时遇到困难，会改变方法，用另外的句式去翻译。这些同学还能及时转移注意力，紧紧跟上老师的思路，不掉队，不分心；理解问题时，能从各个角度去考虑，能举一反三，所以效率高，成绩好。

中学六年，随着学科的增加和内容的扩展、深化，随着年级的升高和同学们心理的不断成熟，学习方法也应随之改进和发展，这样才能使学习能力与客观需要相适应。

例如：读初一，要尽快适应初中的学习生活，注重理解，学会预习，提高听课质量。读初二，要开始学习制订学习计划，特别注重发展抽象思维能力，以学好物理、几何，防止分化。读初三，要加强计划性，提高总结知识的能力和应考能力。读高中，要适应新的竞争，提高接受知识的能力，增强独立工作的能力，掌握应考技巧，学会放松和保持心理平衡，等等。要做到这些，就需“随机应变”，这就需要思维灵活。

要想培养思维的灵活性，必须经常有意识地改变考虑问题的角度和方法，及时放弃不合时宜的方法，而代之以更有效的方法。只要多动脑筋，加强学习，在实践中验证新方法，并及时总结、改进，就一定能增强思维的灵活性，增强自己调节适应的能力。

使思维更敏捷

——对突发事件随机应变

1984年，著名相声演员马季、赵炎在山东潍坊表演相声《吹牛》。相声中两人互不相让，都吹嘘自己有本事。两人正吹得起劲，礼堂天棚上有盏灯突然炸裂，灯下的观众被撒了一头玻璃碎片，不禁大吃一惊，别的观众听到响声也把注意力转到天棚上。眼看一场精彩的演出即将告吹。面对此景，在一刹那，马季把此事巧妙自然地转化成相声内容。马季指着天棚，装出得意扬扬的神态，对赵炎说：“你能吹，瞧我的，我能把电灯吹破。”观众听后，先是一愣，接着全场爆发出海涛一般的鼓掌声、喝彩声。

思维的敏捷性是指智力活动的速度。对中学生来说，思维敏捷意味着理解快、反应迅速、运算能力强、正确率高，这样能形成学习的良性循环，对青少年的成长至关重要。

研究表明，中学生数学运算中敏捷程度有显著差异，这种差异从初二开始变大。在北京的一次区数学选拔赛中，一位超常少年只用 50 分钟就答完了 3 小时的题目，而且得满分。可见学生间敏捷性的差别是很大的。要使思维敏捷，最好在“定型”之前加强训练。

邵老师是数学组组长。他有两个孩子，大的是女儿，叫亦文。邵亦文幼年智力迟钝，运算速度是全班最慢的。邵老师为此发愁。有一次，邵老师从杂志上学来一种方法，可以训练儿童的运算速度。即用扑克牌的数字做加法，方法是去掉其中两张王牌和 J、Q、K，用余下的 40 张扑克牌，让女儿边发牌边做累计加法运算，以提高女儿的运算速度。开始，女儿做一次扑克牌累计加法（40 张牌累计加数是 220）要 300 秒，3 个月后只需 40 秒，又练了两个月，只需 20 秒，速度快得连邵老师也跟不上了。邵亦文的老师反映：邵亦文的数学运算速度突然从班上最慢变成最快的了，语文成绩也成了班上的佼佼者。

邵老师用同法训练儿子亦波，半年训练，邵亦波累加 40 张扑克牌的运算速度提高到 20 秒之内。依靠快捷的运算速度，1985 年，邵亦波获上海市珠算、笔算、口算邀请赛第一名，不久又获全国华罗庚金杯少年数学邀请赛第三名。

这一事例说明，青少年的可塑性很强，只要采取恰当的方法加强训练，且持之以恒，人人可获得较好的敏捷性。为了达到这一目的，课堂上要严格要求自己，分秒必争。这样既能培养敏捷性，提高效率，又可锻炼意志。

思维的敏捷性很重要，但并不意味着敏捷性稍差的同学就一定搞不好学习，因为人的能力是由多种因素组成的，可以以长补短。

吴某同学生来思维反应较慢，7 岁时他进入上海实验学校。这所学校计划用 9 年时间学完小学和中学 12 年的课程。

思维慢的同学，一般思维比较严谨。老师针对这一特点，对吴某因材施教，给他较充裕的智力活动时间，发挥他思考问题严密周到的特点，使他的数学、物理成绩进入全班上游。由于老师教学有方和吴某发挥了自己的长处，吴某只用 9 年时间就学完了小学、中学课程，并顺利考入上海大学通信工程系。

这一事例启示我们，即使思维反应较慢也不必自卑，通过训练完全可以像邵亦文那样变得敏捷。即使仍然较慢，只要发挥自己的优势，照样可以把学习搞好并取得突出的成绩。

程序化思维模式

殷明同学以高分考入上海同济大学。

当他考入杨浦区复旦附中时，震惊地得知自己升高中入学成绩是全班倒数第一。

他说："全市好手云集于此，其间不乏得过市级乃至全国大奖的同学，有的同学甚至受过团中央的表彰，这令我这个'寸功未建'的学生汗颜不已。

"但凭着刻苦，加上又有一套自己的方法，我很快从最差的状态中跳了出来，加入了中等生的行列，但要争得优秀就非常困难了。

"尽管我费了很大的力气，但比起那些一贯优秀的同学来只是班门弄斧而已。

"我在班级中成绩一直徘徊不前，无论我多么用功，也总是解不出卷纸最后的那几道难题，也总是没法赶上那诸多的高才生。当时我想，在同学老师眼中，我一定是没有多大发展希望了。我一直在寻找一条超越之路，可命运总是一次次打败我。高中的考题难度比初中大多了，思维过程也复杂得多，仅靠对题目的领会已无推动意义。这时，思维上渐渐成熟的我知道，需要一种新的学习方法。

"经过相当长时间的'悟道'，我终于初步掌握了一种新的思维方式——程序化思维模式。

"有了这套方法，我在学习上产生了一个飞跃，成绩名次向先进赶超。

在校内考试中我从默默无闻，考到了名列前茅，在会考中以全优成绩名列第一。在高考中，我合理运用了这套方法，加上正常发挥，终于获得了成功。”

殷明同学介绍说，悟出的程序化思维模式，总结起来，大致有以下几个方面：

1. 建立信息库。

它就是平时学到的知识的仓库，不，说得更恰当些是图书馆。因为它不仅仅是将各种知识堆在一起，而是将每一科目的内容采用类似图书馆的编码管理方式进行分门别类。我把有共同之处的知识点的编码简洁化，尽量减少各个信息之间的封闭关系，使每个问题都能触类旁通，但又把握不同性质问题之间的界限，杜绝概念模糊，防止对信息的错误取用。比如物理上的动能守恒定理和动量守恒定理，我就采取了既合又分的方法，两个问题在总体上是关联的，做题时两者便于兼顾，不至于只考虑一个而忽视了另一个；由于又有区分细则，两者又不至于混为一谈。当然这个“仓库”的建立是一个比较累的活，但绝不是一般人想象的编字典似的怕人。这种编码信息库储存的是知识要点，并非一应杂物往里塞。只有那些自认为难以掌握，或掌握不牢的难点、重点、易错点才建立完整的信息库。至于那些易于理解、掌握的知识就完全不必这样操作了。运用计算机的话来说，信息库中的重要信息，是储存在磁盘上的文件，而基础知识因为平时便于应用，储存在计算机内，可以随时调用。

2. 建立信息处理系统。

对于一个一遇到考试就头昏脑涨的学生来说，手中有一套对问题的处理方法，许多问题便不那么可怕了。获得这么个貌似复杂的系统并不难，那就是首先要加大训练量。做题时做不出不要紧，但答案分析是万万不可马虎的，尤其是对得出答案的思维过程要特别注意。将成功的解题经验应用到解每道题上去，经过总结，逆向推出一整套接触信息初期便采取的分析处理方法。这个方法包括了对要点的归纳、整理、类比、异同分析，联系平时解题时总结的规律，敏锐地捕捉到解题关键。这整个过程就像一个经常输球的乒乓球运动员，对着录像，琢磨输球的原因，终于找出胜负的关键，意识到“接发球”好坏是全局的前提，只有在初期对形势、信息便有很好的把握并有正确导向的球员，才能打好球。我这个“球员”后来的成功，在很大程度上得益于“接发球”的成功处理上。

3. 完善解决问题的方法。

这属于电脑中程序执行的范畴。我充分利用信息处理系统对问题的消化性理解，分清是调“内存”还是“外存”，假如是难点，则迅速将信息库中的内容协调起来思考。这时如果有一种似曾相识的感觉，我便努力去找相关的第一特定的信息储存以打开思路；如果有陌生的感觉，则在信息库中充分进行开放性思维，把各种相关的信息联系起来，并结合信息库存中总结的具体问题的思维方法和信息组合方式进行思考。这种有指导性的思维方式具有很强的逻辑性，较一般的思维法有质的飞跃。

4. 建立适时警告系统和检查系统。

这又是一个术语，说穿了便是一种进行纠正、验错的套路。这是解决我平时思路不正确、解题过程错误及粗心大意的有效手段。我将平时所犯的各类错误进行归纳，大致掌握了各种错误发生的背景，这样我做题时心里便有一个警钟在随时工作。有时对问题反复进行快速扫描，脑中对错误的深刻印象往往使我对之十分敏感，这样错误率就大大降低。即使当我做题很顺畅时，也能自觉地从旁观者的角度审视一下思维的正确与否。俗话说：“旁观者清。”我很理解这句话，因为有时自己闷头做得欢畅，其实明白人一看便知思路从开始就错了。这种警告系统是基于平时的逻辑训练和思辨能力而采用的，其中重要的一环是逆向思维能力。逆向思维是进入旁观状态的很好方式，一有疑问，便重新进行信息分析、组合，得以较迅速地从错误状态中改出。逆向思维在验查结果时也大有用武之地，验查时先将思路回忆一遍，看是否有错误，然后再反推一下，并用常识看一下答案是否合理。因为执行了这个“守门员”式的套路，许多以前必错的题，都被一一卡住了。

5. 推广运用。

程序化思维这个名词看似适用于理科学习，但如果充分领会了电脑工作法，文科例如英文、语文亦可采用上述方法，只是步骤有些不同。针对英语的标准化命题，我也采用标准化思维，按一定步骤进行选择，语文作文则利用信息库中储存的大量文学、艺术等知识，进行充分联想贯通，并用警告系统随时注意让大量材料为中心服务，同时通过选择、分类、整理，将材料处理删减，组织完工。

复旦大学附属中学，优秀生极多。殷明同学入学成绩为全班倒数第一，他付出极大努力才达到中游，已属不易。但他仍不停步，总在寻找更好的学习方法，屡试屡败，屡败屡试，终于成功。他用程序化思维法，学习上产生了一个飞跃，收到事半功倍的效果，由中游跃升为第一名。

他无私地将自己用心血总结出来的方法，公布出来，相信中学生会珍惜这来之不易的方法，并从自己的实际出发，选择适合自己的部分，付诸实践。

创造性思维的特点

创造性思维是一种有创见的思维，对青少年来说，具有特殊重要的意义，因为创造性思维能力如何，决定了一个人能否在新奇事物或困难面前采取有力对策，决定了一个人能否独立地解决难题和在实践中有所发明创新。

中学生虽然不是发明家和科学家，但学习中也应敢于除旧图新，创造性地学习。这样才能学得深、用得活，逐步培养起自己的独创能力。

创造性思维具有以下四个特点：

1. 入迷。

阿基米德到老年时，他的祖国希腊与罗马发生了战争。罗马军队包围了阿基米德住的城市。由于罗马军队长期围困，城内已弹尽粮绝。罗马军队开始攻城，此时阿基米德仍在屋里钻研他的数学。他沉浸在数学的思维海洋之中，竟没听到罗马士兵破城而入的喊杀声，也没听到同胞们的哀号声，他仍在平心静气地想着推动地球和各行星的那种伟大力量，正在画着一张图呢！

当一个罪恶的黑影忽然遮住了他的视线时，他才醒过来。“走开！你弄坏了我的图纸，快走开！”他愤怒地叫喊着，当他的喊声刚落，举在他头上的屠刀也落下来，阿基米德聪明的头颅落地了……

阿基米德一生有许多发明创造，人们分析他有超常创造力的主要原因在于入迷。

1990 年 7 月中央人民广播电台广播的消息说：我国学生在世界中学生数学和化学奥林匹克竞赛中，都获得团体冠军，并分别获得 5 枚和 4 枚金牌。据介绍，这些中学生平日学习刻苦，有一股执着追求的精神，对自己喜欢的学科十分“入迷”。实践证明，“入迷”是他们发展自己的创造能力和取得成功的重要原因。

只有迷恋着事业并为之献出全部精力的人，才能有超常的创造力，创造出伟大的业绩。纵观历史，凡做出巨大发明创造的科学家，无不具备“入迷”的特点。

2. 求异。

太阳围着地球转，还是地球围着太阳转，今天看来是个人尽皆知的简单问题。但在 400 多年前，哥白尼生活的那个年代，研究这个问题却要冒着极大的危险。因为那个时候一直流行着太阳围绕地球转的“地心说”，这种说法已成为神圣不可侵犯的“绝对真理”。谁要怀疑、冒犯，强大的宗教势力就会进行残酷镇压。哥白尼根据自己多年的观察、研究、计算，大胆地求异，推翻了地球中心说。

求异思维极易发展为创造，这是我们在培养创造能力时必须注意的一个方面。求异能帮助我们形成独特的观点和认识。

人们习惯在河堤上种树，以此加固河堤。有的科学家大胆求异，细心论证，认为这样做是不科学的。根据大堤断面剖析发现，虽然树的毛细根有一定的固土作用，但是风吹树摇，树的主根和大的支根又会使土壤松动；一些枯树留在堤内的断根残枝，腐烂后给大堤造成许多细小孔道，成为隐患。为此，黄河水利委员会最近决定，黄河下游大堤今后不再种树。

认识是永无止境的，只有以发展求异的观点去研究客观事物，才能达到不断创新的目的。作为中学生，要搞出重大发明，或提出新异观点比较困难，但在学习中发表自己独到的见解，创造自己独特的学习方法，则完全可能。

3. 发散。

发散是创造性思维的特点之一，它使人们能沿着各种不同的方向去思考，它的产物不是唯一的，而是多种多样的，具有新颖性、多端性、伸缩性和精细性。

数学中的一题多解，外语中的一句多译，都属发散性的范畴。学习中注意使自己的思维发散开，就会思路灵活、开阔，而不致囿于一孔之见。

有人曾以“砖头有何用途”为题测验过一些同学，下面是学生们的两种答案。

第一种：砖头可用来盖房、铺路、建花墙、盖猪舍、搭鸡窝、修煤栏、盖车棚、立煤炉。

第二种：砖头可作建材，可作武器、尺子、染料、教具、火炉、雕刻原料、气功打击物、吸水物、装饰品、彩笔、垫托物。作为教具，在数学方面可计算三个面积，一个体积；在物理方面可算出比重、比热和三个面的压强；在美术方面，可讲光线、透视学；在化学上可讲烧砖过程中的化学反应；在语文教学中，可讲砖头那种甘当基石、无私奉献的“个性”；在政治经济学中，可讲国际贸易中高低档商品之间的关系……

从以上两种截然不同的答案中不难发现，后者具备了较好的发散性。首先，能冲破“建材”的框框，想到许多方面。在一个方面又能进一步发散，能精细地逐一列举用途，体现出思维的新颖性、多端性、伸缩性和精细性。

大量研究表明，一个人的创造能力如何，与发散思维有着十分密切的关系，中学生必须主动培养自己发散思维的能力。

由于传统教育的影响，我们的教学中多半注意培养同学们的“聚合思维”——即通过逻辑思维找出唯一正确答案的能力。问答题、选择题、填空题，许多考题都培养了聚合思维，这是传统教育不足的一个方面。作为有志于创造的中学生，应在发展聚合思维的同时，主动地培养发散思维，两种思维共同发展，才有利于创造思维能力的增强。

4. 独创。

“一把钥匙开一把锁”，这几乎成为家喻户晓的一句俗语了。可是有人觉得，整日随身带着钥匙太麻烦了，于是发明了声控锁。不久前，又有人认为把门“喊开”也比较费事，不如把门“看”开，于是“眼锁”就问世了。

原来，人的视网膜上有许多错综复杂的小血管，每人血管的分布状况各不相同，犹如指纹因人而异一样。这一特点，为发明“眼锁”提供了条件。

发明者在门上安装一个很小的接收信息的装置，房主对准它一看，它就可以鉴别主人视网膜上面成百根大小不同血管的分布状况，然后将信息输送给电脑，如果信息与原来储存的相同，门就自动开启。这种“眼锁”不但方便，而且极为安全，其保险系数为普通门锁的几万倍，可以说“固若金汤”了，“眼锁”被誉为“锁中之王”。

这种最近推上美国市场的“眼锁”，具体地体现了发明者的独创性——以新的观点和方法认识、解决问题，从而产生了新结论，创造新事物。

创造性思维是创造活动的原动力，对一个国家的发展，有着决定性的影响。世界一些发达国家，特别重视对本国青少年创造能力的培养。日本在这方面给予了特别多的关注，因而能在资源匮乏、市场狭窄的不利条件下，独占鳌头，发展成超级经济大国。这与他们注重培养日本青少年的创造性思维是直接相关的。

再如学习中的例子。

有一位初三学生，努力改进学习方法，学习成绩不断提高，从一个普通学生变成了优秀生。他除了在本班介绍学习经验，还应邀到校外介绍经验。他的主要经验，就是创造性地研究学习方法，在向老师请教学习方法的同时，创造适合自己的学习方法。如他把化学中元素的化合价串起来，根据方言习惯编成顺口溜：

穷（氢）人（银）家（钾）哪（钠）一文钱（+1 价），杨（氧）福（负）二（2）买了三头（+3）驴（铝）、四（+4）只龟（硅）。

这样的创造虽不尽完美，但体现出一位好学青年的强烈创造欲望。这种向往创新的意愿是最为难能可贵的，是青年，甚至是国家、民族最需要的。因为千里之行，始于足下，伟大的创造源于幼稚或不成熟的创造尝试之中。作为中学生，我们应该认识到，“独创”并非只有优秀学生所能为，一般水平的同学也能做得到。上面介绍的事实就是例证。每位青少年都应努力培养自己的创造性思维能力，准备为国争光。

培养创造性思维能力

——创造性思维能力强的人充满智慧

中学生应当在自己的学习生活中体现出创造性，经常注意培养自己的创造性思维能力。据心理学家研究，创造性思维能力较强的学生常常表现出以下特点：

1. 听课、阅读、观察、做作业时专心致志，能自觉排除外界的干扰。
2. 常在预习、听课、与人交谈中发现问题，愿意与人讨论或争辩。
3. 善于从看来不相干的事物中找出内在联系。
4. 具有敏锐的观察和提出问题的能力。
5. 观察问题非常细心，能观察出别人不易发觉的问题。
6. 经常在空闲时思考自己感兴趣的问题，兴趣稳定。
7. 学习兴趣浓厚，求知欲强，好奇心强。
8. 敢于对权威性的观点提出疑问。
9. 经常思考一些现象发生的原因。
10. 研究、解决问题时经常有自己独特的方法。
11. 常常提问：“还有别的办法吗？”喜欢探索各种可能性。
12. 喜欢对事物的结果进行预测并愿加以验证。
13. 遇到挫折不气馁，信念坚定。
14. 有所发现时，精神异常兴奋。

15. 出色完成作业或实验后也有兴奋表现。

16. 在做创造尝试时废寝忘食。

17. 能不断提出新设想，在娱乐时也能产生新设想。

18. 喜欢追根问底，以搞清事情的来龙去脉。

19. 在干扰严重的环境里仍能埋头自己学习，常觉得时光过得太快。

20. 非常愿意把自己的发现告诉别人。

21. 讲话或作文时常常使用类比和推断。

22. 能较好地掌握阅读、书写和描述事物的技巧。

23. 走在街上或在家里，仍然思索课堂上学到的知识。

24. 用自己的独特方式总结、概括学过的知识。

25. 谈吐幽默，常用新鲜语言。

26. 喜欢给别人挑毛病。

27. 喜欢动手探索。

了解上述特点之后，同学们可朝着适合自己的方向努力。一般说来，培养创造性思维能力，应注意以下五点：

1. 要有强烈的好奇心。

好奇求知是人的本能需要，青少年更是如此。作为中学生，要经常对周围的事物和学习中的问题问个“为什么”“怎么样”。这样可以促使自己去感知、思考周围的一切，能不断地增强创造思维能力。爱因斯坦小时候曾想：雨为什么会从天上掉下来？月亮为什么不掉下来？爱迪生追问老师：2 加 2 为什么等于 4？伽利略在教堂看到挂灯摇摆的距离不相等，但所需时间相等，感到纳闷，心想，一定有个规律，就在这种好奇心的推动下，发现了“摆的等时性定律”。

这些事例告诉我们，对司空见惯的事物、现象都可以问个“为什么”。要知道，“好奇”的萌芽具有无比的生命力，它一旦萌动发育，就会成长为茁壮的“创造”之树，那葱绿的枝叶之间，将结出丰硕的创造之果。人间如此美好，不正是由于有了这些创造思维的果实吗？

2. 好动脑筋，迷恋事业。

人脑潜力极大，挖掘潜力的办法，便是经常用，在保证健康的前提下，脑子越用越灵。就像记忆力一样，经常用记忆力，记忆力就好。同理，经常用创造性思维，创造性思维能力就越强。要经常用思维力，就要设法使自己不去关注低层次的吃喝玩乐，设法使自己迷恋学习，迷恋事业。

华罗庚小时候贪玩，荒废了功课，考试常不及格，同学们叫他“华呆子”。入初中后，华罗庚开始用功，迷上了数学。初中毕业后因交不起学费而失学，在家帮助父亲做小生意。但他仍迷恋着数学，从老师那里借来数学书籍学习，每天花 10 小时钻研数学。几年苦读后，他的水平大有提高，19 岁时发表了第一篇论文，28 岁当了教授。他自学成才，写出不少高水平论文和著作，成为举世闻名的数学家。

米丘林是俄国著名的园艺家。他十几岁就开始钻研园艺，不知经历了多少困难和失败，包围他的不是赞扬和荣誉，而是讥讽和责难。然而米丘林只是迷恋着事业，他在几乎无人支持的条件下，从事了 42 年的园艺研究，创造培植了 350 种新水果和浆果植物。十月革命后，在政府的关怀下，他又培育出了 200 多种新果树品种。

我们如果能把米丘林这种迷恋事业的精神学到手，那么一定能大大增强我们的创造思维能力，战胜学习中的艰难险阻，读书时成为优秀学生，将来参加工作，也一定能在本职岗位上做出创造性的大贡献。

3. 不盲从权威。

伽利略是意大利著名物理学家和天文学家。他在母校比萨大学任教时，做了一件令科学界大为震惊的事情，那就是他否定了当时公认的物理学权威亚里士多德的理论——“物体降落的速率和该物的重量成正比关系”的理论。当时比萨大学的师生绝大多数是相信亚里士多德的，在这种情况下，一个 25 岁的年轻人，不盲从权威，向权威挑战了。

据说他选择了比萨斜塔作为实验场所，请来了许多教授观看他的实验。他带来两个铁球，一个重一磅，一个重十磅。他站在斜塔上告诉观众们：“这两个铁球，一松手会同时落地。”这时下面的人群纷纷嘲笑起来，骂他是疯子，甚至有人还高呼：“亚里士多德的理论万岁！”

谬误终究抵挡不过真理，伽利略以思维的批判性和独创性顶住了所有的嘲讽和压力，他一松手，两个大小不一的铁球同时落地，实验成功了。

独创战胜保守是历史的必然！

我们在认识客观世界时，不能囿于现有的结论，不能迷信教条，不能盲从权威。要敢于对众人通常认为完美无缺的结论，从新的角度给予重新思考、分析和审视。这样，创造性思维能力会不断增强。

4. 发展想象和联想能力。

发明创造，总是与想象、联想紧密相连的。

发明大王爱迪生联想力非常丰富。他见母鸡孵蛋，就自己钻进鸡窝，蹲在鸡蛋上，想象着能孵出小鸡来。

爱迪生见《派克科学读书》上说碳酸氢钠沸腾散遇水后变成气体，就想到气球所以能升上天，不就是因为肚子里有气吗？既然这样，人吃了沸腾散不也能飞起来吗？于是他欺骗邻居小孩喝了一些，结果非但不能腾空，而且差点要了小孩的命。恶作剧不可取，但爱迪生的想象力十分丰富，这对发展他的创造思维能力无疑是十分有利的。

爱迪生老年时曾有人问他，何以有这么多的发明。他没马上回答，而是随手从衣袋里掏出一本笔记本，上面记着匆匆写下的不完整的句子和许多奇妙的设计图。爱迪生说，隔一个星期他要换一个笔记本，把受到的启迪和产生的想象、联想记下来。他就这样记录了一生，创造了一生。

鲁班是我国春秋末年的能工巧匠，人们尊之为木工的开山鼻祖。一次他的手被草叶子划破了，他仔细一看，草叶子的两边布满了小齿。鲁班从中得到启发，发明了带有锯齿的铁片，锯子的发明，大大提高了木工的工作效率。

想象和联想是创造性思维过程中必不可少的一个环节，人们在酝酿创造中总是根据一定的动机去想象、联想，创造动机借助想象和联想的翅膀，就能翱翔于无限广阔的创造思维蓝天之中。

5. 善于综合利用信息。

愿意思考的人，就会产生新观念，也能接受各种信息，主客观的信息交融，就容易萌生新思想、新方法。

西班牙马德里大学的兽医专家们放轻音乐给母鸡、奶牛听，结果增加了蛋和奶的产量。这是因为音乐使母鸡、奶牛兴奋，促进它们的食欲，使之多吃饲料多产蛋奶。专家又想，牙病患者镶牙后体重一般都会增加，于是就给乳牛镶上了不锈钢假牙，奶牛咀嚼饲料比以前容易多了，食欲也随之增大，牛奶产量进一步提高。

科学家为了提高牛奶产量，把许多信息综合在一起，采取综合措施，如控制温度、光照，改进饲料中各成分的比例，放音乐、镶牙，使产奶量得到很大的提高。

这种综合运用信息的方法，能大大增强创造思维能力。

学习也是这样，应善于综合利用课外信息。

一次，陆建文同学在课外阅读中见到“用显微镜观察人的口腔上皮细胞，要用 0.9% 的食盐水溶液”。他不明白，再浓点或淡点不行吗？为了得到正确答案，他回顾了过去生物课上学过的“渗透吸水的原理”，终于明白了：因为一般水浓度太小，口腔上皮细胞可吸水膨胀；浓度过大的食盐水溶液可使口腔上皮细胞脱水萎缩，只有 0.9% 的食盐水溶液用来做实验，效果最佳。

注意力是高效学习、工作的前提

——执着者成大器

俱乐部正在进行围棋比赛。一位教练被观众中的一个儿童所吸引：这个小孩在棋盘旁整整站了一上午，注意力高度集中，目不转睛地盯着棋盘。看来，孩子入迷了。

第二天，这个小孩又来了，又专心致志地看了一上午，一个孩子有这样好的注意品质，确实难能可贵，一个好苗子被教练发现了，6 岁的上海儿童常昊就这样被招纳进了围棋队。3 年后，常昊获全国“棋童杯”赛冠军，还曾在被让四子的情况下，战胜过日本棋圣。常昊之所以有这样快的进步，就是因为他的注意力高度集中和长时间稳定。

我们经常引用的故事还有，数学家陈景润走路时撞到树上，非但没察觉到自己走错了路，反倒以为是别人冲撞了他。原来，他正全神贯注地思考着数学问题。陈景润在数学领域研究效率高，取得巨大成功，与他出色的注意品质紧密相关。

1871 年的圣诞节，发明大王爱迪生举行结婚典礼。婚礼正在进行，爱迪生突然不见了，大家都纳闷，新郎哪里去了？原来爱迪生突然想到自己正在研究的电报机，注意力一下子集中到发明上，竟不自觉跑到工厂搞实验去了。一个工人发现了他，告诉他已是午夜 12 点了，这时爱迪生才想起来："糟糕，我还要陪客人吃晚饭呢！"

这些例子告诉人们，学习工作效率高、成果好的人都有良好的注意力。

注意力是人的一切智力活动的保证，良好的注意力可以使人最大限度地发挥自己的潜能，使人较为理想地去实现自己的抱负。

注意力主要有两种功能：

1. 选择和保持功能。

注意可以把精力指向老师的讲解和其他学习目标，排除与学习无关的不利影响，选择自己需要的内容学习和实践，并把自己的活动高效率地保持下去。

有人做过实验：注意学习与不注意学习去记忆材料，效果大 9 倍，可见选择与保持的作用之大。

2. 调节与监督的功能。

注意可以使人的大脑某一个或某几个机能区保持兴奋，使人积极思维，与此无关的机能区则保持抑制，从而保证学习活动的顺利进行。

另外，注意可使人的感知、观察、记忆、思维效果增强，因而少犯错误，提高效率。如有的同学常因不善于调节和监督自己的学习活动而犯"粗心"的毛病。增强注意力，就可增强自我监督作用，少犯或不犯"粗心"的毛病。据有关科研部门调查，有 31.4% 的初中学生认为自己"很粗心"，这说明增强注意力，克服粗心的毛病，具有较普遍的意义。

注意分无意注意、有意注意、有意后注意三种类型：

1. 无意注意。

无意注意即无预定目的，也不需做意志努力的注意。例如，全班同学正在聚精会神地听课，忽然一人推门进来，大家不由自主地转头去看他，这就是无意注意。这种注意不费力、轻松，但不持久。

兴趣可以引起无意注意，这对学习、掌握知识是很起作用的。一位愿学英语的同学，就很注意电视屏幕上出现的英语词语，一旦看懂，心中高兴，就很容易记住。如若相反，无论看多少遍 WORLD NEWS 也不去注意它，这就叫“熟视无睹”。懂得这个道理之后，就应有意识地培养自己广泛的兴趣，这样可以在无意之中多学到一些知识。

博学多才的人都有兴趣广泛的优点，这是我们应当学习的。突然出现的事物，新奇、强烈的刺激，都可引起无意注意。这类无意注意如果与学习活动无关，就容易分心，对学习、工作不利。这样的无意注意就该加以控制。

2. 有意注意。

有意注意是指以意志做保证，有目的的注意。学生专心听课就是有意注意。这种注意集中、持久、抗干扰力强，但坚持时间过久容易疲劳。

随着年龄的增加，有意注意在学习、工作中起的作用越来越大，成为学习、活动的有力保障，每位中学生都应大力发展有意注意，以保证自己能在课堂上全神贯注地学习。

3. 有意后注意。

有意注意继续升华，达到“入迷”的程度，无须意志努力而自觉保持的注意，叫有意后注意。

1933 年美国加州大地震时，爱因斯坦教授正在研究地震理论，他的注意力太集中了，完全进入了“有意后注意”的境界，竟没发现房屋桌凳在震荡、移动，直到几个大学生去喊他，他才意识到正在地震，赶忙跑出大楼。这是“有意后注意”的典型事例。平日所说的“废寝忘食”就是“有意后注意”这一心理状态的具体反映。

有意后注意是一种特别重要的注意，因为这种注意可以使一个人把全部精力调动起来，全部集中于学习目标上，而且是自觉自愿的，是忘我的。

如果一个人觉得“废寝忘食、聚精会神、分秒必争、专心致志地钻研问题”是一种幸福，那么这个人已完全处于“有意后注意”的状态之中了。

同学们在学习生活中有时也会体验到这种状况：当对一道题特别感兴趣时，越钻研越有趣，逐渐入了迷，非要把它解开不可，这时忘了疲倦，忘了时间，什么别的事也不想做了，甚至连饭也不想吃了。这就是进入了“有意后注意”状态。

有意后注意是经过长期锻炼、培养才能形成的一种注意，是学习获得成功的重要保证之一。

中学生应努力培养自己的执着追求精神，使自己的“有意后注意”早日成为学习活动的主要特征。

学会“闹中求静”

——宁静以致远

注意力是心灵世界的天窗，没有它，知识的阳光是照不进来的，这是一种说法。

我更觉得注意力像聚光镜的焦点，没有它，燃点再低的物质也不会点燃。没有良好的注意力，再浅显的知识也记不住，学不会。

80% 学习后进的学生不是记忆力、理解力有问题，他们记自己喜欢的歌星、球星的生活琐事，比老师记得还快，比学习尖子记得还快，有的猜谜语、参加智力竞赛常常超过尖子生。学习上不去的原因，主要是注意力差。他们的注意力像找不到焦点的聚光镜，盲目地东一头西一头地照来照去。学习常常心不在焉，周围一有风吹草动，他立即东张西望，一有什么动静，立即凑过去热闹一番。一天下来，一无所获，还常常埋怨环境不好周围太热闹。

学生刚入学时，不少人注意力很差，自习课常常东张西望，哪有声音，哪有热闹，一些同学的目光就跟到哪里。自己的大脑成了四面八方信息的奴隶，不该做的事忙着做，该做的事却不知道做，成绩不好，还埋怨别人干扰了他。

我要求学生训练“闹中求静”的能力，每个人都做自己大脑的主人，不管周围多乱，自己只管做自己的实事，周围有人说话、有声音、有震动，只要不是找自己的，那就不抬头去看，更不去参与。

比如学生正上自习课，我推门进去，一听开门声，原来有一多半学生抬头看，侧耳听。我说：“以后老师再进来，有开门声，只要不要求大家听，大家就只管忙自己的事。谁不忙自己的事，放下自己正做的实事，侧耳听，抬头看，怎么办，大家说。”

有同学提议：“谁抬头就让谁写500字说明书。”大家一致拥护这条建议。

通过这一建议的第二天，自习课，我推门进去，没人理我，注意力不好的李健、赵伟等几名同学，偷偷低头笑，但不抬头。我见了，故意把门用力一关，他们忍不住抬头看。我说：“对不起，500字说明书。”

又过了两天，自习课我进屋，用力关门都没人去注意了，大家都低头忙自己的事。只有那几位注意力不好的同学，听我关门声音大了，便低着头笑，也不抬头看。我说：“这几位注意力不好的同学已经训练到了‘听而不闻’的水平，听到了像没听到一样。再训练一段，同学们便能达到只顾完成自己的学习任务，没注意老师进来、没听到关门声音的水平，那就具备了‘闹中求静’的本领了。”

要练“闹中求静”的本领，首先自己的学习任务要特别明确，特别具体，易于达到。周围环境特乱时，学习任务定得更容易一些，选自己喜欢的学科，这样作用更好些。

其次，任务一旦明确，就一定要规定更明确、具体的完成任务的时间。效率最高之时，常常是规定完成任务的最后时限到来之前的那段时间。

自己学习效率一高，就无暇注意周围的人和事了。越不注意周围的杂事，心越静；心越静，学习效率越高、心情越好，形成良性循环。

现代社会紧张喧嚣，信息量大，红尘滚滚，诱惑遍地，人如果不学会“闹中求静”，就很可能让四面八方、乱七八糟的无序信息牵着自己的脑神经，东一头西一头地乱撞，闹得自己心烦意乱，筋疲力尽，还常常一事无成。

有了“闹中求静”的能力，守住了心灵中的一片宁静，才能掌握学习、生活、工作的主动权，成为学习的主人。

培养良好注意力的要点

——短期注意与长期注意相结合

人的注意力的后天可塑性要比记忆力大得多。到了中学阶段，注意力还有极大的可塑性，中学生一定要抓紧这一机遇，培养自己良好的注意力。一般应注意以下六点：

1. 明确学习目的，增强责任感。

中学生心中应有远大目标，为父母、为他人、为祖国争光，高尚的精神追求才能变为实际行动。明确的学习目的能使人产生责任感，责任感能促使人采取积极行动，并使人的注意力得到发展。

如：记忆外语单词的“分组循环逐步提高记忆法”，就需要有明确的学习目的做保证，既能分秒必争地去读、写、听、看，又要按“识记→再认→重现”的步骤循环提高。目的明确，注意力自然增强，学起来才有劲头。

2. 理解所从事的事情的结果和意义。

心理学告诉我们，当一个人能预见行为结果并深刻理解其意义时，就能集中全部注意力去从事这项事业。

我国举重健儿多次在国际比赛中为国争光，可很少有人知道他们训练多么艰苦。一次大运动量训练后，教练能从运动员擦汗的大浴巾中拧出一公斤重的汗水。运动员之所以能这样艰苦地进行训练，就是因为他们理解奥运会金牌意味着什么，因而能把全部注意力倾注到举重运动上。

一个学生真正懂得了预习的积极作用，就会专心致志地去预习功课，争取学习的主动权。

为了培养良好的注意力，要经常想想自己从事的活动所具有的意义。

3. 培养广泛的兴趣。

兴趣是最好的老师，也是力量的源泉。兴趣广泛，可以引起更多的无意注意，使人在轻松的条件下接受影响，学习知识。

例如一位愿意安装收音机的同学，很容易被一个新式收音机线路图所吸引，并积极地去买零件安装，别人以为枯燥的事，他却兴趣盎然，全神贯注地去做着。这说明，有了兴趣，注意力自然而然地被吸引住。作为中学生，是以有意注意为主去进行学习活动的，但兴趣广泛则可使一个人在轻松愉快的感觉中再多学一些知识，何乐而不为呢？

兴趣广泛除能发展注意力，还可使人的知识结构合理、全面地发展。这不仅有利于当前的学习，而且对毕业后几十年的工作和发展，都有深远的影响。

4. 以意志努力保持有意注意，并使之升华为有意后注意。

懂得注意的重要性以后，就要经常反躬自省：“我的注意力如何？我开小差没有？我的注意力是否持久？”一旦发现自己开小差，就应马上排除干扰。发现自己注意力不集中，就应加以调整，并自责一次。这种自责是为了增强责任感，并非妄自菲薄。

另外还要记住，增强注意力是长期任务，不可能一蹴而就。注意力的增强是波浪式发展的，对此要有充分的思想准备。

当注意力可以长时间稳定之后，还应使之升华为有意后注意。这是进行复杂脑力劳动所必需的。任何事业要取得大的成功，都离不开注意后注意。

5. 防止过度疲劳。

大脑兴奋与抑制相互交替的规律决定，无论何种形式的劳动都需要劳逸结合，脑力劳动尤其如此。只有使兴奋与抑制进行合理交替，人才能注意保持最佳状态。在疲劳的情况下很难使注意力集中和稳定。因此要学会休息和放松，花最少的时间，取得最佳的休息效果。为了保持良好的注意力和积极的情绪，应注意以下事项：

（1）建立合理的生活制度，保证必要的睡眠和体育锻炼，最大限度地集中注意力。

（2）及时变换活动方式，无论学习或休息，都应采用多种方式，这样才能最大限度地提高效率。

6. 培养长期注意。

人的注意力的指向，不但要有当前目标，还应有长远目标。

苏联教育家苏霍姆林斯基很重视对学生的长期注意的培养。他带领初入小学的儿童到麦田里玩耍，让儿童熟悉小麦，然后他领着儿童播种、施肥、浇水、管理、收割，直到烘制成面包，让儿童品尝，在几年里完成了有关小麦的教学。这样儿童从小就培养了长期注意的能力，长大后，就善于搞跟踪研究，有事业心，善于钻研和创造。

中学生应当有意识地培养自己的长期注意，并把短期注意与长期注意有机地结合起来，这样注意品质才会发展得更好。

良好的注意力不但能提高学习效率，使人发挥潜能，而且可弥补能力上的欠缺和不足。例如，可以用注意力的高度集中去弥补记忆力的不足，取得优异的成绩。

用冥想法训练注意力

快期末考试了，有几位学生跟我说："这些天，明知学习任务紧，复习量大，可就是静不下心来，注意力没办法集中，复习效率很低。怎样才能静下心来呢？"

临近升学考试前，也有一些学生心浮气躁、精神涣散，难以集中注意力复习。

心态浮躁涣散，若不及时收拢，常常愈演愈烈，形成心理习惯，弄得人心烦意乱，就更不好收拾了。

怎么办？最好在浮躁之初就控制住它，怎么控制？冥想是一种好办法。

近十年来，每年全校师生的开学典礼和结业大会上，我讲话之前都是引导全校师生进行几分钟冥想，以使精神涣散、心浮气躁的学生注意力集中地听我讲一学期的工作要点。

我请全校师生先坐直，两脚叉开，脚面平行，两脚距离与肩相等，双手放在两腿上，手心朝内，微闭双目，内视鼻尖，以鼻对口，以口问心，气沉丹田，浑身放松，冥想自己心灵深处有一汪湖泊。湖泊平静得不仅没有波澜，甚至没有一丝涟漪。湖泊岸边，长满了花草树木，花草树木的影子倒映在湖泊里，历历在目，色彩斑斓，十分清晰。

请大家再细想：一朵倒垂的牡丹花的影子在心灵湖泊上倒映出来，粉红的花瓣，细嫩的花蕊上点缀着金黄色的花粉。

这时全场楼上楼下，1500 多师生，鸦雀无声，相互之间呼吸之声都能听到，师生们面带笑容，进入了目的性极强的冥想境界之中。这样想过两分钟或三分钟之后，我请同学们睁开双目，回到现实，许多同学顿觉神清气爽，注意力一下子集中到听我讲话上来。

这种训练可以在会场里，也可以在教室里，在家里，可以是上千人，上百人，也可以是几个或自己一个人。

自己学习累了的时候，或是临考前，临升学前，或遇到不顺心的事，心浮气躁的时候，都可以先坐直，全身放松，微闭双目，冥想内心深处那片平静的湖泊。想那花草树木在湖面上倒映的形象，想得越逼真、越细致，心情便越沉静，注意力就会越来越好。

也可以试着把周围的声音和冥想结合起来。如倾听钟表滴答滴答的声音，可以把这声音想成雨水滴在心灵湖泊上的声音，每滴一滴，湖泊上便溅起一丝涟漪。你还可以一边听，一边想，一边数着这雨滴的数量，1、2、3、4、5……当数到 100 多次的时候，睁开双眼，你会觉得心情异常平静，注意力特集中。

冥想若不愿闭目，也可睁眼。你在作业本上画一个直径 2 毫米的圆圈。你可以先把自己浮躁的心，丢在这圈外，然后想象这个小圈像一个宏大的世界，那里也有江河山川……再把自己的注意力集中在冥想的森林中的一处湖泊上，湖泊的水面异常平静。

这样冥想一次两三分钟，用时不多，却能有效控制精神涣散，收拢浮躁的心。经常这样训练，形成习惯，注意力会越来越好。

先要明确学习任务

李健问我："老师，我上自习时注意力总也不集中，什么也学不进去，我该怎么办？"

我问："想学习吗？"

"当然想学。"

"想学什么？"

"什么都想学，每当上自习课，我都想学好数学、物理、化学，也想背英语课文。"

"问题就出在这里，你想学的科目太多，要做的事情太多，似乎任务明确，但什么都想做的人，等于不明确自己目前做什么，不明确在有限的时间内做什么，结果一堂课，摸摸数学作业，又动动物理教材，又看看化学试题，还觉得英语课文没背。每个学科都有一大堆实事要做，自己时间又有限，心情焦急，不知做什么好，一节课常常不知不觉溜走了。"

李健说："我真是像老师说的那样，什么都想干，犹犹豫豫，不知不觉，时间就过去了。怎样才能治这个注意力不集中的毛病呢？"

我觉得最要紧的是缩小学习范围，明确学习目标。

心理学上有一个有名的实验：在受试者面前设置一面屏幕，屏幕上有一个窗口，窗口后面有一个由转轴带动的长纸袋，纸袋上画有许多小圆圈，以每秒钟 3 个圆圈的速度通过窗口。受试者的任务是用铅笔把在窗口通过的小圆圈勾去。实验结果证明，受试者能在 20 分钟内毫无错误地进行工作。

这个实验充分说明了明确具体的任务能使人集中注意力。

要集中注意力，一节自习课前，就要想一想诸多学科，自己能做的是哪一科，科目确定了，再明确章节，再进一步确定做哪几道习题。一上课立即开始做具体练习题，这样别的学科的干扰就挤到一边去了。

李健这样实验了几个月，渐渐地，每堂自习课都能集中注意力，一件接一件地做实事了。

还有的同学，上自习时，先花费很多时间用于学习准备工作，如削铅笔，准备好几种笔，准备好几种漂亮的日记本、笔记本，摆弄有十来个弹簧开关的文具盒，待这些都摆弄一通之后，已没有多少精力看书了。

对此我跟学生讲了自己的看法，做事时，只要不影响工作，所用的工具越简单，越能集中注意力。

我在学校当校长 11 年没有办公室，没有办公桌；到教委工作后，也不要套间，只是简单的椅子、办公桌。别人问为什么不搞得好一点，我的想法就是办公条件简单了，有利于集中注意力，有利于略去不必要的东西，坐在只有 0.3 平方米的学生课桌上写书，桌面面积有限，只能摆放最有参考价值的书籍、资料，不必要的书籍的干扰因素自然就减少了，注意力当然容易集中。

有的厂家把一些文具搞得花花绿绿，一个文具盒有七八个弹簧开关，对学生的学习弊多利少，起到了分散学生注意力、干扰学习的作用。

注意力要素：集中 + 稳定

注意力的集中和稳定是指学习、思考、实践时把注意力集中在目标上，排除干扰，使之保持稳定。

注意力的集中与稳定的作用巨大，主要有：

1. 能使人的感知深刻、观察细微、理解深刻、记忆牢固。

2. 使人思维活跃，能认识事物的本质和发展规律，使新旧知识联系起来，利于思考、想象、联想和创造。

3. 能增加单位时间工作量和提高活动质量，提高学习效率。

国外心理学家统计，13—15岁的初中生可使注意力稳定30分钟，15—18岁的高中生可使注意力稳定40分钟。根据我们的统计，一般中学生注意力的稳定性水平低于上述标准。

青岛教科所的老师们曾多次统计高一学生注意力保持稳定的情况，他们的注意力稳定平均保持25分钟左右。多数15—16岁的学生说，一堂课他们的思想总要开两三次小差。

青岛教科所的老师们还曾在农村和城市的四所学校里，就学生注意力的稳定性做过多次调查，结果如下：

12—13岁的初一学生，平均每堂课只能利用29分钟，占课时的64%。在一个班级里，前10名优秀学生平均每堂课能利用36分钟，占课时的80%。10名后进生只能利用20分钟，占课时的44%。

以上统计说明，我们许多中学生，特别是初一的学生，不善于集中注意力并使之稳定，在课堂上分心、走神是较为普遍的现象。

这种状况的出现，有主客观两方面的原因。客观方面，有的教师不善于组织教学过程，讲课不吸引人，容易使学生分心。在主观上，一些同学的学习目的不够明确，方法不当，又不会培养自己的注意力，以致浪费了许多宝贵的听课时间。

为了帮助同学们解决注意力不稳定这一问题，青岛教科所的老师们在两个初一实验班进行过一学期的实验。首先，他们向学生们讲明道理，帮助同学们明确学习目的，理解祖国对同学们的殷切期望，增强他们的责任感。其次，他们又与老师一起研究改进教学方法，努力把课讲得生动有趣。

他们还定期给这两个班的同学讲学习方法课，并通过具体实验训练同学们的注意力，使他们尝到甜头，强化学习动机。例如，在英语课上，老师要求学生在5分钟内将6个英语单词从再认水平（会英译汉）提高到重现水平（会汉译英）。在这5分钟内，要求每位学生抓紧每一秒钟眼看、口读、耳听、手写、脑记。因为努力，目标明确具体，学习方法科学高效，绝大多数同学在规定的5分钟内完成了学习任务。

经过这样反复训练，同学们的注意力的集中和稳定程度有了很大提高。实验一学期后，他们的统计结果是：两个班平均每堂课充分利用的时间从 29 分钟提高到 35 分钟，前 10 名优秀学生的时间利用率从 80% 提高到 89%，10 名后进生的时间利用率从 44% 提高到 62%。

这一实验说明，同学们只要肯与老师配合，主观上多做努力，注意品质就一定会有较大的提高。注意品质提高了，就等于提高了效率，将来参加工作，就等于延长了工作寿命。

注意力的转移要合理

注意力的转移就是根据任务的改变，及时把注意力转向新的目标。及时转移注意力，可使人适应情况的变化，根据需要，把注意力集中到新的任务上，这样才能连续地完成一个又一个任务。

例如，在课堂上自行理解消化时，自己的任务尚未完成，这时老师开始检查提问，这时就应使自己的注意力先转向老师的提问，先暂时停止自己的学习活动。倘觉得老师的提问自己已完全能够解答，再将注意力转移到自己的学习活动上。倘觉得老师的提问，极有利于自己的提高，则继续将注意力指向老师。

注意力转移是否合理，要依据具体情况而定，请看以下几例：

1. 晚自习第一节下课了，而自己的一道题尚未解完，就差最后一两步了，再有一两分钟便可完成，这时就应坚持解完这道题，然后再将注意力转至课间休息。这样一气呵成，比一下课就转移，第二节再接着用几分钟去做这道题效率要高得多。

2. 如果一次考试失误，心里难过，这时就应赶快转移注意力，不去想刚考过的科目，再想想下场考试应注意的事项，这样的转移可以解脱苦恼，又加强了临考准备。

3. 有的同学踢足球之后，进入教室学习，很快就把注意力转移到了练习题上。后进的同学踢完足球，休息 10 分钟再上自习课，常常满脑子都是刚才踢球的场面，难以将注意力转移到学习上。由于不能及时转移注意力而降低了学习效率，增添了许多苦恼。

4. 有一位同学家里被盗了，这是一件很不幸的事，面对现实，再多想已属无益，可这位同学就是不肯将注意力从不幸中移开。下课跟同学说这件事，上自习想着自己丢的心爱的东西，甚至想到了小偷如何摸黑跟踪她，越想越心烦，越想越怕，连续十来天心神不宁。后来我强制性地加大了她的作业量，又从她的实际出发布置作业、练习、日记的题目，并加大检查的密度，才使她的注意力由不幸的阴影中移开，转移到学习中来。

5. 我们班有一位同学，母亲得了急病，正值盛年去世，这位同学的痛苦是极深的。为使她的注意力及时从对母亲的思念中转移出来，我叮嘱两位性格豁达的同学，陪她学习，上学、放学路上陪她走，留一些她平时喜欢做的学科的作业，吸引她把注意力往教材、练习、学校生活方面转移。当注意力不可避免要转移到母亲时，也不让她停留在“母亲活着该多好”的思考上，而是吸引她的注意力指向“面对现实，我该自强不息，有所作为，以使父亲得到安慰，以使母亲含笑九泉”。她的注意力集中在自强不息、有所作为、慰藉父母上，反倒一改过去的骄娇二气，而变得深沉、坚强、谦虚，学习反倒从班级的中下跃进到前 10 名。

注意力转移合理的同学，是拿得起、放得下，进得来、出得去，赢得起、输得起的学生，他们读书会拿高分数，工作能创好成绩。

注意力的分配要合理

注意力的分配是指同时注意几个目标，合理分配注意力。

有一位闻名遐迩的心算专家，能力极强，几乎没被人考倒过。一次来了一位青年，要心算专家回答他的提问。

心算专家说：“你有什么题目就说吧。”青年以较快的语调说：“一列火车发车时车上共有856人，到站后下来68位旅客，上去57位旅客。过了30分钟到了下一站，下来94位旅客，上去76位旅客。过了20分钟又到了一个站，下来……”青年一连串说了许多上下旅客的数字，最后停了下来。心算专家胸有成竹，不以为然地说：“你的问题完了吗？”“完了。”“那你要问什么？”“我问，火车一共经过多少车站？”霎时心算专家被问得张口结舌，无言以答。

心算专家原以为，青年要问火车上共有多少旅客，倒没去想火车一共经过多少站，因而被青年用一个简单的问题考倒了。原来，这位青年是心理学家，他设法分散了心算专家的注意，然后以“注意力的分配”难倒了这位心算专家。

这个故事告诉我们：注意力分配是否恰当，对工作效果影响极大，当注意力分配不当时，即使是简单问题，也可能解决不了。因此，作为一个中学生，一定要学会科学地分配自己的注意力。

中学，是人生中迅速发展和成熟的时期，这就要求每个人必须具备全面发展的观点。所谓全面发展，就是把注意力分配到德、智、体、美、劳诸方面，使自己有个协调的发展。

具体地说，应有明确的学习目的，立志为祖国学习，要注意道德品质修养，做力所能及的工作，培养正确的劳动观点和审美能力。注意到上述各个方面，才能有正确的发展方向。

就学习过程而言，也存在着注意力分配的问题。首先，应学好中学的各门课程，这是全面发展的基础。其次，在全面发展的基础上，可根据个人的爱好和特长，重点发展某一方面的才能，对某一学科有所侧重。

小到一堂课，一个听课环节，也存在着注意力分配问题。例如：课上听讲，要抓住重点，一边跟上老师的思路，一边记好笔记，还要积极思考和发现新的问题，这几个方面都要兼顾。

课内学习要注意，课外文体活动、阅读和科技活动也要适当分配一定的注意力。

注意力分配合理，才能在宏观上把握自己。

分心的原因也可变成集中注意力的手段
——胡萝卜使驴奔跑的效应

日本教育家多湖辉说：“在驴的眼前吊一条胡萝卜引诱驴奔跑的方法，对记忆的增进有效果。”

胡萝卜在驴的奔跑过程中，起先是起到了分散注意力的作用，后来胡萝卜一直在前面吸引，就起到了吸引驴一直向前跑，集中注意力，不去关注周围事物的作用。

美国畅销书《十日记忆力增进法》对这种方法有详尽的说明。原理是根据心理学所证实的“报酬”的效果。有趣的是，本来是分散注意力的原因，却反过来被用作“集中注意力”的手段。

例如，我们在用功的中途，往往会有“想喝一杯咖啡”“想看一段电视”“想打一个电话”等欲望或诱惑。这些显然都起着分散注意力的作用。

有的同学干脆不去排除这种欲望，反倒利用这种欲望来增强自己的注意力。他们给自己预定：如果写完了日记，就可以让自己“喝一杯咖啡”。如果算完了 10 道数学题，就可以“看 10 分钟电视新闻”。如果在一小时内做完一套化学竞赛题，就可以“打一个电话”。把这些分散注意力的欲望，变成集中注意力高效学习的报酬，按时完成任务则可得到这些“报酬”，否则，不准做任何事情，不给任何报酬。定了这些短时间计划，便严格执行。

结果，为了早点获得这些报酬，这些平时爱溜号的人，竟能比过去更容易地集中了注意力，达到了预定的学习目标。

这种愉快的集中注意力做事的方法，比呆板地死啃书本的学习方法，效率更高，记忆更能保持长久，理解也比平时敏捷。

这种方法，已由许多实验获得证实。例如：根据心理学家贾西尔德的实验，让 51 名学生做一些“快乐的事情”及“不愉快的事情”，结果，3 周后 42.8% 的学生还能记起那些“快乐的事情”，但只有 28.2% 的学生记得那些“不愉快的学习经历”。

设法把那些让自己分散注意力的因素变成促进自己增强注意力的因素，这样心情容易变得愉快，既提高了学习效率，又养成了面对诱惑也能增强注意力的习惯。

第五辑

训练记忆力

许多心理学实验都证实，大脑工作效率最高之时，是离规定完成任务时间最近之时。

愿同学们利用大脑的记忆规律，多搞 1 分钟、2 分钟、5 分钟记忆力比赛，以扶植起一个强大的、有良好记忆力的自我。

一分钟记忆力比赛

——成功意想不到

我到教委工作后，一再强调提高素质要从“一点一滴”做起，在市直中小学开展了“五个一”活动。

每天至少做一分钟家务，写一分钟日记，唱一分钟“军歌”，昂首挺胸踏步一分钟，搞一分钟记忆力比赛。

一分钟记忆力比赛，主要强调学生会珍惜时间，意识到一分钟的宝贵，增强全身心进入记忆状态的能力。

即使学习后进，非常贪玩好动的同学，一分钟全神贯注注意记忆目标的能力也是有的。而当人全神贯注去记忆时，人自身的惰性干扰、自我压抑、情绪波动干扰都能降到最低点，而潜在的记忆能力，在冲破这些干扰、压抑之后，当然容易开发出来，于是记忆效率常常是平常的两倍，甚至是3倍、4倍。

竞赛方法是：请同学们准备好纸笔，但暂时不用。请同学们坐直，等着老师宣布记忆内容，这时同学们全身心都调整到紧张的参赛状态。老师讲：过一会儿，老师打开一张大图表，上面写着互不相关的词汇，大家用60秒时间尽可能多地记忆，60秒过后，老师收起大图表，同学们开始默写。

讲过之后，老师将大图表打开，同学们全都瞪圆了眼睛，屏住呼吸，恨不得把图表上的词全搬到脑子中去。平时最不爱学习的学生都投入到了竞赛之中。

60秒很快过去，老师收起图表，同学们立即开始默写。当场参加测试的老师、各校校长达到20人之多，但同学们没有一个人想到不安，原因是记忆目标特别明确、具体，时间又短促、紧迫，使学生来不及想没用的东西，默写之后，教育科和教研中心的同志立即收卷。

1997 年 11 月 19 日那天，我们一同走了 8 所中小学，在 8 个不同班级搞实验，回来之后教育科给我的统计数字如下：

平均记忆词汇数量：实验中学，12.73 个；市一中，12.23 个；市二中，12.04 个；市一完中，11.94 个；市三中，11.59 个；市四完中，11.55 个；市五完中，11.25 个；市实验小学，9.32 个。

竞赛使不爱学习的同学，自以为记忆力不好的同学也发现了一个强大的自我，既然一分钟就能记住 65 个字的一段话，那么平时记一篇短文，背两个公式，那不是极简单的问题吗？

其实，好多自以为记忆力不好的同学，平时常常对着记忆任务，或发愁：这么多，我怎么能背会呢？或犹豫：先背哪一段呢？或拖拉：算了，下节课再背吧！放学再背吧！明天再背吧！发愁、犹豫、拖拉的时间远远多于全身心背诵的时间，当然越来越善于发愁、犹豫、拖拉，当然显得记忆力不好了。

我搞一分钟记忆力比赛的目的，就是引导同学们忘记发愁，排除犹豫，甩开拖拉，说背就背，当然大家都发现了果断的、全新的自我。

这种竞赛我在班级搞了 20 年。到外省市上课，我也曾在舞台上引导几百所城市的学生搞这种 1 分钟或 2 分钟的记忆力比赛，都收到了好的效果，激发了同学们的学习热情。

为什么强调 1 分钟？因为凡事不能急于求成，1 分钟全身心注意的能力，谁都可以有，谁都能品尝到成功的欢愉。如果先从 5 分钟，甚至 10 分钟开始，一部分学生就容易溜号，容易失去信心。

我还数百次地搞过 20 秒限时记忆比赛。

班级每位同学都做一个 85 厘米 ×15 厘米的数字板，上写不规则的、随意排列的 15 个数字，竞赛时同学们准备好纸笔，我从 70 张数字板中任意抽出一张，高高举起，全班同学齐刷刷地盯着这板上的 15 个数字，我只举过 20 秒，便收起来，同学们开始默写，刚开始 20 秒钟能记准 15 位数字顺序的只有两人。这样的竞赛一节课能搞几十次，搞过三四节课后，全班 72 人，就有 65 人能够记住了，学习尖子觉得 15 位数字用不了 20 秒就能轻松地记住，后进同学也觉得自己记忆力明显增强。

从 20 秒、1 分钟记忆力比赛抓起，效果好了，我们便搞 2 分钟、5 分钟记忆力比赛。

比赛时，既做横向比较（同学与同学比），更重要的是做纵向自我比较。先进同学，上次 1 分钟记住 80 个字的一段记叙文，这次记住了一段 85 字的文章是成功。后进同学上次 1 分钟记住了 38 个字的一段话，这次记住了 42 个字的一段话，也是成功进步。这样理解成功进步，就无论哪一个人都可以在比赛中品尝到成功的欢愉。

许多心理学实验都证实，大脑工作效率最高之时，是离规定完成任务时间最近之时。

常常听演员问："离开拍还有几天？"临到开拍前，背诵台词的能力就会突然倍增。

愿同学们利用大脑的记忆规律，多搞 1 分钟、2 分钟、5 分钟记忆力比赛，以扶植起一个强大的、有良好记忆力的自我。

记忆力体操——背诵

从 1979 年的春天开始，我曾经领着全班同学，每天早晨背 10 分钟左右语文课文或英语单词。我们管这叫"记忆力体操"。

我们这种做法在报纸、杂志上刊登以后，许多青年朋友给我写信，打听什么叫"记忆力体操"，具体怎样做。

记忆力体操其实只是一种比喻，不同于我们在下文《单侧体操记忆法》所介绍的，真的是通过身体的操练去加强右脑的记忆功能。

为什么这样比喻呢？其实这是列夫·托尔斯泰说的。列夫·托尔斯泰有惊人的记忆力，别人问他原因是什么，他解释说是由于自己每天早晨都要强记一些单词或其他内容的知识。他说："背诵是记忆力的体操。"

我跟同学们说:“我们每天坚持做广播体操，使身体健康。每天坚持做眼保健操，使眼睛更明亮。其实，人的大脑也跟肌肉一样，越用，能力才越强。每天坚持长跑的人，腿部肌肉一定强健，每天坚持强记一些知识的人，记忆力一定比一般人强。”

许多有超常记忆力的人，都有持之以恒地强记知识的习惯。

马克思喜欢背诵诗歌。他从少年时代起，就听从黑格尔的劝告，坚持用一种自己不太熟悉的外语去背诵诗歌，日久天长，他的记忆力越来越强。

宋代女词人李清照经常与丈夫赵明诚比赛猜出某一个典故出自哪本书。每天饭后，夫妻俩来到客厅，沏一壶茶，然后指着堆在那里的经史子集，随便说一桩史事，谁先说出这个典故出自哪本书，哪一卷，哪一页，哪一行，谁就先品茶一杯，答不出的，只能闻闻茶香，用这种方法锻炼自己的记忆力。

因写“天下兴亡，匹夫有责”而闻名的清代学者顾炎武，漫游西北 18 年，行路时，常常用两匹马驮着书籍，自己骑在另一匹马上。他边走边背诵诗文，遇有背不下来的时候，就停下来拿出书来温习，上马之后再接着背。

唐代诗人白居易，即使在条件很差的旅途中，也下苦功吟读背诵。坐船时，常常读背到后半夜，灯油干了，仍不休息，在黑暗中默默背记。他在江州做官时，曾将许多好诗抄在墙壁、屏风和柱子上，随时吟诵，一直到深夜。

我多次引导学生用《大脑用进废退》题目作文，学生们越来越深刻地意识到:要增强大脑的记忆能力，就要坚持做“记忆力体操”。

单侧体操记忆法

——使左右脑平衡发展

单侧体操记忆法，就是经常做左半身体操，充分发挥右脑作用，以增强记忆的方法。

脑科学研究者认为，左右脑的功能是不同的。心理学实验表明，大脑右半球相当于一个表象存储系统，主要记忆各种形象材料，如图形、闪光、音乐、震动等信息；大脑左半球相当于一个字词存储系统，主要记忆语言、文字、抽象符号等。这两半球的分工不是绝对的，而是互相联系、互相配合、互相补偿的。

人的右脑支配左半身，左脑支配右半身。大部分人爱用右手，因此造成左右脑发展不平衡。国外学者根据左右脑的不同功能，创编了单侧体操，目的在于加强大脑右半球的作用，以担负部分左脑的功能。进行单侧体操，强化右脑的功能，减轻左脑的负担，把两半球都利用起来，会收到惊人的记忆效果。

单侧体操的基本要领是：立正，左手紧握上举，左臂屈伸，仰卧，左腿向上直举，再向左侧倒下；左臂直举靠近头部，自由下垂；身体向左倾倒，以左手和右足尖触地支撑身体，左臂伸直，身体笔直斜躺，弯左膝起身，俯卧撑，左足向上高抬，右臂尽量不用力。其实，只要左侧身体得到运动，特别是左手得到运动就行，完全可以根据自己的特点自编体操。

同学们课间或自习课，经常做做单侧体操，有利于增强记忆力。

我们班学生入学第一天，我就要求大家每天用左手写 50 个小楷字。学生们问为什么这样做，我说：一来可以增强注意力，二来可以开发右脑，增强大脑的能力，当然也增强了记忆力。认真写左手小楷的李智同学毕业时说，感觉记忆力明显增强了。

列表记忆法

——醒目又清晰

通过列表把相关的材料进行对比和对照，使之醒目异常，这样便于记忆材料的特点和它们之间的联系。

列表不是无顺序、无规律地罗列，而是把材料分别集中起来，放在表中适当的位置上。往往是一张表整理出来了，条理也清楚了，脑子也记住了。因为在查找、分类和编制表格的过程中，大脑已经进行过积极的思维和加工，知识已经条理化了。

例如：初中代数中的指数式和对数式是两个容易混淆的知识点，不但它们的写法和读法容易记错，而且相同字母在两个式中的名称也容易混淆，为了记清这些内容，可以列表如下：

表达形式（$a>0$，$a\neq$，$N>0$）	读法	名称		
		a	b	N
指数 $a^b=N$	a 的 b 次幂等于 N	底数	指数	幂
对数式 $\log_a N=b$	以 a 为底 N 的对数等于 b	底数	对数	真数

在各科学习中都可以通过列表把许多知识集中起来，不仅使记忆过程省时、省力，而且使记忆效果准确、牢固。例如地理课中自然带的分类、分布，地区、气候特点，植物特点、动物特点，总计 35 项内容，前后共 8 页篇幅。背诵这 8 页书吗？不但费力，而且没必要，设计一张表格，就大大削减了不必要的内容，记忆起来省力多了。

列表记忆运用范围广，类型多种多样，常用的有：

1. 一览表。即站在统观全局的角度，对识记材料进行鸟瞰，掌握其相互关系，以便于全面记忆。

2. 系统表。使识记材料系统化，便于通盘掌握和整体记忆。

3. 比较表。即对识记材料进行比较和分类，从特征上掌握知识材料。

4. 统计表。即把带有数据的识记材料制成表格。

5. 关系图。即用简单的图式把知识间的关系表示出来，以便于形象记忆。

6. 网络图。即用图示来突出知识各方面的关系。

7. 示意图。即把要记忆的材料图画化，画图时线条要简单，立意新颖，最好用彩笔，效果更好。

重要内容最初或最后记

心理学中有这样的实验：编出毫无意义的字词 15 个，定出顺序来按此顺序复述几次，每次都把记下来的打上“√”，没能记住的打上“×”。实验的结果显示，差不多都在中央第七或第八个字词，“×”号较多。也就是说，最初及最后的部分较容易记住，中间的一些字句不管重复几次都很难记牢。

原因在于，反复按顺序记忆后，后面的字词受前面的干扰，回想脑部活动将被抑制，这就是“顺向抑制”，前面的字词受后面字词的干扰，发生“逆向抑制”，引起较难记忆的现象。因此，位于顺序中央的字句，由于受到前后两方向的抑制，便不容易记得住。

为提高记忆效率，就要注意把重要的知识内容排在最前面，或排在最后面，以避免受到双向抑制。

链式记忆法

——记忆的“金钥匙”“秘密武器”

山西省教科所杨进发所长送给我一本书，名为《链式快速记忆法》。介绍的是海军电子工程学院原主任邓传珏教授，发明创造的一种高效记忆法，被称之为学习英语的“金钥匙”“秘密武器”。实践证明，掌握了它，就可以在一小时内记住 50—100 个单词，而且巩固率很高。

1988 年暑假，教研部门组织了 20 人参加的初中实验班。这个班除了个别学生，大多数英语成绩差，音标不熟，记单词困难。

为了提高学生快速记忆的能力，首先进行了基础训练，然后根据学习时间（15 天，每天 2 课时，共 30 课时）安排训练。其中三分之一的时间用于学习链式快速记忆法和国际音标，三分之二的时间进行快速记忆单词的练习，内容是每个单词的形、音、义及词性。实验结束时，每个学生都记住了 500 多个单词，并进行了快速记忆时速测验，其结果为：96 分的 3 人，94 分的 3 人，92 分的 2 人，90 分的 2 人，80—89 分 6 人，60 分以下 4 人。

其中有一名同学，期末考试时英语只得 16 分，其他功课都在 90 分以上，本人为记忆英语单词而苦恼，全家人也为他发愁。他抱着试一试的态度，在他姐姐的陪同下，上了这个班。掌握了方法后，不但能记住单词，并且记得很快。别人记住 400 个，他记住了 1000 个，考试得了 96 分，一扫脸上的愁容。他姐姐感激地说："这个方法真见效，弟弟记住单词了，全家都高兴。"

链式记忆法具体怎样操作呢？简单地讲，主要是三个方面：

1. 记一五步，步步相连法。

记一五步、步步相连就是每识记一个单个材料都要经过"看清、熟读、释义、书写、再现"五个连环动作来完成，每步都要紧密相连接。

第一步：看清——第一眼要看清、看准所记单个材料的形象，给大脑输送一个清晰而准确的信号。如记汉字，第一眼就要看清、看准汉字是由哪些笔画组成，以及每个汉字的结构和排列次序。看的时间 3—5 秒钟。

第二步：熟读——紧接着在第一步看清、看准的前提下，立即连续诵读（或默念，或拼读）所记单个材料的音（拼音或念名称）。诵读或拼读的次数 2—3 遍，诵读的时间 3—5 秒钟。

第三步：释义——紧接在第二步连续诵读之后立即诵读和理解所记材料的释义。诵读的次数 2—3 遍，诵读时间 10 秒钟左右。

第四步：书写——紧接前三步把看、读的单个材料连续写 3 遍。写时要边写、边念、边想义，用时 15—20 秒钟。

第五步：再现——即回想，紧接前四步，眼睛离开材料，将前四步所记单个材料的形、音、义，回忆默背一遍，使三者在大脑里形成一个完整的概念。如回忆不清，立即重复一遍，重新建立印象，用时 3—5 秒钟。

以上五步连环，是使单个材料的多个因素（形、音、义等）在 25—45 秒的时间内，同时动用眼、口、手、耳、脑等多个器官一齐工作，建立起鲜明的独立的初识印象。

2. 套记套习、递增递减法（以连续记 5 个单个的材料为例）。

当第一个单个材料按上述五步连环记完后，立即开始用同样的五步法增记第二个单个材料，记完第二个以后，立即回头复习第一个（复习时只念一遍读音和释义，下同）。第一个复习完后，立即复习刚记过的第二个，复习完第二个，立即增记第三个，增记完第三个，减掉第一个（暂不复习）；立即复习第二个，复习完第二个，立即复习第三个，复习完第三个，增记第四个，第四个记完后，减掉第二个；立即复习第三个，复习完第三个，立即复习第四个，复习完第四个，增记第五个，第五个记完后，减掉第三个；立即复习第四个，第四个复习后，复习第五个，第五个复习完后，回头复习第一个和第五个（因第一个和第五个比其他三个少复习了一遍），接着把第一个至第五个从头到尾复习一遍。如此增一减一，链式套记练习。连续五个单个材料的公式为：

记一接记二，

记二复习一和二，

记三复习二和三，

记四复习三和四，

记五复习四和五，

记完复习一和五，

最后复习一至五。

在套记复习，增一减一的识记过程中，要善于分配注意力，使注意力不时地由这一点转移到那一点。每记一个要“清一下脑”，不要互相混淆，不要怕遗忘。

根据每个人的记忆力和所记材料的难易程度，也可采用跳隔套习法（即每记两个或三个再回头复习），或五个一气记完再回头复习。这两种方法，不如个个套记套习效果好。

3. 连环复习，按时按段法。

连环复习，按时按段是识记五个以上（连续识记几十、几百、几千以上）材料时，一环扣一环的复习方法。连环复习是：当记完上述五个单个材料（第一小组）之后，紧接着用同样方法增记第二小组，记完第二小组后，回头复习第一小组和第二小组，复习完第二小组后，增记第三小组，减掉第一小组暂不复习，复习第二小组和第三小组，接着回头复习第一小组和第二小组，然后将第一小组至第三小组从头到尾复习一遍。

每个大组、单元、阶段的复习方法与小组的复习方法相同。

按时按段是，按时间记忆和按阶段记忆的复习要求。

“按时”复习的要求是：如全天进行大量识记时，早上记的早上全部复习一遍，上午记的上午全部复习一遍，下午记的下午全部复习一遍，全天记的晚上全部复习一遍。第二天开始记新的材料之前，要把前一天记的全部复习一遍。如果每天记忆的时间很少，数量不大，也要当天记的当天复习。

“按段”复习的要求是：每个单元、每个阶段（或多个单元、多个阶段）识记完后，不管识记的时间长短都要进行总复习（包括整个材料记完后的总复习）。总复习的次数、时间可因人而异。如记过的材料比较熟，总复习一两遍即可正常向下进行；如不熟，应停止记新的材料，待复习几遍较熟悉之后再向下进行。单元复习时，要注意打乱复习，减少跟随关系，易于迁移；自学或教学，单元复习时要适当增加练习次数。

在单元复习、阶段复习及总复习过程中，可把经过多次复习仍记不住的“难点”拣出来，当作新材料重新“回炉”，突破重点。

整个材料记完后要根据自己的记忆能力，确定复习的时间间隔和次数。

识记与复习的定律是：套记套习，随记随习。

复习的最佳时机是：将忘未忘，不早不迟。

我向学生介绍链式记忆法，刚开始，有的同学嫌麻烦，说还不如由着自己的性子背。用过一段时间后，比较熟练地掌握了，同学们感觉这种方法识记汉字、英语单词等确有良好效果，不仅能扩大知识总量，而且可以大大挖掘智力潜力。

口诀记忆法

——试着编口诀，终身不忘

一些零散的知识，不加整理，难以记住。比如我国有众多省、市、自治区，不容易记，敬爱的周恩来总理编了四句口诀，文化水平不高的警卫战士，也很快记住了。

两湖两广两河山，三江云贵吉福安。
双宁四台天北上，新西黑蒙陕青甘。

第一句说的是湖南、湖北、广东、广西、河南、河北、山东、山西；第二句指的是江苏、浙江、江西、云南、贵州、吉林、福建、安徽；第三句讲的是辽宁、宁夏、四川、台湾、天津、北京、上海；第四句讲的是新疆、西藏、黑龙江、内蒙古、陕西、青海、甘肃。

又如，中国历史朝代，许多人把它编成口诀，提高了记忆效率，且经久不忘。有四句口诀是这样编的：

秦汉三国晋封侯，南朝北朝是对头，
隋唐五代十国后，宋元明清帝王休。

汉语 12 种词类和 9 种复句不好记，编成口诀就好记了。

“名动形，数量代，是实词，要分开；副介连，助拟（拟声词）叹，是虚词，不能乱。”

“并列、承接、递进、选择，转折、因果和条件，假设、解说不能忘，

9 种复句别记乱。”

学习化学必须记住常见元素的化合价，但是零零碎碎很不好记，如果编成口诀，就好记多了：“一价氢锂钠钾银，二价氧镁钙钡锌，铜汞一二铁二三，碳锡铅在二四寻，硫为负二和四六，负三至五氮和磷，卤素负一三五七,三价记住硼铝金。”这八句口诀，概括了 26 种常见元素的化合价。

历史《中日马关条约》的内容，有人编成口诀：“割让台澎辽，赔款两亿两，开放重沙和苏杭，还要投资开工厂。”四句话概括了条约内容，突出了日本侵略者穷凶极恶的嘴脸，反映了帝国主义开始对中国进行资本输出的侵略特点。

二十四节气和人类生存紧密相关，但不少中学生不知节气为何物，更不要说了解什么时候到什么节气，应怎样适应这些节气了。请同学们记，效率很低。我把自幼学过的节气歌背给同学们：“春雨惊春清谷天，夏满芒夏暑相连，秋处露秋寒霜降，冬雪雪冬小大寒。”很快，同学们就记住了二十四个节气。

谐音记忆法

——好玩又有效

在我们班召开的“怎样增强记忆力”的班会上，班级“记忆大王”陈志华的介绍引起了所有同学的浓厚兴趣。

首先因为陈志华是全班公认的记忆大家。有同学甚至说她有过目不忘的本领。大家当然特别想知道她的记忆秘诀。

其次，她介绍的是谐音记忆法。这种记忆方法经她一讲，顿时妙趣横生，不爱学习的同学也听得眉飞色舞，当堂就跃跃欲试。

所谓谐音记忆法，就是把有些知识按照其他同音汉字去理解，使原来无意义的音节变成有意义的词句，使之生动、有趣，可以收到出奇制胜的效果。

比如学习历史时，一定会学到1901年（辛丑年）义和团运动被八国联军和清政府残酷镇压后，清政府与八国联军在北京签订了丧权辱国的《辛丑条约》，其内容主要有四点：一、要清政府赔款（银）4.5亿两。二、要清政府保证禁止人民反抗。三、允许外国驻兵。四、修建东交民巷为使馆区。这四点是并列的，一时记不下来。如果用四个字来概括，“钱”“禁”“兵”“馆”，就容易记了。但这四个字又没有意义上的联系，也不太好记。如果取其谐音就是“前进宾馆”。一想到这四个字，就可联想到条约的全部内容了。

地理老师让同学们记住中国的10条大河：辽河、海河、黄河、黑龙江、鸭绿江、怒江、珠江、澜沧江、长江、雅鲁藏布江。如果硬记很费劲，略加思考，可变成10个字：“辽、海、黄、黑、鸭”，这是用5条河的字头组成的；“怒猪（珠）滥（澜）长牙（雅）”则是用了谐音。记住这10个字，也就记住了10条河的名称。

学习英语，也可以用谐音记忆法，比如记food（食物）时，想到“富的”，记field（原野）时，想到“废物的”；记tomorrow（明天）时，想到“偷猫肉”，记rose（玫瑰花）时，想到“肉丝”；记map（地图）时，想到“卖布”。初学英语，这样记起来比较容易。

用谐音法记忆一次绝对值不等式的解集：

$|x|>a \quad x>a$ 或 $x<-a$

$|x|<a \quad -a<x<a$

可记作：“大鱼取两边，小鱼取中间。”同时联想到吃大鱼只吃两边的肉，而吃小鱼掐头去尾只吃中间。

用谐音法记物理公式。

电功的公式 $W=UIt$，可记作“大不了，又挨踢”。电流强度公式，$I=Q/t$，可记作“爱神丘比特”。

用谐音法记忆氧化还原反应中氧化剂与还原剂的判断可记作：“杨家

将”，即“氧化降”。意为氧化剂中的元素化合价降低；反之，还原剂中的元素化合价升高。

陈志华讲了许多有趣的利用谐音记忆法的例子，在同学们的脑海里激起阵阵波澜，大家纷纷结合自己的记忆实际，编谐音记忆的内容，激发了学习热情。

走路记忆法

我们班学生中午放学时，手中都拿着书或卡片。从学校到家，1 公里路程要走 10 分钟，我们便开展路上记一个单词的活动。从 1982 年开始，一直坚持着，有很多年了。

出教室时，扫一眼所要背的单词，然后边走边背，因为在路上，大声背也不干扰别人，日积月累，知识增多，增强了记忆力，还养成了良好的习惯。

还有的同学不满足于 10 分钟背 1 个单词，而是每天计划背 10 个单词，全能在路上完成。有的同学专喜欢背数学、物理公式。还有一位政治成绩低的同学，每天上学放学路上都背一道政治题，越背效率越高，兴趣越浓，一年以后，政治成绩由倒数跃进前 10 名。

同学们经常交流走路背知识的经验、体会。有的同学介绍说：美国的家庭主妇们，每周一次到超级市场统筹采购一周的日用品时，都习惯地将预定购买的物品列在购物单上，到了超级市场从货架上取下一件就画掉一件，以免发生冲动式的采购。但有一位主妇不带购物单，也不至于浪费采购。她说，自己虽然不带购物单，但每次购物时都把要买的东西，和自己平常散步时的街道路线的几个地点连接起来，在脑子里列好购物的名单。

例如，购物的名称是牛奶→面包→香蕉→香烟……则首先从冰箱里装满牛奶瓶的形象开始，然后想象门口的楼梯上放着法国面包，散步路上一棵很高大的树上，不知怎么结着一串香蕉，第一个转弯的街角上，古老的房子的烟筒正喷出有香烟味的浓烟来……

这种联想或想象，到了超级市场就重新变成“心灵的散步”，一面做想象的漫步，一面回想出每个重点上的物品，一面也就在现实的货架上逐渐选出所需的物品来。因为和自己常走的路线特征连接在一起，所以，这种“心灵上的购物单”是不容易忘记的。

有的同学从这种方法中得到启示，将政治题、历史知识和自己每天上学放学所经过的街道、商店、工厂大门、树木、路灯联系起来，增强了记忆的趣味，增强了记忆能力，提高了学习成绩。

分段记忆法

——化整为零、化难为易

饭要一口一口地吃，文章要一段一段地背。有的同学问我：“老师，《岳阳楼记》这篇文章，有的同学 30 分钟就背下来了，我看同桌背得快，就着急，想一下子全背下来，结果越急，越记不住。我该怎么背？”

我帮他分析背得快的同学的经验，一般都是分段背，不急于一下子面对整篇课文，而是先看第一段有几句话，再把几句话分成三个层次，一层层地背，很快便攻下了第一段。接下来的段落也是这样：先看全段几句，再按意义分三或四层，一层层地背，又很快背了下来。这样分段推进、步步为营，心情越来越好，背得越来越快。

把学习的材料分为几个段落，记熟了一段以后，再去记另一段的方法，适用于记忆较长的材料，有时也用于学习那些内容杂而多、意义联系少、机械而零散的材料。如人名、地名、历史年代、外语单词等。它包括纯粹分段学习记忆法、渐进分段记忆法、反复分段学习记忆法。

采用分段记忆法的好处是：化整为零，增强记忆的信心；化难为易，在记住一段后会获得成功的喜悦，调动记忆的积极性。

心理学家米罗曾用实验证明：每人平均一次记忆的最大限量在 7 个左右的数字或单词。因此他把这个数字称为“不可思议的数字——7”。依米罗的说法，在数字上 3、9、2、5、4、6、8 等 7 个一位数，和 26、37、64、89、16、13、25 等 7 个两位数，对记忆而言都是相同的。在记忆上它们同样都是“7 个”数字而已。当然，一位数要比两位数容易记忆，但是一次记忆量都是相同的。

我们虽然不需要像米罗那样硬要把所学习的材料分为 7 个一组来记忆，但是碰到要背历史年代、外语单词等，最好还是把它们分成七八个一组来记，效率比较高。

一碗饭，你如果着急，想一口吞下去，反倒吞不下去。面对十几个篮球，你越想一下子把它们抓起来放进箱子里去，越抓不住。想抓得越多，反倒抓得越少，常常抓了这个，掉了那个。反过来，你一次只抓一个，很快一个个都放到箱子里去了。

重复记忆法

有的同学背课文，背了两三遍没背会，就自卑，认为自己记忆力不好。还有的今天记住了，过了半个月又忘了，埋怨父母没给自己生个好脑子。

实际上，这都不是记忆力不好，而是重复不够，即使记忆力非常好的人，要牢记一点知识，也要反复重复多次。

我国著名科学家茅以升在 83 岁时还能背诵出圆周率小数点后 100 位的准确数值，当人们惊奇地向他询问记忆诀窍时，他的回答是：“说起来很简单，重复！重复！再重复！”

丰子恺是我国著名的漫画家、文学家、美术家、音乐教育家。他曾留学日本，后又翻译了大量外国文学作品，他学习外文有一种特殊的方法：他要求自己对每篇课文都读22遍。第一天读第一课10遍；第二天读第二课10遍，第一课5遍；第三天读第三课10遍，读第一课、第二课各5遍；第四天读第四课10遍，读第二、第三课各5遍，再读第一课2遍。

每读一遍，写“读”字一笔，22遍读完，正好把繁体的“读”字写完。这样，记忆的效果很好。丰先生几个月后，就能看外文的长篇小说，并从事翻译了。

德国哲学家狄慈根说过：“重复是学习之母。”记忆是在反复中进行的，重复是同遗忘做斗争的最有力的武器之一。遗忘是记忆“痕迹”的淡漠或消失，重复可以加强大脑皮层的“痕迹”。重复学习不仅有修补、巩固记忆的作用，还可以加深对所记内容的理解。俗话说，书读百遍，其义自见，讲的就是这个道理。

采用这种方法，要科学安排重复的次数、间隔，以求得最好的效果。

奇特联想记忆法

孙志伟同学记忆力特别好，同学们纷纷向他打听记忆的秘诀。他总结说：“对许多该记住的知识，我都喜欢进行奇特的联想，这样没趣的东西也变得生动有趣，小知识变成了大东西，死知识变成了活事物，新知识又和老知识联起来，成了老朋友，记起来轻松，有趣，生动，形象。”

这便是人们常说的奇特联想记忆法。

如记忆下列10个词：火车、河流、风筝、大炮、鸭梨、黄狗、闪电、街道、松树、高粱。可以这样联想：高速的火车在河流上奔驰，河流上飘来一个大风筝，风筝吊起一门大炮，轰轰炮响，使炮口打出的鸭梨射进黄狗口中，黄狗闪电一样跑上街道，爬上一棵老松树，偷吃树上的红高粱。

这里运用了代用法，如：用鸭梨代替子弹，用红高粱代替树上果实；夸张法，如：风筝上吊起大炮。联想中动静相间，张弛有致。这样很快就能按顺序记下这 10 个词，并且经久不忘。

又如联想法记忆历史年代，淝水之战发生于公元 383 年，通过淝可联想到肥胖，由肥胖联想到胖娃娃，而 8 字的两个圆正好是胖娃娃的头和身体，两个 3 则是两个耳朵，这样想一想就记牢了。

再如联想法记忆电磁学知识。

物理电磁学中，⊙和⊗分别表示“向我而来”和“离我而去”。可与弓箭的箭联想着记，当箭头向我射来时，我看到的是箭头的尖头，即一个点，而箭离我而去时，我看到的是箭的尾，相当于⊗。

又如用联想法记忆酸性氧化物溶解性。酸性氧化物只有 SiO_2 是难溶的，其余都是可溶的。可联想记作：只有沙子（SiO_2）不溶。

如果把已记住的知识和未记住的知识联系起来，就可以一下子化难为易。一位同学谈了他学习汉语拼音的方法，一开始 in 读因，ing 读英，他总是记混，后来他联想到班上有一个女同学叫尹英，因英——in ing——尹英，这么一联系，他就记住了。

已经记住某些知识之后，通过联想，可以记住和它内容相反的知识。

学了英语 good（好的），联想到坏的（bad）容易记住。

学了物理中的左手定则，联想到右手定则是什么内容容易记住。

学了作用力，联想到反作用力的概念，容易记住。

学了氧化反应，联想到还原反应的内容，容易记住。

学习中，我们常常遇到有因果关系的两个事物。这样，已知一个事物，通过联想，可以记住另一个事物。

例如：已知 1839 年虎门销烟，通过联想，可以记住 1840 年鸦片战争。

已知 1870 年普法战争，通过联想，可以记住 1871 年巴黎公社成立。

已知 1900 年八国联军侵华，通过联想，可以记住 1901 年《辛丑条约》签订。

已知 1911 年武昌起义，通过联想，可以记住 1912 年中华民国成立。

已知 1917 年“十月革命”爆发，通过联想可以记住 1918 年 11 月 11 日第一次世界大战结束。

奇特联想记忆法是世界上公认的记忆秘诀。许多国家的记忆大师们能在一会儿工夫认识四五百人，记住他们的相貌、姓名、职业，能在晚会上表演默记整副扑克牌，表演一次记忆数十个单词，都是以这种方法为基础的。

朗读记忆法

有的同学默读记得快，也有的同学朗读记得快。

双方都说自己的方法好，认为对方的方法不好。经过对比，都用自己的方法，记同样的内容，比了几次，不相上下，双方得出结论，记忆方法因人而异，全看自己平时习惯用哪一种，喜欢的、常用的，就是好方法。

日本有位心理学家，叫高木重郎，他曾说过：“一般来说，朗读比较好记。尤其是在头脑不清楚的时候，更应该清醒地读出声来。这是因为朗读能给大脑以刺激，思想容易集中到一点，整个身心好像进入了‘临战状态’。”

有的同学学习英语单词也不愿大声朗读，这就不好了。学习外语尤其需要朗读。我国有一位著名诗人苏阿芒，经过自学，居然掌握了 20 多种文字。他在谈朗读对于记忆的意义时，说过这样的话：“我一开始就对世界语产生了极其浓厚的兴趣，所以在学习这种语言时，就特别注意练习发音和记忆单词。每天早晨，总要按时高声朗读世界语课文，不论寒来暑往，更不论风雨阴晴，十几年如一日，每天早晨的半小时朗读坚持不懈……”由此看来，朗读能字字入脑，有利记忆。

读一些比较绕嘴的，而且必须记住的句子，字字有声地朗读，边读边想，有利记忆。几何学中的“切割线定理”是这样表述的：“从圆外一点引圆的切线或割线，切线长是这点到割线与圆交点的两条线段长的比例中项。”朗读这个定理，边读边画图，容易记住。当然这样做要在课间或教室可以说话时，不能不顾别人只管自己朗读，干扰了别人安静的自习。

遗忘曲线与及时复习记忆法

德国心理学家艾宾浩斯以自己为例进行实验，他本来记住了 13 个毫无意义的音节，1 小时后，只记住了 44%，遗忘了 56%；两天以后，只记住了记忆材料的 28%，遗忘了 72%。但是，在这以后，他遗忘的内容就不多了，用坐标表示，如后图。

后来的科学家们都承认这个实验，称这个坐标曲线为艾宾浩斯遗忘率曲线。后来的科学家还指出：

1. 如果等记忆的内容完全忘记以后，再重新记忆，不如在记忆还没有模糊时，及时复习，加以强化。

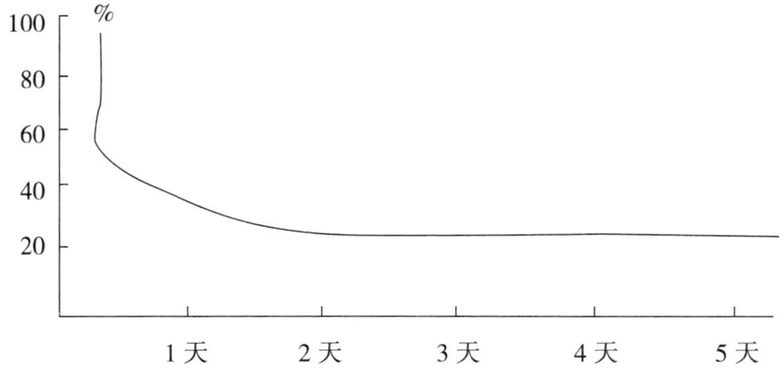

2. 在学习记忆 9 小时之内，趁大脑中还有记忆痕迹时，重复练习，虽然只花 10 分钟的时间，却比 5 天以后用 1 小时复习效果要好得多。

3. 但是，在刚记忆不久（半小时到 1 小时）遗忘率尚不高时，就重复地复习，是没有什么意义的。

英语课上，我们学会并记住了 20 个单词，甲同学当天晚上用 10 分钟复习，第二天早晨又用了 10 分钟复习，晚上仍用 5 分钟复习巩固。乙同学就不然了，他在英语课上也学会并记了那 20 个单词，当堂反馈测验，他跟甲同学一样得了满分。但是，他当天晚上没来得及复习，第二天早晨、晚上，竟忙着做数学题了，也没顾及复习英语。第三天清早，他一下子用了 25 分钟复习那些单词，第五天，老师又进行测验，甲同学得分明显高于乙同学，原因是甲同学遵循了复习的及时性原则。

从 1979 年起，我们班同学就研究艾宾浩斯遗忘率曲线，细心的同学们多次进行实验，找到自己遗忘的大致曲线，然后根据不同的记忆内容，确定复习的最佳时间。

有的人说，在最佳复习时间，分段认真复习 8 次，就成为永久性记忆了。同学们对此并不轻信。有的生动、形象的知识点，复习一两次就经年不忘，个别极抽象的概念，分段复习 10 次，半年不用也还会忘。不管怎么说，容易忘的知识及时复习，记忆还是持久得多。

第六辑

统筹计划

凡事预则立，不预则废。恩格斯说：“没有计划的学习，简直是荒唐。”许多学生大学毕业后来看我，都谈到自己的成功，得益于当年的自我教育计划，我们班级同学之间关系融洽，也与大家订自我教育计划有关。大家目光远大，目标都向上了，关系自然融洽了。

制订自我教育计划

——没有计划的人一生空忙碌

凡事预则立，不预则废。恩格斯说：“没有计划的学习，简直是荒唐。”

我比较先进同学和后进同学的差异，重要的一点差异是先进同学都有比较明确具体的学习计划，而后进学生大多是学到哪里算哪里，或别人指向哪里自己就到哪里，或老师指向哪里，自己也到不了那里，自己又管不住自己，每天常在无所事事中度过。

20 年来我反复强调计划性。反复引导一届又一届的学生每年几次，甚至几十次地订计划。

我引导学生订的计划大致分两大类：一类是按计划涉及的时间长短来分，有长期计划、中期计划、短期计划。另一类是按计划所涉及学习努力目标的多寡来划分，有整体计划和单项计划。当然两类不能截然分开，更多的时候，它们是互相交叉的。

每年年初，我都引导学生制订综合计划。我对学生自我教育计划的要求都是一致的，每位同学都要制订，计划要分四部分。

第一部分，终身朝哪个方向努力，一辈子自己德、智、体三方面大致要达到一个什么样的标准。数字可能不具体，但一定要有一个大致努力的方向。如达不到杰出的英雄人物的标准，也一定要争取做个善良的好人；不能成为科学家，但要完成初中、高中的学业，争取取得大专或本科、研究生的学历；即使不能成为优秀的运动员，也一定要争取有一个健康的身体，少得病，少吃药。订这样的计划，连平时最浮躁的学生，也不由自主地较深沉地站在高远的人生角度，规范自己。

第二部分，十年达到哪些目标。终身努力方向明确了，十年大致做完哪些事尽量要清楚一些。这十年是人生最紧要的十年，人生观基本形成，完成了学业，并已在工作岗位上开始打基础，身体素质也发育到成熟的阶段。定的目标，并不一定完全实现，但引导自己这样思考问题容易使学生变得目光远大、胸怀开阔。

第三部分，一年怎样度过。一年里要发展自己哪些良好的品质，克服自己的一两个弱点，学习上扬长补短，总成绩的追击目标，完成教科书任务后，还自学、预习哪些知识，对照体育锻炼标准，哪几个项目争取优秀，哪个弱项要达到及格标准，各项指标在班级的名次要上升几位。

第四部分，一天怎样安排。长计划，短安排。当一个人从一生、十年的角度来观察眼前的一天时，他就不由自主地增强了紧迫感，连个别得过且过的同学，也变得较严肃认真起来，他们更珍惜自己的自习时间，更注意回家后控制犹豫、拖拉，以挤出更多时间用于学习。

这种自我教育计划，目的是引导学生将一生、十年、一年、一天看作一个整体，使四者之间不脱节，不互相矛盾，以取得最大效益。四个部分组成一个计划，相对来说线条比较粗，实际上，这四部分都可以独立地成为一份计划。除了自我教育计划，我还引导学生写更详细的年学习计划、月计划、周计划、日时间表。还有分科的培养开阔胸怀的计划、树立必胜信心的计划、语文自学计划、数学学习计划、锻炼身体的计划等。

我们班学生，每年要写 365 篇日记，其中十分之一，是自己制订的各种计划。

计划能激发人的雄心，开发出人的潜能。

1942 年，美国洛杉矶郊区一个没见过世面的 15 岁少年约翰·戈达德把自己一生想干的大事列了一张表，题名为《一生的志愿》，表上列着：到尼罗河、亚马孙河和刚果河探险；登上珠穆朗玛峰、乞力马扎罗山和麦特荷斯山；驾驭大象、骆驼、鸵鸟和野马；探访马可·波罗和亚历山大一生走过的道路；重演一部《人猿泰山》那样的电影；驾驶飞行器起飞降落；读完莎士比亚、柏拉图和亚里士多德的著作；谱一部乐曲；写一本书；游览全世界的每一个国家；结婚生子；参观全球……一共有 127 个目标。到 1985 年，也就是 43 年以后，戈达德已达到了其中的 106 个目标。在经历了 18 次死里逃生的冒险和无数个难以想象的困难之后，他获得了很大成功，成为英国皇家地理协会会员和纽约探险家俱乐部成员。

我们不要求 15 岁的中学生像戈达德那样确定 100 多个终身奋斗目标，但我们必须引导中学生从小就树立远大的志向，从小就能站在一生、十年的角度来思考问题，这样我们的青少年才不会鼠目寸光、蝇营狗苟、斤斤计较，我们的中学生才会成为胸怀开阔、目光远大、大有希望的人。

许多学生大学毕业后来看我，都谈到自己的成功，得益于当年的自我教育计划，我们班级同学之间关系融洽，也与大家订自我教育计划有关。大家目光远大，目标都向上了，关系自然融洽了。

制订学年、学期、月学习计划

自我教育计划中的一年怎样安排，限于计划的字数，不会太具体。这样，我就引导学生再订一份学年学习计划。每个学期还引导大家订学期学习计划，计划制订完之后，在开学初的班会上交流、宣讲，同学们互相取长补短。

除了学期学习计划，每个月的月初，我们班学生都要在日记本上写月学习计划，久而久之，形成习惯，即使哪一个月我忘记了布置，同学们也会自觉去写。

我向同学们介绍爱因斯坦的事迹。他从中学时代起，就十分重视计划学习，他不仅制订学年计划，而且制订学期计划、月计划。他坚持依次读完了哲学家柏拉图、亚里士多德、培根、休谟、笛卡儿、斯宾诺莎、康德的著作和物理学家牛顿、拉普拉斯、麦克斯韦、基尔霍夫、赫兹的书，为他以后学术上的杰出成就奠定了坚实的基础。

1986 年福建高考文科第一名陈熙满在谈学习方法时说：“要想学习好，最重要的是安排好学习时间。我认为，订一个学习计划是大有益处的。我经常参照老师的教学进度、课程安排，自己对各科知识的掌握程度和个人的学习进度，把每天、每周的学习内容和时间安排好。这样，读起书来心中有数，时间利用好了，各科就能齐头并进。这种学习计划应注意两点：一是不松不紧，因为太松了学不多，太紧了忙不过来。因此计划要有一定的弹性，切实可行；二是计划一定要照办，‘明天再说’等原谅自己的想法是不可取的。”

下面是一位同学初三上学期的学习计划：

1. 目标。

（1）战胜自己“小马蹄坑”（我们班约定俗成的称谓，心胸宽广如大海，心胸狭小如小马蹄坑）的毛病，不与人计较小事，得理也要让三分。

（2）扬英语之长，除参加校英语竞赛，还要在去年市竞赛第 10 名的基础上超越 4 个人，进入前 6 名。

（3）补物理之短，物理成绩也要进入班级前 10 名。

（4）年组 500 人排名要从期末的第 38 名，进入总分前 20 名。

（5）参加校运动会，3000 米长跑项目要超越去年，进入前 3 名，为班级挣 4 分。弱项铅球要加强训练，不能让它拖体育总成绩的后腿。

2. 措施。

（1）再看两遍《周恩来传》，学习总理的博大胸怀，经常看自己座右铭上的话：“比天空更宽阔的是人的胸怀。”

（2）除参加学校英语兴趣小组学习外，自己每天晚间多拿出 50 分钟学习英语，做《英语辅导报》上的习题。

（3）物理成绩不理想，不是因为它难，而是因为自己觉得物理好学，便没有重视，以致该记住的物理公式有的记得不准确。本学期强化记忆，多做物理习题，进入班级前 10 名还是有把握的。还要认真编写《物理错题集》。

（4）上学期年级排名第 20 名是 635 分，我的成绩是 622 分，主要差在物理学科，物理我只得了 78 分，其中有 8 分是马虎，9 分题属于记忆不准，纯属不理解的只有 5 分。倘若加强记忆，做题再认真些，两项 17 分不都拿回来，只拿回 13 分便可与年组 20 名分数并列。另外，我的英语强项初三更能发挥优势，老师说英语学得好，化学记忆的知识多，也会学得好。这些都对我有利。再争取用双休日时间，多自学，学得多了，回头再看旧知识便觉得容易，这样进入年级前 20 名把握还是比较大的。

（5）每天下午班级 5000 米长跑我争取和刘洋、李智组成一个小组，跑完班级规定的 5000 米，再多跑 1000 米，这样训练量比运动会 3000 米多 1 倍，比赛时，进入前 3 名的可能性就大了，去年我第 6 名，今年练好了，还可能取得第 2 名。第 1 名是市里运动员，我是追不上了。除了跑步，还要认真做操，每节课前都要全身心地唱歌。学习要取得好名次，没有好的身体做基础，将很困难。

3. 时间分配。

上学期数学所用时间过多，实际用于物理的时间比例只是全部学习活动时间的 5%，本学期要把物理所占时间增至 12%，数学由 25% 降至 18%；语文为 10%，英语为 15%，化学为 5%，政治、历史、地理、生物各占 4%，文体活动占 20%，还有 4% 的机动时间。

每位同学的学期计划都要有这样三部分内容，并都要有具体的数据。

学期计划如此，月学习计划也基本如此。每个月都明确一下努力的重点目标，实现目标的具体措施和时间分配。多年来，我们学校都进行月考实验，同学们觉得好处多于坏处，每月制订一次计划和月考同步，考完及时总结，再订新的计划，激发了同学们你追我赶的学习热情。

临近期末，或遇到较大比赛前，我还组织同学们制订周计划，以便月计划落到实处。

制订双休日学习计划

我国实行双休日后，无疑给学生们创造了更广泛的、可自己支配的空间，每年 52 个双休日就是 104 天时间，这是一个不小的数目。双休日怎样安排，我们就此事多次召开班会、辩论会。

会上，同学们列举了过双休日的一些事例：

1. 学习自觉的同学，把学习当乐趣的同学，趁双休日，完成自己的自学计划，他们不仅学完了本学期的教材，而且预习了下学期的教材。当然他们也不是整天学习，而是每天学习 5 小时，300 分钟左右。学习优秀的学生都有自己双休日的自学计划。

2. 上海的一位中学生说：家长、老师联合取消了玩的制度。双休日孩子们被大量的作业压得抬不起头来，只有写字声和父母的唠叨声，没有伙伴，没有游戏，没有音乐。

3. 家长请家庭教师，把双休日安排满，晚上数学家庭教师辅导到 9 点钟才走，第二天早晨 6 点半钟英语家庭教师又到位了。10 点半钟老师临走又留下一堆作业……

4. 部分中学生在街道居委会组织之下，利用星期日到敬老院，同学们整理卫生，陪老人聊天、下棋，给老人唱歌，帮老人写信，还用自己的零花钱给老人买水果。

5. 有的学校组织学生利用双休日进行社会调查，游览名山大川，探索大自然，开阔视野，激发学生热爱自然、热爱祖国的感情。

6. 团市委组织学生，以“爱祖国，爱家乡，爱科学”为主题，开展课外读书活动，或组织参观博物馆。

7. 有的孩子星期天跟父母一起去游公园，一起去放风筝。

8. 某县初三学生王某迷上了电子游戏机，整天泡在游戏厅里，开销很大，没钱怎么办？偷。他骗得一名同学家的钥匙，第一次下手，窃得现金1110元，以后，又偷得现金17000多元。

9. 一个冷风飕飕的星期日，某县中学的两名初二男生瞒着大人去河边炸鱼，临场操作失误，一个被当场炸死，血淋淋地横卧在河滩上，惨不忍睹。

10. 某酒吧，星期日一群十五六岁的孩子来这里跳舞，在舞场上有的抽烟，有的喝啤酒，狂呼乱舞。

同学们经过辩论认识到：双休日给中学生带来了欢乐，同时也伴随着忧虑，安排好了，这两天会促进平时的学习，使人进步；安排不好，会使平时学习受干扰，使人退步。

经过辩论，同学们觉得十种过双休日的方式中，第1与第4、5、6、7种方式结合最好，每天学习300分钟左右。剩下的时间参加集体社会活动，去游览，去参观博物馆，去放风筝。

由于当时我国经济还很落后，博物馆数量极少，不要说农村，大部分中小城市都没有。此项活动，即使是大城市，一年组织一次，附近的博物馆就看完了。

游览由于受家庭经济条件的制约，去名山大川，半年一次就不错了。

街道与学校组织的去敬老院等地做好事的活动也挺好，但街道干部与学校老师双休日还有别的事情要做，此类活动就全中国平均数而言，一个月也达不到一次。

同学们算来算去，对中学生来说比较可行又有益处的过双休日的办法还是以学习为主。学习之余，到野外放风筝，游园，打羽毛球，滑旱冰。还可以在家里搞一搞家庭读书报告会、诗歌朗诵会、卡拉OK演唱会、猜谜晚会，融知识性、趣味性、科学性于一体。

有的同学把学习当成享受，他们觉得双休日可以全由自己来支配，一天效率是平时上学的两倍，这样一来，这些同学每年生命便有了469天。而不善利用时间的同学呢，这两天懒惰下来，周一还要重新鼓劲，一年生命还不到261天。可见把握好双休日，对现代中学生是至关重要的。

下面是我们班一位同学制订的双休日作息时间表。

6：50—6：55	起床，收拾房间
7：00—7：30	早饭，家务
7：30—8：00	听音乐
8：00—11：30	自学数、理、化各60分钟，每学一科，安排15分钟休息
11：30—14：00	午休，娱乐、看午间新闻
14：00—17：00	自学语文、英语各50分钟，中间休息两次各20分钟，其余60分钟各科目机动
17：00—18：30	放松，健身，家务
18：30—19：00	晚饭
19：00—19：30	看电视新闻
19：30—21：30	做自己感兴趣的事，看课外书，下棋，组织家庭娱乐晚会

这样安排，比往常起得晚，学得轻松，玩得也开心。

制订日计划

详细拟定一周的学习计划或一个月的计划，贴在书房的墙壁上，的确对激发贯彻计划的意志有积极的作用。但如果不紧紧抓住每一天，认真制订并执行日计划，周、月计划自然会落空。

我总要求学生根据学年计划分解学期计划，根据学期计划分解月计划，再将月计划的任务目标分解落实到周计划、日计划中，这种先长计划、后短计划的方法，适用于思考问题比较全面，比较认真求实的同学。

也有的学生办事好拖拉，喜欢空想，好高骛远。我就引导他们先订日计划，执行一段时间觉得可以了，再订周、月、学期计划。

原因是好拖拉的学生，中途有一两天偷懒，整个计划就很可能“瘫痪”，无法继续执行，这样就非重新拟定一次不可。反复重新拟订改变计划的结果，无形中就会使你陷入“计划乃是为废弃而制订”的错觉。如果不废弃，非执行不可，又可能被计划束缚得透不过气来，陷入类似“计划偏执症”的困境。

人到了这种地步，就完全不知计划是为何而制订的了，只为着如何完成计划而用功，反把学习成绩的提高置诸脑后。

有一位时间管理的专家说:“不管如何，要达到生活的组织化，不可或缺的是拟订一天的生活计划，而不是长期的计划。”这话对于爱拖拉、爱空想的人来说显然比较有道理。

他所主张的拟订每一天生活计划的方法，是设置一本“计划簿”，经常放在随时可看到的同一个地方。如果是上班的人，就放在办公室的办公桌上，家庭主妇则放在厨房，学生放在自己书桌的指定位置。

每天一早或前一天晚间，就把当天要做的事逐条列在计划簿里。一天过去以后再检查所列项目是否已经照计划执行，如发现遗漏或没有执行的事，就立刻把它重新列入第二天的头一项。这样管理自己每天的行动，将自己的生活加以组织起来，是好拖拉、好空想的同学用功的第一步。

对于有一定自制力的同学，当然用不着设置一本“计划簿”，每天都要逐条列计划，这样太烦琐，其实每天做几件事，早晨用脑子想一想，在脑子里排一下顺序也就可以了。我所说的每位同学都要制订的日计划，其实只是每天的作息时间表。时间表分两份，一份是上学时执行的，一份是休息日、节假日时执行的。

下面是一位同学上学时的作息时间表。

上午：

5：50—5：55	起床，整理床铺、房间
5：55—6：10	洗漱，室内健身
6：10—6：30	早饭，简单家务
6：30—6：50	上学路上，10分钟路程，其余时间思考全天自习安排
6：50—7：30	早自习
7：40—12：00	上课，广播体操，眼保健操等
12：00—12：20	午饭，简单家务

下午：

1：00—1：35	睡午觉
1：40—2：00	上学路上
2：00—2：40	上课
2：50—3：00	练气功
3：00—3：40	自习
3：40—4：40	仰卧起坐，俯卧撑，长跑，活动
4：40—5：20	自习
5：20—5：40	放学路上
5：40—6：50	帮忙家务，放松身心，看报纸杂志或课外书
6：50—8：50	自习，完成家庭作业，中间7：50—8：00练气功
8：50—9：30	室内仰卧起坐，俯卧撑，洗漱，放松身心
9：30	休息

备注：1. 每天上学、放学往返两次，家与学校距离 1 公里，步行 10 分钟，往返两次仅需 40 分钟，实际时间安排 80 分钟，其余 40 分钟为机动，可开展路上背 1 个单词的活动，每天至少 40 分钟可背会 3 个新单词，边运动边背诵有助于记忆。

2. 从表上可看出，每天除上课时老师让自学的时间外，用于自己安排的自习在校还有 3 课时 120 分钟，在家还有 2 课时 110 分钟，这是一个不小的数目，一定要抓紧抓好，每天早晨上学路上便计划 5 节自习的具体任务，才能提高效率。

高效学习日

我自己经常有这样的体会，某一天抓得紧，一件接一件地做实事，顾不上惆怅，没时间犹豫，来不及拖拉，就这么在不停地做中享受实干的幸福与自豪。比如今天星期六，早起便抓得紧，到晚间 6 点半，已写完了 8200 字的书稿，7 点看新闻，新闻之后，又轻松地完成了 1800 字。

春节期间，尽管休息了 6 天，但因离交稿时间远，便原谅自己，拖拉下来，一天平均还写不完 2000 字。

为提高自己的写作效率，20 多年来，我经常为自己规定高效日。为提高学生的学习效率，我也经常在班级规定高效日。我在新接不久的班级规定高效日，同学们表现出极大的热情。

卢建良、王海江等一些平时极贪玩、爱说闲话的学生，那天时间抓得十分紧。卢建良任“炉长”（负责给同学们生炉子取暖的干部），只在下课时匆匆地低头添一次煤，马上又回座位上做练习。王海江一反常态，连下课时都顾不上说一句话。康景利说：“我写出了一身汗。”袁中骄傲地说：“我今天真创了纪录。”王青说：“我的几支钢笔都写得没墨水了。”杨松遗憾，但又不无自豪地说：“我写了 36 页半，是因为我的字大。”裴天江等人则说：“以后咱们天天这样高效率吧！”

“高效学习日”激发了同学们的紧迫感、效率感，班级造成了一种竞赛的气氛，形成了一个你追我赶、奋力向前的场效应，并促使平时较懒惰的人也紧张起来，分秒必争，写完了，学完了，一个个眉飞色舞，兴高采烈。

高效日时，卢建良完成各科练习量达 31 页之多（练习本为 16 开纸），我问他：

“你今天用了几分劲？”

“也就五分吧。”

刘念东也超额了，我问他：

“你觉得自己用了几分劲？”

他想了想说：“有六分。”

同学们学习越紧张，越感到时间宝贵，越感觉自己潜力巨大。有一个明确的目标在吸引，有一个相互竞赛的场在推动，学习效率确实可以成倍提高。

设立高效日，一般先引导学生在前一天订出计划，这一天的活动时间表与往日有何不同，各学科书面练习共完成多少页，复习和预习的任务量也落实到具体页数，执行起来，可操作性就强。

高效日这天，教室内一般规定为无声日，即使课间也不说话，需要说话时，到走廊，到操场，这样可以给人一种节奏紧张的感觉。

应该说，每个人平时学习，也有低效、高效日之分，这如同大海中的波澜，有波峰，也有波谷。这时的高效日，是自然状态的高效日，很难达到理想的高度。倘若经过集体和个人的精心设计，高效日的目标明显超过自然状态，高效日的动力也会比自然状态下的动力源要广、要大。

设立高效日时，应引导自己再现过去效率最高之日的情景，分析一下那次高效日的情景，更多地创造高效的外部和内部条件。

外部条件如：重大考试即将来临，父母施加了压力，老师下达了非完成不可的学习任务，整个班级你追我赶的学习气氛，到社会上参加考试受到了刺激，受到市场经济大潮的鼓舞，受到英雄人物事迹的激励……

内部条件如：想到自己有了好成绩才会在同学中有威信，学习好了感觉问心无愧，学习进入一种感觉是享受的境界，要忠实于自己的诺言、计划，要超越自己的竞争对手，要争取有远大的前途，要考取名牌大学，要成为杰出人物，要对得起父母，要报答父母的养育之恩，要为祖国、为社会尽责任，要为创造理想社会而奋斗……

制订高效日计划之前，重现以往效率最高之日的情景，更多地、自觉地创造高效的外部和内部条件，就容易使新的高效日突破以往的目标。

高效日不能搞得太多，多了，违反了波浪式发展的规律，人为地制造脱离规律的高潮，形式上暂时似乎不错，时间长了又需要一次大的调整。

参照生物钟制订最适合的计划

一个月中，一个人的智力、体力、情感有高潮期与低潮期。

我将“生物钟测算盘”交给几名同学，让他们根据自己的出生年月日，结合盘上提供的计算工具，去测算一下自己的状况。

人的智力周期为 33 天，体力周期为 23 天，情绪周期为 28 天。每个周期都有高潮期、低潮期、临界日。智力临界日时，思路不清；体力临界日时，全身疲乏；情绪临界日时，心烦意乱。三个临界日每年有一次重合，重合时，人便感觉很难把握自己。当三个周期都处于高潮期时，思维敏捷，浑身是劲，情绪高涨，显然这时可以大幅度地增加学习的任务量。

有的专家为了强调生物钟的重要，把它说得神乎其神，任何人百分之百要受生物钟摆布。我经过几年的实验，发现对自制力强、目光远大的优秀学生来说，生物钟的周期律基本不起作用，尽管他们也能感到一点，但自己完全可以控制住，即使在三个临界日重合的时候，他们参加考试也照样能答出好成绩。那些意志不坚强、情绪不稳定的学生受“生物钟周期律”的影响就比较大，有的甚至非常大。他们特别担心临界日的到来，结果这种担心，输入了潜意识，等于加强了临界日的能量。

“生物钟周期律”对人还是有一定影响的，我们应因势利导，在高潮期时，增加任务量，提高效率。低潮期时，保持正常的任务量，做好充分的心理准备，防患于未然。

英国还有人测出1天24小时内，人的大脑有4次“黄金时刻”：第一次是早4时至6时大脑清醒，是学习的最好时刻。上午9时至11时，大脑由抑而扬，注意力强，记忆力好，联想力佳，是第二个黄金时刻。下午5时至7时，人的嗅觉的灵敏度达到最好状态，脑力、体力、耐力又进入一个高峰时期，这是第三个黄金时刻；晚上8时至9时，脑力又处于活跃时期，是一天中第四个黄金时刻，可以从事各种创造活动。

对这一说法，我又请全班同学做了较长时间的实验，少数同学感觉是这样，大多数同学觉得自己的黄金时刻不是4个而是3个，时刻也跟上面说的不一样。不管怎么说，人一天中还是有几个黄金时刻的，摸准了自己的黄金时刻在哪几段时间，订计划时将较深、较难的题放在这段时间完成，会明显提高学习效率。

计划中最佳时间要多安排任务

人除去每天睡眠8小时，其余16小时并不是每个小时都相同的。一天中，有的人喜欢早起，属于“百灵鸟型”，早晨背得快，解题思路也敏捷。早晨一小时，比晚上两小时做的事还多。也有的人，喜欢秉烛夜战，属于“猫头鹰型”，晚上背东西特别快，你让他起早，他情绪就不高，起来以后头昏脑涨，背一小时，还赶不上晚间背20分钟。

每个人的最佳时间，即精力最旺盛、思维最敏捷、情绪最高涨的那段时间是不一样的，每个人要根据自己的实际，找准自己每天中的最佳时间，保证这段时间不受干扰，以给这段时间安排较多的学习任务，安排最艰深、最困难的学习内容。

上海市少云中学有一位女同学叫李楠，初中毕业后，只用了 3 个月时间，就在教师的指导下，自学了高中阶段的主要课程，而且以优异的成绩考上了清华大学。她是如何利用时间的呢？

李楠同学说："时间对我们来说，是十分珍贵的，它分秒不停地无情地消逝。为了在短时间内抓出学习成效，将两年的功课在 3 个月内完成，就要在如何使 1 秒变成 2 秒、3 秒、4 秒上下功夫。时间是拉不长的，无论你有多大的气力。但是，使之'以一当十'的办法是有的，就是提高单位时间的学习效率。提高效率的诀窍有两个，一是集中精力；二是合理安排时间。所谓集中精力，就是在学习时，要特别专心，把注意力统统放在学习、钻研的问题上，而将其他无关的东西统统赶走。否则，看样子你也在看书，实际上心不在焉，结果什么收获也没有，那怎么会有效率呢？合理安排时间，也可以出效率……

"一天中、早饭前，我背背公式，想想定理，把中心问题、章节要点看看。上午一般看教科书、参考书；下午做题，到四五点钟时，找点综合性的难度较大的题做。累了，看看别的内容，换换脑筋。晚上，再看书。3 个月中前一段，我是该学习就学习，该玩就玩，该看电视就看电视，该锻炼身体就锻炼身体。精力充沛，记忆力好，学习效果好。后一段，全天从早到晚学习，效果并不比前段好，因为精神疲劳，不集中，欲速则不达。合理地掌握最佳学习时间，安排学习、休息、娱乐、锻炼对自学太重要了。"

抓住最佳时间，增大学习量就能创造奇迹。

控制"三闲"

什么叫"三闲"，即：闲话、闲事、闲思。

我觉得，一名学生要提高学习效率，一名工作人员要提高工作效率，就得增强控制“三闲”的能力。我建议学生每天像苏联生物学家柳比歇夫那样，细致地计算时间和利用率，然后统计一下今日“三闲”有多少。

我要求学生，每天写完日记后，便在最末一行记下当天“三闲”的数量，力求过一段时间，减少一点。

我发现，凡学习不好的同学都有一个共同的特点，不是他们控制了“三闲”，而是“三闲”控制了他们。

不只学生，就连自以为有点自控能力的我，也常常明知有许多实事可做，但脑子就是不配合，不知不觉就很不情愿地任脑子闲思，任凭手不由自主地做闲事，也有时不由自主地成了清谈俱乐部成员。

我算是一个比较忙的人，但即便如此，我觉得自己的脑子仍不自觉地向闲思贡献两三个小时的时间。例如：某日清晨我到北京，进中央电视台陪学生录《第二起跑线》的节目。当晚离京，次日晨回到教委处理工作之后，本应静心写写书稿，但一静下来，便想头一天的谈话倘再加几句会更好些，头天录节目倘让三个女生两个男生上场会比较恰当些，明知想已无益，却仍挥之不去，还有一些断断续续的闲思，当在两个小时以上，倘用来写稿，至少可完成 2000 字。等认识到问题后开始后悔“闲思太多了”，但已成事实。

有点自控能力的我尚且如此，自控能力较差的中学生们，被“三闲”控制的时间一定比我多，后进学生就尤其多。控制“三闲”便成了很重要的一项本领。

控制“三闲”，先要具体分析什么叫闲话、闲事、闲思。

闲话，指没用的话和有害的话。

没用的话是指人家在那上自习、看书，他在那说笑话、说玄话、说大话、说课外的话，当然都没用。在公共场所如阅览室、科技活动室，他净说电子游戏厅的事，当然没有用，这类话不说为好。

另一类是有害的话，人家学习，他故意干扰别人，分散人家注意力。人家要求进步，他编了瞎话，造了谣言伤害人家。别人团结，他背地里传话，挑拨离间，背后说人家短处，即使无意，也是有害的话。

闲事指无用的事或有害的事。如一个中学生，并非研究电子游戏机的专家，却把课余时间都消磨在电子游戏厅里，这显然是没用的事。老师正在讲数学，个别人数学成绩不好，却在下面看武侠小说，当然无用。同学们都在上自习，他却在那里做学龄前儿童的事，叠纸船，画儿童画，有用吗？一位同学并非对服装设计有兴趣，却反复跟父母要钱，用相当多的时间逛商店，买花样翻新的服装，显然也没什么用处。

中学生有害无益的事也不少，个别学生逞强斗狠，想称王称霸，动不动就打别人，又东躲西藏地逃避别人的报复。人家上自习，他哼小曲。人家用下午第三节活动课时间跑步、锻炼，他偷偷去买糖果吃；还有一些违反《中学生日常行为规范》的事，都应在控制之内。

闲思困扰人的时间就更多了。

有一类闲思只是没用，闲思本身并无直接坏处。如：正听着历史课，思路不由自主地从课堂教学讲的晚清文学，联想到《三国演义》，又联想到《封神演义》，又联想到姜子牙垂钓遇文王……不知不觉，下课时间到了，毫无用处的闲思统治了这位同学半节课。也有的同学，正听着英语课，思路不知不觉到了前面同学的衣服上，随着衣服又到了服装厂、纺织厂、印染厂、服装模特……这样的联想倘是有目的的，为了创作，为了训练自己的有意联想能力，当然有用。倘在不需要联想时，联想却无拘无束地自由驰骋，这至少可以说没有用途。认真观察，细心统计，许多后进同学大量时间便是在这类闲思中糊涂地度过的。

另一类闲思则是有害的。如学习中、生活中遇到不顺心的事，或考试成绩不理想，就忧虑，担心同学们怎么议论自己，父母怎样批评自己，邻居又将如何瞧不起自己……越想烦恼越深，越不能平心静气地分析失误的原因，更谈不上制定纠正失误的措施了。这样便形成了恶性循环链：考试失误—情绪低落—无心纠正—成绩更低—情绪更低落。不少后进同学就是沿着这条恶性循环链，使自己从中等，甚至上等的位置，滑到了最底层。

引导学生控制“三闲”，就能使学生较明确地将有用、有利的言、行、思和无用有害的言、行、思区别开来。一旦有了区别，下意识和潜意识就会起作用，不知不觉地对其加以限制。

区别之后，就要千方百计控制，虽不能完全控制住，但有一点可以肯定，控制比不控制要好得多，“三闲”数量一定会少得多，学生的言、行、思要理智更多。

一位同学从别的中学转到我班，到这以后，须写日记和统计“三闲”，我看他刚来时的日记最后一行写着：今日“三闲”数量：闲话 280 句，闲事 13 件，闲思 3.5 小时，能有这么多吗？据我观察，他实际“三闲”数量，只会比这多，不会比这少。

过了半年，我再看他的日记，确实写得比过去好多了，看他写的自我教育计划中，谈到控制“三闲”中“闲话”这个细目时，这位同学这样写道：“这个月我要努力把自己的闲话控制住，目标是每天控制在 52 句以内。”我从来没要求他具体规定自己闲话的句数，没想到他竟提出了这样的目标，便问他：“这 52 句是怎么回事？”他回答：“经过控制，我的闲话比以前少了一多半，但和同学们比仍然比较多，要全部去掉，显然不可能。我计算了一下，自习和上课我能控制住自己不说闲话，但下课和在家里时，还不知不觉说些让别人不痛快的闲话。每堂课间 6 句便是 36 句，早晚还有那么长的时间，各说 8 句便是 16 句，合计 52 句。”我听了，觉得有创意，但没表扬他，也没否定他，只是说你可以试一试。效果好，就继续试。

又过了一个月，我再看他的日记本，这位同学在本月自我教育计划中，谈到闲话这一项时写道：“经过两个月努力，我已达到了把闲话控制在 52 句以内的目标，本月要继续努力，把闲话控制在每天 39 句以内。”

一年以后这位同学纪律明显好转，基本控制住了自己的闲话，成了全校书法和美术活动小组的尖子学生。

有的同学在日记中写道：“一个能够控制‘三闲’的人，不管在什么岗位上都能是一个幸福的人、快乐的人、有所作为的人。”

控制“三闲”要注意，一定弄清“三闲”的概念。个别同学以为学习以外，特别是学习课本知识以外的所有言、行、思都是“三闲”，这是偏见。有这种偏见的同学不愿参加社会公益劳动，不愿参加体育锻炼，拒绝参加课外活动小组，个别人甚至可怜到连参加中央电视台第二起跑线录制都怕影响学习的地步。这种狭隘的思维方式本身就是一种有害的闲思，倘不加以控制，这样的学生长大以后将难以在信息多元化、交往广泛化的社会生存下去。

具体控制“三闲”的办法同学们介绍过几十种，每位同学都应根据自己的实际研究不同的办法。我感觉最有效的方法之一，便是制订明确、具体的计划，什么时间做什么事，做几件，做到什么程度，规定得非常具体，做的事情又都是自己力所能及的。再规定出遇到意外情况时、心情不好时，做一些难度小的事，做喜欢做的事。实事做多了，形成较牢固的兴奋中心了，“三闲”便不容易侵扰了。

忙人没有时间忧虑，忙人没有时间说闲话，忙人顾不上做闲事。

巧用“边角余料”

——时间的“边角余料”能做出大工程

我管零碎时间叫“边角余料”。一块块小碎布可以拼成椅垫、褥子面。同样，零碎时间，1 分 1 秒加起来，就是一个可观的数字。如果一个人每天浪费 1 小时，那么一生中（按 72 年计）总共要浪费 3 年。

20 年来，我们班利用零碎时间的一个有效办法，便是在上学路上，开展背一个单词的活动。从家到学校 10 分钟路程，记住一个英语单词绰绰有余。最要紧的还不是背会了单词，而是养成了节俭使用时间的习惯。只有珍惜零碎时间的人，才会真正珍惜大段时间。浪费时间跟浪费钱财一样，都是从小数目开始的。

美国的富兰克林为自己拟出了 13 条目标，在“计划管理”目标中，他为自己制定了一套时间上的财务制度：花时间之前先进行“财政预算”；而后随时“记账”“查账”。在花去了一段时间之后，在专用的“账单”上记下那段时间的使用情况，进行一下“成本核算”，看看收获与支出是否平衡。

苏联生物学家柳比歇夫安排时间的精确、严格，更令人叹为观止。他每晚统计时间消耗，月有小结，年底有总结。他自 1916 年元旦即他 26 岁那一天宣誓起，直到 1972 年逝世的一天，56 年如一日，一丝不苟地记录每天时间的支出情况。有一天，他计划完成中心工作（写作、研究）和例行工作（看参考书、做笔记、写信）一共用 570 小时，实际用去了 564.5 小时，误差仅为 1%。

科学幻想之父，法国作家儒勒·凡尔纳的著名幻想小说《海底两万里》，就是在航海旅途中写成的。奥地利的大音乐家莫扎特，连理发时也考虑创作乐曲，常常一理好发，就赶快把构思出的新乐曲迅速记下来。他常说：“谁同我一样用功，就会同我一样成功。”

一位上海青年，曾是街道房屋修建队的小木匠，他从补习中学课程开始，达到学完大学数学课程，达到用英、德、日、法、俄 5 国文字阅读数学文献的水平。他利用零碎时间学习，每学完一小时，就在本子上画一条短线，学满 5 小时，写一个正字……终于被破格录取为研究生，1987 年又赴法国深造。

利用零碎时间，要巧妙、得当。等车时间，可用来背公式、记单词。饭后散步可用来观察事物，思考问题。入睡前躺在床上，可以回忆、复习当天的学习内容。

挤时间的办法

现代社会的学生必须认识到：时间是最珍贵的资源，时间就是财富、生命，一切竞争实质上都是时间的竞争，财富可以创造，时间无法复制，机不可失，时不再来。

要在有限的时间内，学尽可能多的知识，办尽可能多的事情，就要学会“挤”时间。挤时间主要有以下七种办法。

1. 以时换时法。

计划用于学习的时间不够时，可以从休息娱乐的活动中挤出一些时间来，但此法限于特殊情况，不可常用。

2. 以人替时法。

有些事可以请他人代劳，就不必事必躬亲。

3. 以物省时法。

运用电话、录音机、复印机、计算机等节省时间。

4. 以钱购时法。

出门坐快车、飞机，请人誊稿子等。

5. 化零为整法。

在某种活动进行时，穿插些别的事，散步背单词，等车看书等，聚沙成塔，集腋成裘。

6. 取消法。

那些可做可不做的事情，那些纯属浪费时间的事情，那些不做不会有什么影响的事情，统统取消。如看电视、闲聊、过于广泛的兴趣、过于广泛的交友，要知道“有所不为，才能有所为”。

7. 统筹合并法。

把能够合并起来的事情，尽量合并起来办，一举两得，几全其美。初中教材中讲的“统筹方法”就是讲在一道大工序中同时进行几道小工序，能挤出许多时间。

挤时间是一门学问，中学生都应钻研这门学问。

捆住时间的盗贼——犹豫

相当多的学生做事犹犹豫豫。我经常和同学们讲：犹豫是时间的盗贼，许多宝贵的时间在犹豫之中溜走了。

犹豫又是机遇的冤家对头，许多良机就是由于人被犹豫占有，它才离人而去的。

好犹豫的人，对事情毫无理由地放着不做。一篇文章，想写又不想写，而不想写，只是由于懒，并不是由于手头有什么别的文章，别的事。

还有的学生犹豫，是因为眼前要做的事中有选择的余地，有大小之分、主次之分，难易之分。犹豫一番之后，主要的事、大事、难事便被往后排了。待到做完次要的事、小事、易事之后，又去选择一些次要的小事、易事去和主要的事、大事、难事相比较。犹豫一番之后，照例去做前者。如此者五六番，大事、主要的事、难事面前始终站着犹豫，放不到该放的位置上。

还有的人，犹豫是由于存在想把事情做得尽善尽美的心理。一件事不做则已，做就要无瑕无疵，尽善尽美，让谁都得给自己叫好，并以为万一出了漏洞便不得了，自己给自己制造障碍。以至于因想不出万全之策，而将该做的工作一直搁在犹豫后面。

个别同学把“谨慎”与“犹豫”用等号连接了起来，认为谨慎就是犹豫，这就使真理多走了一小步，成了谬误。

怎样捆住时间的盗贼——犹豫，我和同学们商量了如下几种方法。

1. 对于懒所导致的犹豫，不妨挑自己喜欢做的事，抓过来先干着。干完一件，再找一件喜欢的事，从一大堆事里往外挑最喜欢的，容易使心理轻松愉快。最终剩两件事时，仍有一件是比较喜欢的，最后只剩了一件事，负担轻了，做起来就容易了。

2. 对于两件事不知先做哪件好所导致的犹豫，立即采取一种较快的选择方式，不妨用扔币（正面朝上则先做甲事）；用倒尺（将格尺立起，尺倒向哪边，则先做哪件事）等简单、迅速的方法来确定。

3. 对于畏难导致的犹豫，则用“明知山有虎，偏向虎山行”的话来激励自己，然后数 3 个数，数完 1、2、3，不管多难，立即开干。这样时间长了，便养成了越是艰险越向前的性格。

4. 对于害怕失败产生的犹豫，则想:“先干，遇到困难再想办法”“先干，干错了再重干”“车到山前必有路，车先走，没路了再找”。

5. 对于欲求“尽善尽美”而产生的犹豫，应认识到世界上难以有尽善尽美的事。一般的事都是有一利便有一弊，有一得便有一失。做一件事，利大于弊，就是成绩。以后越做越熟，才会增利减弊，兴利除弊。

捆住犹豫的方法不少，每位同学犹豫的原因不同，治疗的方法也不尽一致，但大家一定要重视这一问题。有了这种病要早治，要千方百计地治，只要立足治，同学们就会摆脱因犹豫而产生的苦恼，变成坚决果断、雷厉风行的学生。

时间最紧迫时是效率最高之时

我多次向学生强调："时间最紧迫时是效率最高之时。""离规定完成任务的时间越近，学习效率越高。""效率最高之时，是离规定完成任务时间最近之时。"

拖拉是普通人的通病，特别是玩心旺盛的一些中学生，常常面对作业，面对学习任务，寻找借口，先拖一拖再做吧，拖一拖再做吧！先玩一会儿，先看一会儿课外书……

拖到只剩不多时间了，这时才着急。着急时，又有两种选择：有的人想：因为时间不多了，该让自己身体各部器官都进入紧张状态，全身心投入学习，以最大限度发挥潜力。这样的同学容易成为创造奇迹的强者。也有的同学，着急时想：反正时间也不多了，做也完不成，不做也完不成，干脆破罐子破摔，躺倒不干了，这样的同学当然容易成为弱者。

实际生活中，离完成任务时间已经不多，越紧迫，越严格要求自己，非赶快把它做完的心理，能使人产生意料之外的动力，发挥出超常的潜力，创造工作和学习奇迹的例子特别多。俗话说："火灾场里的傻劲""急中生智"。人在紧迫情急之中，往往爆发出超常的体力和智力。有的同学平时做题懒懒散散，边玩边做，半小时的任务，三四个小时还完成不了。但到了升学考试的考场上，那些懒散的学生也变得紧迫起来，学习效率常常是往常的两三倍，甚至四五倍。出了考场，他们常常后悔，若平时有考场上的紧迫感，一定能成为优等生。

了解了时间最紧迫之时是效率最高之时，那就不要在不知不觉玩过了头之后，觉得时间反正不够用就不做了。而要珍惜这个效率最高之时，把它当做发挥潜力的机会。以后，再把目标定得更具体些，多给自己制造点“效率最高之时”。

劳逸结合，张弛有度

积极锻炼是一种休息的方式。适当放松、调剂心情、小睡片刻、闭目打坐也是一种休息方式。会学习、会工作的人都会锻炼身体。会学习、会工作的人都会适度休息。锻炼能提高效率，休息也能提高效率。

革命导师列宁曾说过：“不会休息就不会工作。”

一位心理学家做过这样的实验：

第一堂课他在一班讲了一课，课后把全体同学带到院子里做游戏，让学生得到充分的休息。上第二堂课时，他测验全班同学第一堂课所讲内容，全班平均得 56 分。测验后继续上第二堂课，学生情绪饱满。

第二天，第一堂课他到二班讲了同样的内容，但课间十分钟不让学生休息，布置另外的作业让学生做。第二堂课他以同样试题测验了全班，结果平均只得 26 分。测验后继续讲课，学生表现得无精打采，精力不集中，兴奋不起来。

实验表明，遵循劳逸结合的规律，才能提高效率。大脑的兴奋与抑制合理交替，可以获得较大的“学值”和“逸值”。

“学值”和“逸值”是指在学习、休息的各个方面一点一滴地积累的效果的总结。可以用下面的等式表示：

学值 = 预习 + 听课 + 复习 + 实践（作业实验、考核）+ 总结 + 课外学习六方面所取得的工作效果。

逸值 = 放松 + 交替（兴奋与抑制的交替，学习内容和学习方式的交替）+ 体育锻炼 + 睡眠四方面所取得的效果。

林红同学写的《我学会了休息》一文写出了她的体会。

“考上高中后，我决心努力学习……抓紧一切时间看书、做作业，生怕浪费一分钟……可是高中的竞争比初中激烈多了，无论我怎么抓紧时间，成绩就是上不去，而且退步了。就在我苦恼的时候，学校请校外的老师来讲学习方法课。通过方法课，我懂得了：脑力劳动必须是刻苦学习与积极休息相交替。休息好，是为了学习好；要学习好，必须休息好。学值与逸值是成正比的。

“有了这样的认识后，我重新安排了自己的学习和休息。我课后完全放松，课间操用力去做，课外活动就跑步、打球，直到出汗为止。由于我学会了休息，精力充沛了，上课思维灵活，理解得快，记得牢，效率大为提高。现在我上课感到轻松，有一种强烈的求知欲望，再也不用‘强制’自己‘努力思考’了。

“我学会了休息，因为我理解了休息的真正含义，也学会了多种休息方法。

“积极的科学的休息，帮我恢复了信心，提高了学习效率，使我在学习和身体方面都取得很大的进步。”

愿同学们劳逸结合，使大脑张弛适度，取得优异的成绩。

第七辑

科学预习、专心听课、及时巩固

所谓预习，就是在老师讲课之前，自己预先学习。

预习最大的好处是有助于形成学习的良性循环。预习使同学们变得主动，站在主动进攻位置上的人当然容易打胜仗。一位优秀的中学生说，预习是“合理”抢跑，一开始就“抢跑”领先，争取了主动，当然容易取胜。

预习的好处

——高考“状元”们的重要经验之一

所谓预习，就是在老师讲课之前，自己预先学习。预习可分近期预习和远期预习。近期预习指课前预习和章节前的一两个星期预习。远期预习是指提前一个月、几个月的预习。科大少年班的学生常常提前一两年、两三年自学初高中课程，这也是一种特殊的远期预习。

预习最大的好处是有助于形成学习的良性循环。预习使同学们变得主动，站在主动进攻位置上的人当然容易打胜仗。一位优秀的中学生说，预习是“合理”抢跑，一开始就“抢跑”领先，争取了主动，当然容易取胜。

学习主动，走在前面，心情好，智力好，自学能力强，于是成绩好；成绩好了，学习更主动，智力更好，自学能力更强，学习兴趣更浓，成绩更好，良性循环链便形成了。

不预习，某些内容可能听不懂，一个地方卡住，别的地方可能感到茫然，课后作业困难大、错误多、学习被动、成绩不好。成绩越不好，越没时间或不愿预习，上课越没劲，作业越困难，自学能力越差，成绩越差，恶性循环链于是形成。

生活中的事物都在运动发展，不是良性循环，便是恶性循环。此种规律，美国社会学家罗伯特·默顿管它叫“马太效应”，是指“对富有者还要再给，对一无所有者继续剥夺”。学习上的“马太效应”便是随着年级的升高，“对成绩优秀的还要使他更优秀，对成绩落后的还要使他更落后”。而要形成良性循环，对大部分学生来说，狠抓预习，便是抓住了“牛鼻子”。

詹松同学总结预习有五点好处：

第一，预习可以培养自学能力和独立思维能力。因为预习是自己独立地接受新知识，需要自己独立地阅读和思考，这就要有较强的逻辑思维能力。在阅读教科书时，只有经过独立思考，才能搞清思路，抓住要点，解决难点。预习时有些地方没弄懂，听课时就会受好奇心的驱使格外留心，一旦理解了，思想上豁然开朗，印象就特别深，可以久记不忘。有时预习自己认为已经明白了的内容，听课时会发现自己还没有完全理解，因而引起进一步的思考，甚至发现新的不理解的问题，这对深化学习和提高理解能力是十分有效的。

第二，预习可以直接提高效率。首先预习可以发现自己知识的漏洞。通过复习有关旧知识，弥补了漏洞，这样能扫除知识障碍，使自己听课时精力能很快集中到新知识上面去。这样就可以避免再翻书查找，省去课上许多时间。例如，高二化学讲到《电解质溶液》一章时，同学对于“电解质”和“电离”等初中讲过的概念可能记不清了。如果不进行预习，那么课上就不能很好地理解“强电解质”和“弱电解质”，以及“弱电解质的电离平衡”等理论。

第三，预习能开拓思路。经过预习，已经心中有数，容易跟上老师讲课的思路，甚至可以跑到老师思路的前面。要跟上老师的思路，就要开动脑筋，多问自己几个“为什么”。讲到一个新概念，就想一想它是怎样建立起来的，与它相关的概念有哪些；讲到定理，就想一下它是怎样推出来的，适用范围是什么，等等。有时预习得比较好，对所讲的知识比较熟悉，就可以跑到老师思路前面去，想一想下一步他会怎么讲，然后在继续听讲中加以对照。

由于思路开拓得好，听课效率就提高了，老师布置的作业能顺利地完成，这样自由支配的时间就增加了，学习就主动了。

第四，预习可以提高记笔记的水平。老师讲的内容大部分书上都有，由于做过预习，知道哪些内容书上有，哪些没有，就可有选择地记好笔记，或用笔在书上画重点、做记号，或记下简略的提纲，而把大量的时间用于思考。这样做比把时间大量用在埋头记笔记上要强得多。

第五，预习能增强记忆效果。预习时无论对看得懂的知识还是看不懂的知识，都经过了独立思考，有了初步的印象，再加上课上老师的讲解、分析和自己进一步的学习，理解更为深刻了。理解的知识是容易记住的，特别是经过努力而攻克的知识更容易记牢。另外，预习加强了新旧知识的联系，使新旧知识组成合乎逻辑的知识体系，这也有助于记忆。

开展自学竞赛

阎秀君同学是我们班的“小不点”，因家搬回沈阳而告别同学们，全班同学送她到车站，许多同学落了泪。她回沈阳后，想念同学们，不适应新班级，多次来信，我也几次去信安慰她，鼓励她自学，报告我们班同学自学竞赛的情况。

“从今年 1 月寒假起，咱们原班同学就开展自学竞赛了。因为一个人一生中只有约五分之一的时间是在校学习，学龄以前和成年以后主要都靠自学，没有自学能力，将来就不会获得更多的有用的知识，已经学了的知识和自己工作的实际也常常挂不上号。想到将来，同学们自学的劲头更高了。田冶在开学前，就自己做完了第四册数学的全部习题，王天飞写完了语文 36 课的阅读提纲，王惠玲、王丽艳等 5 名同学到 3 月 5 日为止，自学完了第四册数学，演算完了全部习题。何实、孙海波 3 月中旬已经开始自学下学期物理了。大家你追我赶，谁也不肯落后，连最慢的柏青，开学时也已经自学完了指数部分，该学对数了。你还记得王东晨吧，他自学的劲头也很高，自学竞赛还是他打的先锋呢！春节前他就已经自学完指数、对数了，刚开学，他就做完了‘相似形’的全部习题。

“大家总结出了许多自学的好处：可以增强信心，由必须依赖老师到敢于自己走路；可以锻炼大脑的思维能力；可以培养注意力；能更扎实地掌握知识；一个章节，自学一遍之后，不懂的地方听课时就格外留心……你愿意自学吗？试一试吧！课本上的大部分知识，靠自学保险能学会。”

这种自学，其实是整册书的预习。20 多年来，我坚持组织这种自学竞赛，以增强学生的主动性、自觉性。越自学，学生的学习兴趣越高。

学会画知识树，把厚书读薄

有的学生说，语文课是豆腐课。意思是说水分大，无效劳动多。有的学生将语文课比喻成弹簧，意思是说可伸可缩，可长可短。《故乡》这篇文章，有的教师讲一课时，有的讲三课时，更有的讲五课时，还觉得意犹未尽。

学生普遍感到，别的学科，知识结构清楚，每天、每节课讲的知识都一环扣一环。少上两节课，心里就很着急，怕落下课程。语文呢？有的学生说："别说少听几节课，就是一个月不上语文课，我的语文成绩还是原来那样。"

语文教材的一篇课文，可以涉及很多知识点，讲得再长些，也有东西可讲。另一方面，中语教材中的任何一篇文章，删掉不学，也不会对提高语文成绩有特别大的影响。于是学生感觉学语文不像其他学科那样目标清楚，不像其他学科那样每节课都有实效。

我常想，我们去一个遥远而又陌生的地方时，通常都要带上一张地图，一路上看地图，明方向，定目标，选择最佳路线，才能少走冤枉路。节省时间，顺利到达。

学语文的时候，学生也应该有这样一张"地图"。思维的汽车在知识原野上奔驰时，有了这样一张"知识地图"，目标才明确，才能少走冤枉路，走的路程越远，地图就显得越重要。

我开始引导学生画语文知识结构图，我们用树的形式来表示知识结构。于是同学们也管它叫"语文知识树"。

怎么画？我先请同学们把初中阶段的六册教材集中起来，后几册教材还没学，没有书怎么办，就请大家去跟已经毕业的亲属，跟邻近的哥哥姐姐们去借。

刚开始，学生们面对着六本教材，画不出来。画了一棵语文知识树的主干，什么是支干呢？有的同学把每课书都作为一个支干，这样画出来的知识树，不像一棵树，倒像一根长长的羽毛。

后来，我同同学们多次讨论，认识到六本教材，180 课，200 多篇文章（包括诗词），作者的主要意图，不仅仅是让我们读懂一篇篇文章，更重要的是通过学习教材，使我们掌握系统的语文知识，提高听说读写能力。

六本书中系统的语文知识大致有四部分：基础知识、文言文、文学常识、阅读和写作。这是第一层次。

再进一步分析，就会发现，基础知识还包括语音、文字、词汇、句子、语法、修辞、逻辑、标点这样八个方面。文言文包括字、实词、虚词、句式四个方面。文学常识包括外国、古代、现代、当代四个方面。阅读和写作包括中心、选材、结构、表达、语言、体裁六个方面。这是第二层次，共 23 个方面。

再进一步分析，每个方面又包括基本知识点，如语法，就包括词类、词组（现在叫短语）、单句、复句四个知识点。这是第三层次，大约 130 多个知识点。

打个比方说，这张语文知识结构图，像中国交通图。第一层次的知识像省（自治区），第二层次的知识像市、地区，第三层次的知识像县，第三层次以下，还有更细密的知识点，好比乡镇一样。

学生将教材知识划分为不同层次，再把握住了一、二、三层次这些主要的知识，总体语文教材怎样读，总共要学哪些知识，哪些先学，哪些后学，哪些是已知的，哪些是未知的，就可以做到心中有数了。

这样，学生就可以驾驶着思维的汽车，在知识的原野上奔驰，一个层次一个层次，一个类别一个类别地征服语文知识目标，就不会感觉语文知识混乱而无从下手了。

语文知识树，学生画得不一样，有的认为该画 4 部分 19 项 108 个知识点，也有的画了 4 部分 21 项 120 个知识点，后来我们暂且统一为 4 部分 22 项 131 个知识点。

同时，我还引导学生画数学知识树、物理知识树，目的在于培养学生把厚书读薄的能力，从总体上把握某一个学科的知识系统，胸有全局，重点清楚，不容易出现大的知识漏洞。

胸有全局，重点清楚，就不至于一叶障目不见泰山，在知识末梢上过多地消耗精力和时间，到头来，反倒没有多少精力去学习重点知识了。

要学生有把厚书读薄的能力，教师先要有把厚书读薄的能力。校内，我要求各科教师，一定要善于把厚书读薄。到教委，我要求教师进修学院的教研员们，一定引导全市教师具备把厚书读薄的能力。要把自己教的那一学科的几册书读成一册书，再把一册书读成几页书，最后把几页书归纳成一页纸。教师有了这种能力，自然容易引导学生具备这种能力。

学生有了把厚书读薄的能力，再练习在要点上把书读厚，就越学越主动，越学越容易掌握规律，越学效率越高。

学会自学整册教材

每学期开学第一节语文课，我都喜欢问学生："这册新书学得怎么样了？"很多同学回答："自学完了！""自学完了怎么办？""期末考试，检验自学成果。""什么时间考？""明天！"

有时我们开学第二天就进行"期末"考试，所谓期末考试，就是在半年前，用本册教材的期末试题考学生，以检测假期中学生自学这册教材的效果。

考试之后，学生们大都不相信这就是期末试题，他们觉得题浅，没想到自己的自学效果会这么好。

20 多年来，我一直引导学生自学整册新教材，我请教导处在放假的时候，就把下学期的新教材取来，发给学生。

有的同学学语文缺乏整体观念，说不清楚一册教材中主要学些什么。

这样，学每篇文章的时候深浅度就掌握不好，该认真学的没有认真学，课文中不需深究的地方却又用了很多时间去纠缠。

怎样从整体的角度学一册语文教材呢？拿到新书以后，我引导学生做的第一件事就是写教材分析。比如初二学生，上学期发第三册教材，就叫作《第三册语文教材分析》，共分为六个部分：

1. 列生字表。

生字表一般指教材下面加拼音的字。把现代文生字和文言文生字分开列表。如果有兴趣、有时间，也可以再找一找，没加注音的字还有多少不认识的，也列入表里。第四册教材现代文生字共 120 个，文言文生字共 85 个。

2. 列新词表。

把课文中加注解的词中需掌握的词列成表。重点是动词、形容词，必要的名词也列入表内。现代文和文言文也要分开列。第五册教材，现代文需掌握的新词共 99 个，文言文需掌握的新词共 169 个。这些词不仅列表，还要在教材上依次给它们编上号，这样容易引起注意，还能明确自己的学习进度。

3. 单元分析。

统计本册教材共几个单元，记叙文、说明文、议论文、文言文等各占几单元。这样能明确本学期文章体裁的重点。

4. 习题归类。

统计每篇课文后的练习题总数共多少道，再将这些题分成 4 种类型，分别统计出数字。字、词、句训练题多少道，语法、修辞、逻辑训练题多少道，听说训练题多少道，读写训练题多少道，一般说来每册书约 140—150 道题，要掌握的约 100 道题。

5. 知识短文归类。

本册教材，知识短文一共多少篇，其中读写听说知识短文几篇，语法知识短文几篇。

6. 书后附录。

写清本册教材的书后附录是什么，对我们学好语文有什么作用。列文学常识简表。按照时代顺序，列出这册教材涉及的作家、诗人的名字、身份，作品名称，节选自何处，有何名句，作品体裁，外国作家要单列出来，写清他们的国籍、生活年代、作品名称和体裁。

写这样一份教材分析，篇幅在1500字以内，初次写一份需3小时左右，以后每册新书都写，效率就能高些。

教材分析完了，每位同学再制定一个假期自学时间表，每天拿出半小时学语文。

学什么？首先学在教材分析中所列的生字表、生词表、文字常识简表。这些知识老师不讲，学生自己也能学会。如：学会了文言文的字词，这册书的文言文不靠老师，学生大体上也能翻译了。然后自己读知识短文，课后的字、词、句及其他基础知识训练题也可以试着做。要求背诵的课文，也不用老师教，开学前就开始背诵了。

这样，到开学的时候，一本新书中主要的知识大部分都掌握了。

再具体些，每位同学还要将每天自学任务和具体时间联系起来。按中学生的记忆能力，倘若全身心去记，每分钟记住5个字或3个解词，两分钟记住一课书必要的文学常识没问题。倘若静下心来，平均5分钟能做完一道课后练习题。

按第四册教材分析所列自学内容，所需时间如下：记住现代文的120个生字需24分钟。文言文85个生字需17分钟。现代文生词99个需39分钟。文言文生词169个需57分钟。文学常识涉及27位古今中外作家，记住需54分钟。重点课文，后面要做的练习题共62道，需310分钟。6项合计共需495分钟。按每天自学30分钟计算。需16.5天。

总体时间如此，学的时候当然要加以穿插，例如现代文生字和现代文解词穿插起来学，120个字加99个词可能用不了57分钟。另外，倘若每天学15分钟字词，再学15分钟其他知识，效果会更好。按穿插后的时间，制订出每天自学什么、学多少的计划，学习起来就不忙乱了。

暑期30天，16天多一点就学完了，剩下时间怎么安排呢？那就用来复习吧！以上所说是第一次记住所需的时间。有的字词，有的练习题只记一次，做一次就不容易忘。例如："大意失荆州"这个成语，看一遍就能记住，过后也不容易忘。而“茕茕孑立，形影相吊”这个词，要看两三遍才能记住。时间长了不复习，解释得又不准确了。这样记忆不牢固的知识，就用剩下的时间多复习几次。

该记的都记住了，还没开学，还怎么自学？那就自己翻译文言文。文言文生字记住了，生词会解释了，翻译时不会感觉难。倘若一篇文章有几处译不出，就提前打上标记，开学再问老师，这样翻译文言文的能力会越来越强。

学习兴趣与学习方法、学习效果紧密联系，互为条件，互为因果。学会了自学一册书的方法，兴趣就高；学习兴趣高，效果就好；效果好了，兴趣能更高，良性循环链就这样形成了。

开学就举行“期末”考试，多年前我刚开始这样做的时候，有人认为不遵守教学计划，违反教规。我则仍旧认为，学生学得积极、主动、轻松、效果好，违反一点常规办法也是好事。老祖宗用牛拉犁过去也是常规，现在不是有许多新办法来替代它吗？

有一年，我们班学生刚升初二，用这种自学整册教材的方法，一个月时间学了两册书，去参加初三基础知识竞赛，在35所竞赛学校中，只有我们是初二学生，其余均为初三，我们获总分第七名。

许多老师问：“魏老师，你觉得你这些具体教法中，哪种方法对提高考试成绩最有效？”说心里话，我觉得引导学生自学整册教材的方法最有效。

人生不到两万天，学习高效在筛选

有的同学让家长买了中外世界文学名著，要读完；订了几十种杂志，想全看；买了钢琴，要会弹；买了多种健身器材，想全练；买了多种棋类，买了颜料画板，买了最新型号的电脑……想成为全才，想样样精通，结果呢？一样也不精。想学的太多，战线过长，什么都想抓，结果什么都没抓紧，甚至可能什么都抓不住。

“吾生也有涯，而知也无涯。”古代人尚且知道这个道理，现代人更应该明确。应该牢记：自己的生命在浩茫的宇宙空间极其渺小，在悠长的历史长河中极其短暂，而未知的世界无比宏大，待探索的课题无比深远。现代社会的人都要有勇气，也应实事求是地说：“在我专业领域之外的领域内，我很浅陋，无知。”

为什么？人生太短暂了。

我喜欢同什么都想干的人算时间账。其实，一般人一生有效工作时间只有 1 万天。按咱们中国每天 8 小时的工作制来算，有效工作时间仅仅是 8 万小时。

因为每周 5 日工作，每年 52 周，则为 260 天，去掉节假日，合计为 1 万天。若按 20 岁参加工作，60 岁退休计算，则一生工作 40 年，合计为 1 万天。

孩子的学习时间是多少呢？如果从 1 岁开始学习到 20 岁，那就是 20 年，共计 5000 天，4 万小时。

两者相加，有效学习和工作时间才 15000 天，12 万小时，720 万分钟，43200 万秒。

这确实是很有限的，尤其是面对信息量极大的现代社会。

单说读书吧。不要说科学类、技术类的书籍，单是文艺类的书籍中的小说，据统计，中国各级作家协会共有作家万余人（这是保守的数字）。如果这些作家每人一辈子只写一部长篇小说的话，一个学生不读外国人的小说，不读古人和去世的作家写的小说，只读这些活着的作家写的小说，别的什么事都不干，两天读完一部小说的话，那么从 1 岁开始读，读到 70 岁，也还是读不完。

再说报纸杂志。据《光明日报》报道，仅中国报纸杂志到“十五大”召开前，公开发行和内部发行的总计已达 26000 种，一个学生每一种杂志或报纸只要看一天，看到 100 岁也看不完。

过去我曾经觉得“读万卷书，行万里路，交一万个朋友”这话说得有道理。后来我觉得这是一个人的生命所不允许的。走万里路还可以，5 分钟一里路，万里便是 5 万分钟。

读万卷书便成了问题，世界文学名著司汤达的《红与黑》是 52 万字，朗读一遍，来不及思考便是 42 小时。这样的小说，人一辈子什么事都不干，从 1 岁到 60 岁还朗读不完 3000 部，更不要说读科技类等难懂的书籍了。

交一万个朋友就更成问题。每天什么事都不做，时间全都用来交朋友，平均每位朋友只能相处一天半的时间，朋友再有困难您也不可能帮助了，因为你没有生命了，你说这够朋友吗？

也许有的同学说："魏老师，你也说过，人的脑子有巨大的潜力，有 140 亿个脑细胞，最伟大的科学家也只不过用了 10%，我们可以开发潜能，多做实事。"

其实，那只是激励那些认为自己脑子不够用的学生发奋学习的一个理论数据。

事实上，人的脑细胞很难都得到工作的机会。人对自身的认识，尤其是对大脑的认识还很肤浅。但就目前来看，对一般人来说，能够把 10% 的脑细胞用好已经很难了。10% 就是 14 亿个脑细胞，如果一个脑细胞只给 1 秒钟的工作时间，那么一辈子也用不了 10 亿。

人的生命确实太短暂了，人用自己的全部生命，什么事都不做，只是听取别人的建议，那么目前活着的中国人只要五分之一提建议，你逐条去听，还没听到两亿条意见，生命就结束了。

人的生命是常量，知识、信息却是变量。现代社会信息量成倍增加，有一项统计数据表明：自古希腊以来，我们世界累积的信息估计已经增加了 1000 万倍，到下个世纪很可能还会增加 1000 万倍。这只能是意味着更高度的专业化和文艺复兴时代理想完人的死亡。

原始社会的人穴居山林，面对有限的信息；农业社会的人，步行前进，面对周围信息多了许多倍；工业社会的人，乘着马车奔跑，面对世界日新月异；信息社会的人，如同乘高速列车奔驰，外部世界分分变化，秒秒不同。知识爆炸，信息骤增。五花八门的媒体，乱七八糟的信息，滚滚而来的知识，争先恐后地想挤入人的大脑。

现代人必须有极强的筛选能力，才能抵挡得住无效，甚至有害信息的干扰、冲击，才能从纷纭芜杂的信息中选择到真正有益于自己的信息。

首先，不能以全知全能的标准来要求自己。要认识到，在现代社会，有的问题我是内行，更多的问题，我一无所知，这样才能避开那些乱七八糟的信息的干扰。

其次，要注重基础。社会不管怎么变，信息量不管怎么增，一些基础的东西也不能丢，一些基础的知识对所有的人来说都是重要的，例如：德育方面，人们对真善美的追求，远大的理想，宽阔的胸怀，坚强的意志，必胜的信心，是古代人就追求的，再过1万年、1亿年，也是人类共同追求的，至于追求过程中有的人给它起了“非智力因素”“情商”这些新名词儿，你有时间就去研究，没时间，只记住那些朴素的智育内涵就可以了。智育方面，文字，词汇，加减乘除，物理化学的基本公式……政治、经济、地理的基本知识是每个现代人都要掌握的，基本的知识没掌握，千万不要忙着去猎奇。主干的知识没掌握，不要忙着去研究一道道的叶脉。

最后，在“专”的前提下，再去“博”。对自己特长的学科钻进去了，钻得深了，才会在现代社会站稳脚跟，找到自己为人类做贡献的立足点。有了这个立足点，再多学一些专业知识，才有意义，有价值。

循序渐进，打好基础

有人在中学就学量子力学，算不算雄心壮志？这可能太早了些。不了解力学，不了解微积分，而自以为可以读懂量子力学，这是不可想象的事。我们要扩大眼界，但是先不要忘记自己的知识水平。学习必须踏实，不能踏空一步。踏空一步，就要付出重补的代价；踏空多步，补不胜补，就会使人上不去，会完全泄气。

苏联心理学家巴甫洛夫说：“要循序渐进。我一谈起有成果的科学工作者具备的这个重要条件，总不能不感到心情激动。要循序渐进，循序渐进，再循序渐进。你们从一开始工作时起，就得在积累知识方面养成严格循序渐进的习惯。”“如果还没有充分领会前面的东西，就决不要动手搞后面的东西。”

我国著名数学家张广厚上小学时，算术成绩比较差，没考上初中，但他不因此而自暴自弃，他深信天才是勤奋，所以“笨鸟先飞”，重新学习小学算术，一点一滴打基础，以双倍的精力补上了小学的算术，打好了基础，考上了初中。到了中学后，他不企求在科学的道路上找到什么“捷径”以便一步登天，也不幻想有朝一日“眉头一皱，计上心来”，搞出什么“创造发明”，而是以只争朝夕的精神，一步一个台阶地苦练数学基本功，终于考上了北大数学系，得到了继续深造，成了我国著名的数学家。

无产阶级革命家董必武，67 岁时重新学习俄语，他把生词每 5 个写在一张卡片上，风趣地称作一个小队，10 个词称为一个中队，20 个词称为一个大队，两个大队称为一个联队。他先从小队学起，然后进入中队、大队、联队，在有限的时间里，竟牢牢记住了 10500 个单词，掌握了俄语。

意大利文艺复兴时期的著名画家达·芬奇从师学画，老师天天叫他画鸡蛋，开始他有点不耐烦地问为什么总是让他画鸡蛋，什么时候才能画完。老师说，别以为画鸡蛋容易，其实一千只鸡蛋里头没有两只相同的，即使是同一个鸡蛋，只要换一个角度，形态也不尽相同。例如把头抬高一点，这个鸡蛋椭圆形轮廓就有差异。所以要在纸上准确地表现出来，非下一番苦功不可，这个基础必须打好。基本功要练到画笔能熟练听大脑指挥，得心应手，才算功夫到了家。达·芬奇听了老师的话，更加刻苦地画鸡蛋。经过两三年时间，把基本功练得相当过硬，终于成功，创作出如《蒙娜丽莎》《最后的晚餐》等举世公认的杰作。

遵循循序渐进的原则，应从以下几点入手：

1. 按照科学知识的逻辑体系学习。

任何一门学科都有各自的结构体系，任何知识本身也都有严谨的逻辑序列，体现着由低级到高级、由简单到复杂、由具体到抽象的逻辑层次，我们必须按照由易到难、由简至繁的结构顺序一步一步下去。走得太快了，深入不下去时，不妨回过头来看看过去的知识，常常会有“柳暗花明又一村”的感觉。

2. 按照人的心理发展规律组织学习。

儿童随着年龄的增长，大脑也逐渐发育成熟，中学生的身心发展正处在人生最关键的阶段，接受能力还有一定的限度。如果不考虑个人的心理、生理条件，不科学地加班加点，在题海中挣扎，在过多过滥的复习资料中搏斗，这样不但不利于学习，还会使自己的身心都受到伤害。

3. 认识循序渐进的特征。

学习要从感性到理性、从具体到抽象。学习知识尽可能先感知那些看得见、摸得着的事物。小孩子看图识字，中学生上实验课，都是先从感性、直观具体的实物开始，然后再从中抽象出共同的本质属性。

学习要从低级到高级、由简到繁、由易到难、由浅入深。前一部分知识是后一部分知识的阶梯，只有踏踏实实，先从 1234、ABCD、加减乘除学起，从最基本的功夫练起，才能打开科学大门。

不动笔墨不读书

有的中学生喜欢读小说、中外名著，几十部上百部地读，但别人问他这些书主要观点好在哪里，差在何处，他却张口结舌，无言以对，努力搜索，感觉如枯肠。这样读书，自己的脑子只起了一个漏斗的作用，读得再多也只是过了一遍，没留下什么东西。

要把读过的书变成自己的东西，就得学会做读书笔记。俗话说，不动笔墨不读书，最淡的墨水也胜过最强的记忆。

富兰克林说：读书之时，宜备笔记与小册子，遇新奇有用之典故词句，即用简短之语摘抄在上面。这个办法有三点好处：一番手抄，凝神酌句，记忆更牢；日后行为演说，可以引用；即使没有实在效用，也可增加社交趣味。

马克思为写《资本论》，阅读和摘录了 1500 多本书，共做了 65 本笔记，仅经济问题的摘要和批注就有 800 多页。他对当时 70 位经济学家的著作，几乎都做了详细的摘要，他读书时，常常折叠书角，画线，用铅笔在页边空白处画满记号。他用画横线的方法，能够非常容易地找到自己需要的地方。

清代杰出的文学家蒲松龄快到 40 岁了，才开始从事文学创作。因家境贫困，没有书就借书，借到的好书，他就抄下来，反复读。他认真听，认真记录民间流传的怪闻异说，积累了大量笔记资料。经过 20 多年的搜集、整理、加工、反复修改，直到 70 多岁，才写成了《聊斋志异》这部杰作，成为中国文学史上的著名作家，并扬名国外。

怎样做读书笔记呢？大致有以下几种形式：

1. 原书空白记。

如果书是自己的，看到重要的地方，或者自己体会深刻的地方，随时随手在书页空白处记上要点，加上批注，写上感想。

2. 画符号。

这是一种比较简单、容易的笔记，通用的符号有画线（直线、双线、曲线和不同颜色的线）、圆圈、双圈、交叉、箭头、方框、三角形。还有着重号、问号、叹号等。每种符号可按自己的习惯、爱好，分别代表自己要表达的意思。

3. 摘录。

把书中自己喜欢的句子、段落或重要的地方，诸如论点、结论等摘录下来。

4. 全抄。

将原文一字不落地抄下来，明末清初的大学者顾炎武，从 10 岁起就跟祖父读《资治通鉴》。此书 300 多万字，他不但读完，了解了书中的意思，而且把全书重抄了一遍。

5. 列提纲。

根据文章每章节每段的内容，按照它的前后次序，列出一个大纲，它能帮助我们增强筛选知识、把握重点的能力。

6. 剪贴。

就是把自己所需要的资料，从报纸杂志上剪下来贴在本子上，这也是一种读书笔记，可根据需要进行分类张贴。科普作家叶永烈说：我订有许多报刊，养成了剪报的习惯，即把报纸杂志上有参考价值的资料剪下来，分类贴在笔记本上。我的剪报达 20 多类。例如，我写一篇以熊猫为题材的中篇科普幻想小说……就剪了几十篇关于熊猫的资料。

7. 做卡片。

把自己所需要的内容记在卡片上，它是积累知识最简便、最有效的方法。积累多了，归纳分类，综合利用。也有的把摘录的内容记在随身携带的纸条上，这种办法适用于旅行途中看书、看资料等。

8. 札记。

读了一些书籍后，写下它的要点、体会、心得、感受和疑问，称为札记，其形式灵活、内容多样、可长可短。如列宁的《哲学笔记》，清朝学者顾炎武的《日知录》等，以及报刊的书评、读后感，均属于这一类。

另外，根据不同的兴趣、爱好、习惯，还可写心得笔记、专题笔记、综合笔记、索引笔记、图表笔记。还可以写以考证、议论、记事为中心的笔记。

以上这些笔记形式，各有各的长处，我们可以根据自己的需要选择。写读书笔记会有一个从不会到会，从不熟练到比较熟练的过程，刚开始写，可以选自己喜欢的形式，可以简单地写，慢慢养成习惯，读书效率会越来越高，书才容易变成营养，被你吸收，变成你的筋骨血肉。

“四遍八步”读书法

读一篇文章的方法很多，有“浏览法”“设疑法”“五步读书法”“十步读书法”“圈点摘要法”等。各种方法都有独特的长处，都需长时间使用，才娴熟，才高效。

我喜欢向同学们介绍“四遍八步”读书法。四遍，就是每篇文章读四次；八步，就是完成八项任务。

第一遍，跳读。

完成两步任务：①识记作者及文章梗概。②识记主要人、事、物或观点。应达到每分钟读完 1500 字的速度。

第二遍，速读。

完成第三、四步任务：③复述内容；④理清结构层次。每分钟要读完 1000 字。

第三遍，细读。

完成第五、六、七步任务：⑤理解字、词、句；⑥圈点摘要重要部分；⑦归纳中心思想。读的速度，一般跟朗诵相同，每分钟 200 字。

第四遍，精读。

完成第八步分析文章写作特色的任务。根据需要确定读的速度，或一带而过非重点部分，或仔细推敲品味重点段落、关键词语。

每篇文章都要读四遍吗？当然不是。有的浅显的文章，如《人民的勤务员》，读两遍就能完成八步任务了，何必再多读呢？有的文章如《岳阳楼记》读了五六遍，也还是不能全部理解其中的妙处，自然还应再读。读每篇文章也不是非要完成八步任务不可。有的文章只要能记住梗概，复述大意即可，如《连升三级》，又如课外阅读报纸杂志上的大部分文章。有的则除了八步任务，还要完成其余的任务，如《论语六则》，我还给学生介绍《论语》在世界文化史上的地位。

"四遍八步"读书法是适用于经过训练的学生的方法，绝不是适应所有学生的方法；是适用于大部分文章的方法，绝不是适用于所有文章的方法。

也有的同学，一开始就细读、精读，然后再速度、跳读，他这样读惯了，就一直坚持下来，效果也不错。但对还没养成读书习惯的同学来说，还是先跳读、速读，更适合当今时代的需要。现代社会信息量大，世界报刊十几万种，仅中国到"十五大"召开时公布的资料显示，我国公开和内部发行的报纸和杂志已达到 26000 余种。显然这么多种报刊我们只能选择适合自己的十几种来读，即使这十几种中的绝大部分文章，我们也不可能一一精读。大部分文章在跳读过程中，觉得无深究价值，就不再支付时间去细读、精读了。

刚开始跳读、速读，可能不习惯，因为平时一字一句地读惯了。要改变一字一句认读的习惯，刚开始练，可以只求其快，不求记其多。如读《制台见洋人》一文，全文近6000字，要求4分钟读完，宁肯只记住一个人，一件事，以后训练时间长了，你的速记能力、理解能力、概括能力都能增强。

上课先“定向”

我强调“定向”是一节课第一重要的环节。

我经常把人的大脑比作汽车，一节课45分钟，老师要引导学生思维的汽车驶向何方，行驶多远的路程。不同型号、不同质量的汽车要有哪些区别，这显然是至关重要的。

有的同学上课睡觉，或者上课时听不进去，老师在上面讲，他在下面看课外书，或偷偷跟同学说闲话。主要原因都在于上课没有明确的思维方向，不知自己该干些什么。老师讲的目标超出自己的实际，不愿用力追，也有时老师讲的自己已经懂了，自己不设别的目标，于是大脑也处于方向不明状态，这样下来，一节课当然没有收获。

有一位数学教师，在初中一年级的一个班上进行过一次实验。他在课上教了四个基本概念，并在明确教课的具体任务时告诉学生，最后要当堂检查，看看大家是不是都掌握了。在这种情况下，绝大多数学生都对自己提出了十分明确、具体的学习目标：要当堂搞懂和记住所学习的内容。经当堂出题检查，全班40人，得100分的22人，95分的10人，90分的4人，85分的1人，60分的3人。这说明90%以上的学生的课堂学习效率是比较高的。

一周之后，这位教师讲课前没有提示要当堂检查，一部分学生就放松了对自己的要求，尽管这堂课学习的内容比上次容易一些，但当堂测验的成绩却明显地下降，得 100 分的只有 5 人，不及格的却出现了 7 人。

教师没变，学生没变，教学内容又比第一堂课浅，为什么第二次的课堂学习效率明显不如第一次呢？显然是因为学生第二堂课没有明确、具体的学习目标，而放松了对自己的要求。

怎样定向？

我反复要求全校各个学科教师，一定要从学生的实际出发，确定一堂课的教学目标。把重点目标写在黑板上，以使学生一目了然。这是针对大部分学生的。

除此之外，还要大致有先进学生和后进学生的学习目标。这就是我所说的，每堂课都要有三类学生的学习目标，以使每位学生每节课都能学有所得。

先进学生可以不跟老师的进度，而往下预习或做难度更大的习题，加深加宽知识面，而不至于跟着大家一起重复自己已会的东西，做无效劳动。后进学生也可以不跟上老师的进度，而做一些从自己实际出发的基本知识、基本能力的题，以不断超越自我，而不至于因跟不上老师的进度，而躺倒不干，纯粹陪坐。

尽管这样要求老师，有的老师由于不深入实际，还是只有一种目标，怎么办？那就只好学生从自己的实际出发，确定自己 45 分钟掌握几个知识点，做会几道题，背熟哪个概念，以避免陪坐一无所获。当然一般情况下，老师确定的学习目标还是符合学生实际的。

“五到”听课法

陈洪琴每天上学往返要 40 里路，路上显然用去许多时间，可她的成绩却比许多家在学校附近的同学好得多，她考上南开大学后，我让她和张晓星同学组成互助组。她向张晓星介绍经验说：“关键在于用好课堂的时间，不要把希望寄托在课外、寄托在延长学习时间上。用好课堂时间，就要认真听课，听课时力求做到‘五到’：耳到、眼到、口到、手到、心到。”

许多学习优秀的学生介绍自己的学习经验时，都曾谈到过“五到”听课法。

耳到即耳听。注意听老师的讲授，听同学的提问，听大家的讨论，听同学的不同见解，听老师答疑。

眼到即眼看。认真看教材，看必要的参考资料，看老师的表情、手势，看老师的板书，也可以看优秀同学的反应。

口到即口说。复述老师讲的重点，背诵一下重要的概念、定理，大声朗诵老师指定的段落，大胆提问，大胆回答老师的提问。

手到即手写。写老师讲授的重点，抄有价值的板书。听课时，边听边在教材上圈圈重点，批注一下感想，画一画难点。

心到即动脑筋，对接触的知识积极思考。

上海市高考理科状元王峻，在介绍学习方法时说：“许多人相信‘题海战术’，以为做遍天下题，就能笃定应付考试。我却认为这样反而违背了学习知识的本意。其实，学习的关键是理解，只要做到每一堂课真正掌握教师教授的内容，不欠账，就能学好功课。每堂课的 45 分钟我都是集中全部注意力，做到五到。高效率地听和思考，往往当堂就能理解并掌握所学的内容。回家后再做几道练习题，就忘不掉了。一旦碰上弄不懂的地方，必定要搞得一清二楚。所以，步步为营，不欠账是很重要的。因为数、理、化这三门课的系统性都很强，前面的知识不掌握，后面是听不懂，也学不好的。特别是数学，它是一门循序渐进、累积性很强的科学。”

耳到、眼到、口到、手到、心到，多种感觉器官并用，多种身体部位参与，自然加强了大脑不同部位参与上课的主动性，大脑处理信息的能力也加强了。

带着问题听课法

1981 年，清华大学举行出国研究生考试，夺魁者六门科目总分突破 500 分。外语成绩超过了清华大学本校的外语尖子，获得留美研究生资格。

他叫范明顺，武汉电子学院的学生，当时 21 岁。他不是专家、教授的后代，是一名土生土长的农村娃。在入大学的摸底考试中，他的外语成绩为 0 分，其余科目成绩也不太理想，他是怎样取得惊人进步的呢？主要经验之一就是他总是主动地带着问题听课。

这种方法适用于授新课、综合课。上课前要认真预习，阅读教材，把不懂的问题记下来。这样，上课时老师讲些什么，哪些自己已知了，哪些需要弄个明白，做到了心中有数。上课时，听讲就有了针对性，已经明白的问题，听了等于复习一次。到自己不明白的问题，就听得格外仔细、认真。如果老师对这处难点讲得不细、不透彻，你还可以在课堂上及时提问。你不会的东西，也常常是大多数同学不会的东西，既代表了同学们的心声，又帮助老师了解学生情况，抓住教学中的重点难点。如果你提的问题，不具有普遍性，老师征求别的同学的意见，大家认为没必要在课堂上再讲一遍了，那也不要紧，你还可以课后再个别向老师请教。

我上课的时候，特别喜欢学生提问题，有时，我故意不讲重要的知识点，然后问："大家还有什么不懂的地方？" 那些学习优秀的学生常常争先恐后地提出我漏讲的问题。学生带着问题上课逐渐成为课堂的主人、学习的主人，大大提高了课堂学习的效率。

要点听课法

我的学生们都议论："王磊的数理化成绩一直领先，是因为他会听课。"

有的说："他该听的时候听，觉得听了没用时，便低头做自己的习题。"

我问王磊，他说："真是这样，老师讲得多，如果什么都想听，都想记，结果会手忙脚乱，冲淡了重点，我只听老师讲的重要例证和解题的思路，听到妙处，记在笔记上，量不大，但收获很多。另外，我还注意听对我来说的难点。老师讲的，我过去已明白的，我基本不用心去听，而是做自己选的题。我预习时的难点，记下来，一旦老师讲到这里，我便全神贯注地听，重要的记在笔记本上。这样听课，有张有弛，突出难点，收获较多。"

美国曾有人对 180 名学生做过实验：把这些学生分为 A 、B、C 三组，每组学生都收听相同内容的录音带。规定 A 组必须将所听内容逐字逐句用笔记下来；B 组只听，不做一点笔记；C 组只记讲授内容要点。测试结果是：A 组和 B 组的学生只记住全部内容的 37%,C 组学生记住 58%。做不做笔记，以及怎样做笔记，效率之差竟达 21%。

C 组学生之所以优于 A 、B 两组，关键在于他们抓要点，适当做笔记。这样学生的大脑便腾出时间来用于思考、分析、记忆，当然容易把握老师讲授内容的重点、难点，有助于深化、扩展、掌握教材内容。

自觉、参与、讨论

我们班学生上课，讨论是一个最重要的环节。

我强调六步教学法：一、定向；二、自学；三、讨论；四、答疑；五、自测；六、自结。

学生自学还不能解决的问题，便先分组讨论，前后左右 4 个人为一个讨论组。讨论有利于同学们在平等的气氛中共同探寻真理。

第一次世界大战后，法国有一群志同道合的青年，组成了一个“布尔巴基集团”的学习小组，经常讨论数学问题，并且雄心勃勃地要对数学进行全盘改造。他们总是由一个人起草初稿，然后大家各抒己见，有时激烈到大吵大叫，初稿经常“粉身碎骨”，之后再另起炉灶。一篇文章几经抨击，大家不一致通过不准发表。后来，被世界公认为最权威的数学著作——《数学原本》就这样在他们手中诞生了，而且他们当中涌现出了魏耳、狄东涅等一批世界第一流的数学家。

讨论在同学中进行，不像面对老师，大家容易等着老师拿出现成的答案。同班同学完全平等，大家不容易有顾虑。在平等的气氛中畅所欲言，每个人潜在的聪明才智才容易释放出来。

课堂讨论能促使你积极思考，加深对所学知识的理解。即使自己意见不对，也能及时发现自己的弱点，及时克服。讨论时你听取了各种意见，自己容易受到启发而产生新的创意。讨论还能锻炼一个人的口头表达能力，提高人的辩论能力。

课堂讨论好处很多。同学们一定要珍惜讨论的机遇，不做局外人，不“闭关自守”，自觉参与到小组讨论或全班讨论之中。

多举手发言

我改变后进生的办法之一，就是鼓励他们上课时举手发言，回答老师的提问。

在全国各地上课，爱举手发言的同学绝大多数都是成绩优秀的同学，他们越积极回答问题，课堂学习效率越高，成绩越好。成绩越好，越爱发言，于是形成良性循环。

反过来，后进学生担心自己说错，不愿举手，老师问到头上了，常常也吞吞吐吐不愿说。越不愿说，越不会说、不想说，上课效率越低，成绩越低，就越不想说，于是形成恶性循环。

薛小伟同学胆子比较小，上课注意力不集中，成绩中等。他很苦恼，问我该怎样才能集中注意力。

我说："听课时，老师提了问题，你就举手回答，这样，一举手，责任心增强了，一想怎样回答，注意力集中了。"

"答错了怎么办？"他问。

"答错了，老师才会发现你的漏洞，及时给你补救，当着同学的面答错了，印象深刻，及时向同学们请教，同学们会佩服你的诚实，比不懂装懂强多了。"

"我举手，可是老师看不到，或看到了，却不让我回答怎么办？"

"一个问题，常常很多人举手要求回答，老师每个人都照顾到是不可能的。对举手的人来说，有两重意义：第一，请求回答；第二，是增加上课的责任感，增强注意力。即使没有得到回答的机会，第二种意义还是明显的。"

他又问："老师提的问题，我怕回答不准确怎么办？"

“回答错了都不怕，回答不准确就更不怕了。扔掉顾虑，大胆举手回答问题吧！”

他相信了我的话，变得爱举手发言、争论问题了，后来考上了全国重点大学。

记好课堂笔记

有人曾悄悄地将一场讨论记录下来，两星期后又请参加讨论的人将他们能回忆起来的讨论内容写下来。把回想起来的内容与录音核对时，便会发现每个人记得起来的具体论点的平均数只有总数的 8.4%。此外，回忆起来的 42% 的论点多少有些不正确。这表现在下列几个方面：写下来的事有些根本没有发生过，随随便便讲的话被大肆扩充，仅仅暗示过的论点记上了，等等。总之，所记起来的仅仅是只言片语或零零碎碎的东西，但即使这些一鳞半爪的东西也被歪曲了。那么忘掉了讨论中具体论点的 91.6% 的又是些什么人呢？他们是受过高等教育的剑桥心理协会会员。

这个例子可能有些特殊。受过高等教育的人，一场讨论过去两个星期之后，居然能忘记具体论点的 91%。也许他们的讨论是无关紧要的话题，也许他们讨论后又有极为重要、极为紧张的工作要做。但人们对听过的东西、讨论过的东西，过了些日子，会遗忘掉很多，这是每个人都曾有过的体会。所以俗话才说：“最烂的笔头也胜过最强的记忆。”

会听课的同学，一般都有做课堂笔记的习惯。

课堂笔记能增强听课时的注意力，提高课堂学习的效率，还有利于课后复习和完成课后作业。

怎样记课堂笔记呢？

首先，要明确记课堂笔记的目的。记笔记的目的是帮助复习，你在消化教学内容时，有一个回忆教师讲解的依据。

其次，根据上述目的区分出应该记录的内容。一般说，应该着重记录以下几方面的内容：

1. 老师补充的重要内容。

2. 老师点出学生最容易混淆和最容易出错的地方。

3. 老师归纳的分散在各课各册中的内容。

有的同学上课时用一个草稿本记笔记，叫课堂笔记本，课后复习时再把所学内容整洁地整理在一个学习笔记本上。

还有的同学在课堂笔记本距竖边三分之二的地方画一条竖线，三分之二的篇幅做课堂笔记用，三分之一的空白处留做复习时整理笔记用。

也有的同学学习能力比较强，在课堂上就能把笔记记得十分整洁、条理清楚，课后复习时，只要稍加订正和补充就行了。

要注意的是课堂笔记一定要简略，要突出重点。如果记的内容过多，占用了思考的时间，反而会降低课堂学习效率。

做好课堂练习

课堂练习是学习中从理论到应用的一种实践活动，是巩固知识和检验学习效果的重要手段。绝大部分老师在课堂上都安排近三分之一的时间用于学生做练习。

湖南汨罗市有的高中老师，课堂上自己讲得很少，绝大部分时间，留给学生做课堂练习。

一堂高三数学课，刚上课，每位学生都拿到一张 8 开大纸，上面印着这堂课的全部教学内容，其中注明了三方面的知识提要，然后围绕这三点提要设计了四个层次的练习，共 18 个题。学生一看这三点提要，就明白这节课要学什么，然后以这 18 个题为线索，边练习，边理解了这堂课的要点。

那张 8 开大纸，既是教师的教案，也是学生的学案。有了这个学案，学生们自己走路，自己练习，老师只在关键之处做些启发式的讲解和引导。整整一节课，老师的讲解没有超过 10 分钟，但由于是学生自己“用力”，四层练习“探究”完毕，三点知识也就牢固掌握了。

有的人听说汨罗市竟有高中教师几年没给学生布置过课外作业，感到不可理解，到汨罗听了课，完全理解了，所有作业都“边学边做”了——甚至连题都不用抄，节约许多时间——而且题量相当大，课堂练习效果非常好，课外当然轻松了。

有的同学，听完课后拿到练习不会做，这是没有学懂知识，应尽快复习教材，再看看例题。有的同学勉强会做，也常常会发现一些问题，或理解不深，或记忆不牢。这就要边复习，边加强练习，练习多了，熟练了就好了。

1. 要提高练习的效率，就要掌握练习要领。

练习要领是：

要坚持先复习，后练习，不要拿起练习就做。

要坚持独立思考，独立完成练习，不要遇难而退，轻易问人。

要坚持理解消化，立足于懂，不要图快。

要坚持数量适当，有代表性，不要贪多或过简。

2. 做练习的基本方法是：仔细审题，认真答题，全面检查。

（1）仔细审题。

即对练习题进行认真阅读、思考，弄清题中告诉些什么（条件），要求你做些什么。练习常常是课本知识的引申、拓展、演化，或者是变通应用。如不仔细分析思考，消化理解，就不能掌握实质。要运用什么知识去解决问题就不能准确判断，造成解答失误。审题一般可以从以下步骤去考虑：逐字逐句读题，勾画出关键词句。列出条件、结论。寻找解答的对应知识。

（2）认真答题。

是指灵活运用知识分析解题的途径，并在解答中做到列式、运算、推理、作图等步步无误。

首先是答题过程中，关键的一步是从已知条件和未知中，找出解题的途径。寻找解题途径的方法，有从已知到未知的综合法，有从未知到已知的分析法，还有两者结合的分析综合法。

其次是答题过程要合理。答题时的叙述、形式、运算、推理、作图等一定要有充足的理由，每一步都要有起初的命题做依据，而且遵循正确的思维规律和形式。答题要清楚，简捷。

（3）全面检查。

指对已解答的练习进行查漏补缺，看解答是否正确、合理、简捷、清楚。检查是练习的一个十分重要的环节。

有的同学愿意做题，但不愿检查。以致会做的题，由于马虎，错了也不知道，久而久之，形成不良习惯。

检查应着眼于三点：一查解题的正确性。即查在解题过程中运算、推理、列式、作图和所得结果等是否正确无误。二查解题的合理性，即查解题的每一步是否都有充足的理由。三查解题的完满、清楚。即查解答是否解决了题目所提出的全部问题，是否有条理、表达清楚，并符合一定的格式要求。

适应“启发型”的老师

我见过一些优秀教师，上课时自己讲得很少，更不面面俱到地分析、解释，而是在自己吃透教材的基础上，设计出几个关键性的问题，引导学生思考、讨论。

思考讨论之后，有了统一的认识，并且符合标准答案，老师便不再重复，给同学以鼓励、赞扬。没有统一认识时，老师也不轻易下结论，常常引导学生再进一步去搜集论据，以更深刻地研究问题。

有的理科老师在上实验课时，并不把实验的结论先告诉学生，只是引导学生积极主动地参与实验，在实验中由学生自己发现结论。

这类老师上课，由于讲得少，按传统的看法，个别学生会觉得老师不负责任。又因为这样的老师一般属智慧型、思考型，他们便总是立足于引导学生深层次地思考问题，个别学生会觉得老师似乎不那么亲切。

同学们一定要转变自己的观念，不要以为讲得多的老师便是负责任。如果一位老师讲得多，学生成绩平均 90 分，另一位老师讲得很少，学生平均成绩也是 90 分。你说究竟哪位老师对学生更有利呢？显然是讲得少的老师，他把时间省下来，让学生有更多的读书、思考、讨论、练习的机会。学生通过自己实践得来的 90 分，要比全靠听老师讲得来的 90 分更扎实、更实用一些。最重要的是，跟“启发型”的老师学习，你不由自主地养成了主动思考、主动探索问题、主动自学的习惯。

同学们一定要珍惜遇到“启发型”老师的机遇，自觉和老师配合，积极探讨老师讲什么等一系列问题，以使自己成为学习的主人。

适应“爱提问”的老师

宋军告诉我：“我最不爱上历史老师的课，他一上课就提问，有时按点名册的顺序问，心里还有点准备，有时突然袭击，随意点名，让你防不胜防。”

“这有什么不好？”我问。

“怕答不好，挨批评，有时老师还发火。”

“那还是你没用功学习。其实，当兵打仗，学生答题，这都是天经地义的事。从提高学生成绩的角度，从培养你学习习惯的角度去想，老师这样提问，究竟有什么不好呢？”

宋军静下心来想，老师除发火不对之外，这样做，真的没什么不好。再认真分析一下，不欢迎老师这样做的，大部分都是不太用功的学生，而那些学习努力、成绩突出的学生，不仅不怕老师提问，有的还欢迎历史老师，觉得老师给自己一个表现的机会，老师抓教学抓得实，越是不怕提问，越是经常被提问的学生，基础知识掌握得就越牢固。

这么一分析，宋军不再埋怨老师了，但还是有些怕老师。

我进一步分析，怕老师，莫不如说怕提问。怕提问，莫不如说怕自己答错。怕答错，原因当然是自己没认真学习。

莫不如转守为攻，利用这个机会，更努力刻苦地学习、预习，做好回答的准备。一上课不仅不动脑筋躲避，反倒希望老师问到自己，甚至勇敢地举手，请求回答。当老师提问别人时，你不是暗中庆幸，而是假设自己是在被提问，在脑子里思考，让我答，该怎样答。这样你的心态会变得愉快、积极，和老师的关系会越来越融洽，成绩一定能明显提高。

适应“开无轨电车”的老师

有的老师上课时好开“无轨电车”，讲起课来，离题太远。听起来好像听相声那样，令人感到兴趣盎然。

听这样的老师上课，你绝不会感到无聊，更不会打瞌睡。但是，如果只知和大家一起哄笑而不假思索，事后你会觉得头脑中一片空白。

于是，临到考试你会发现试卷出得特别难而无从下笔，到那时，你的心情就不像当初听课时那么愉快了。有的学生甚至觉得受了老师的欺骗而火冒三丈。

但遇上了这样的老师，发火也没有用，更何况，班上同样听课的同学中，也有考试成绩好的。

怎样适应这样的老师呢？主要也在于养成自己预习的习惯。事先读了教材，知道了哪些是重点、难点，并且在教材中标示出来。这样边看书，边听课，那么任凭老师扯得多远，你始终头脑清醒，知道自己目前的进度，就不至于被老师离题太远的讲课所左右了。

一旦养成了“先靠自己努力研究”的习惯，由于重点在握，对课本的内容也有全盘的了解，你就能从老师风趣的讲课中获得更多的、更高层次的知识。你对那个学科的兴趣就会大增，它还有可能成为你最擅长的学科。

遇到自己最初不适应、不喜欢的老师，千万不要没完没了地埋怨、指责，那只能弄坏了自己的情绪，使你那一学科的成绩越来越糟。反过来，千方百计适应老师，既能提高学习成绩，还能增强自己容人的能力。

还有一种适应“开无轨电车”的老师的办法，就是从挑老师的毛病中，增强自己的学习兴趣。

日本教育专家多湖辉先生说：“我在少年时代，是一个无法无天的捣蛋鬼，当时恶作剧的对象竟然还敢选到老师的头上，其中之一就是挑老师的错误。但是这种恶作剧却生出了意外的副产品，第一是想找老师的错误，就非得认真、聚精会神地去听课不可。第二是想质问老师，就要事先有相当的准备及预习功课。这样竟获得了不曾预期的结果，对于功课竟然热衷起来了。”

埋怨老师不如适应老师，适应老师的办法之一是给老师挑毛病。有的同学说：“挑了毛病有什么用，老师也不允许我们提意见。”即使不让提，你记在笔记本上，也加深了自己对教材的理解，防止自己犯类似的毛病，又增强了上课兴趣。

适应“口若悬河”的老师

学生跟我诉苦：“××老师口若悬河，一上课，自己就开讲，一句接一句，不肯停下来，一直讲到下课铃响。咱们能不能换一位老师？”

个别同学说：“我就愿听××老师讲课，一点也不累，不知不觉就下课了。”

我说：“每位老师都有自己教课的特点，不同特点的老师，适应不同性格学生的需要。老师口若悬河，一讲到底，大部分同学不欢迎，可还是有几名同学喜欢。老师的教法要适应所有的学生是困难的，但不能因为老师不适应学生就换老师，而是应该引导学生去适应老师。”

当然就教师那一方而言，我要求老师们研究学生，研究学法，改进教法，讲练结合，适应学生。

但面对学生，我只能要求他们适应老师，这样才有利于学生的成长，有利于他们增强适应能力以面对未来更复杂的社会生活。

怎样适应口若悬河的老师呢?

一般说来，这一类型的老师，又可分两种：

1. 教科书派，上课内容以教科书为主，讲起课来滔滔不绝。

2. 旁征博引派，讲教科书的内容又加上自己搜集的资料，讲起来也是滔滔不绝。

前者讲课的内容，只要翻着教科书就一目了然，所以学生会批评说：“这位老师就懂得照本宣科，并没有多大本事。”也许正是这种缘故，学生们对这位老师的课就不那么热衷，所以往往对教科书上的基本内容掉以轻心，轻易放过了该掌握的重要内容。

后者讲课的内容，由于在教科书上看不到，不少学生忙于做笔记，唯恐有所遗漏，却难以掌握重点。

遇到教科书派，为了防止自己迷迷糊糊，甚至昏昏欲睡，事先你得下一番功夫好好预习，弄清这堂课将学习什么内容，这一课的重要内容是什么。有了这样的准备，即使老师说得天昏地暗，你仍然能知道哪些地方重要，哪些地方不重要。你只要把重要的内容记在笔记本上，做到一看笔记，马上知道重点。

遇到“笔记派”教师，如果不将他说的内容逐句记录，似乎令人感到不安。其实，你可以寻找与老师授课内容相近的参考书，并在课前做好预习，听课时只需记参考书上没有的内容，上课时思考时间就会大大增加，会明显提高学习效率。

有所听有所不听

学生上课听讲，一般说来，老师讲的都要听。但有时老师为了照顾后进学生，讲得浅了，重复的遍数多了，优秀学生就大可不必再听。也有时，老师是讲给几个优秀学生，供他们参加学科竞赛时用的知识，这样大部分学生又不必听。

我到边远山区，见过一些一人一校的小学，有的学校，四个年组，都挤在一间教室里上课，一位老师同时要给四个年龄段、四个年组的学生讲课，如果大家都不停地听，岂不是做了四分之三的无效劳动。那位老师很高明，一方面安排三个年级组的学生做练习，另一方面给四年级讲重点知识，讲完了布置四年级做练习，再给三年级讲重点。

我们绝大部分学生不是置身于复式班，但同班同学差异还是有的，有的差异还很大，老师讲课时，自然要各方面水平的学生都兼顾。

武汉三中饶翠同学说："课堂教学进度一般以中等学生的理解能力为主，顾及差生的能力所及。这样一来，基础比较好的学生会产生'吃不饱'之感。那么，听课方式大可不必'专心致志'。主要听课内容为：规律性的知识点以及老师多年的教学经验、教给的学习方法、解题思路等作为我们听课的核心内容。而对于那些常规的，纯属老师'炒剩饭'的部分，则无须'一板一眼'地听。这时，可以看一些与课堂有关的书籍，扩大知识面，增长见识。当然，这需要对自己实力有正确估计，切不可眼高手低，顾此失彼。"

我们平时听课，还难免遇到不能立刻理解的内容，遇到自己不能马上解答的问题，这些问题又不带普遍性，不宜立即提问，那会影响全班同学的学习进度。怎么办？如果我们硬钻牛角尖，纠缠于某一难题，那将会漏听教师讲授的很多内容，课后自学这些内容势必花费更多的时间。即使把某一难题在当堂钻懂了，也是得不偿失。

这时就该把这一问题先放一放，跟着老师的思路往下听。但这个疑难问题要及时记下来，在适当时候思考，或下课后请教老师。这种方法适用于逻辑性不强，或前后内容联系不太紧的课程。必须注意的是，对暂时放下的问题要立即记在笔记本上，课后及时设法解决，决不可放过。

课后总结

学完一节课，要及时总结。这节课的学习重点是什么，哪几个知识点掌握了，还有哪一点比较模糊。这样一来，记忆得到了强化，不清楚的地方及时想办法补救。

捷克教育家夸美纽斯形象地比喻：不进行小结就犹如把水泼到一个筛子里一样。

人的记忆分为瞬时记忆、短时记忆、长时记忆三种，第一种只能保持一两秒钟，第二种能保持一两分钟。如果不是有意识地去记，很快就会忘记。要由短时记忆转化为长时记忆，就需要重复。重复要在遗忘之前，将忘未忘之时才最有效。课后总结，就是有效重复的一种方式。

我给学生上课，六个步骤，最后一个步骤，就是自己总结。

北京清华附中的刘湘文同学十分重视每节课后的概括小结。比如，学了“化钝角三角函数为锐角三角函数”一节后，他做了这样的小结：“钝角三角函数的定义与锐角三角函数的定义方法是一样的，所不同的是钝角的终边在第二象限，因此，它的三角函数的符号与锐角三角函数的符号有所不同。在解法上要注意已知正弦值求角时，可能出现的两个解的情况。”这样，他通过新旧知识的联系，就把钝角三角函数这一新知识挂到了三角函数这棵知识树上，一节课后，及时小结，知识结构树就会越来越繁茂。

课后总结的主要任务，是对本节课所学内容进行及时复习。概括出本节课所学知识要点，并将它当作枝叶或果实，放到知识结构这棵树上。

记忆的规律告诉我们，零散的知识容易遗忘，将零零散散的知识，设法按内在规律，组织在一个知识结构内，就不容易忘了。

学会自己留作业

刚教书时，我也留作业，检查作业，批改作业。

20 多年前有一天，一位学生问我："我不写您留的作业行吗？"

"为什么？"

"您留的这些题我都会做了，再写不就是体力劳动了吗？而我感觉不会的题却没时间写。"

我请同学们讨论这一问题，想不到，大部分同学竟都赞成她的意见。

我们班这么多年来的规矩都是：只要是大部分同学赞成的提案，就要坚决执行。于是我们班从此不再留非做不可的硬性作业。有时我觉得哪些题重要，便告诉学生，建议大家做，哪位同学觉得不符合自己的实际，过易或过难，不愿做也可以。

是不是同学们每天无事可做了呢？当然不是。经过和学生讨论，我们留了一项常规性的作业，学生管它叫"定量作业"。

所谓定量作业就是数量（字数）确定，内容不限。每人每天必须写够 500 字。这 500 字根据自己的学习状况，选择合适的内容，也包括"课堂笔记"和"课堂练习"。如果在课堂上已做了 200 字的笔记，则课后需要再写 300 字的作业。

也有的学生管这叫"自留地"，每个人所分土地面积相等，种什么作物，怎样耕作，那就八仙过海，各显其能了。学生觉得种自留地比种统一的"人民公社"的地，责任心更强，积极性更高。

这个数字是常量，期初不减少，期末也不增加。这就使同学们大脑这部汽车处于匀速运动的状态，便于学生驾驶。同学们计算，每天 500 字，倘若一心一意地写，并且加上间断思考的时间，平均也不过用 17 分钟。既然负担不重，星期日、假日也该坚持，这才更容易形成良好习惯。于是大家又决定，一年 365 天一天也不中断。

每天作业第一行都要写明日期，日复一日，月复一月，一年 365 天，便有 365 个 500 字。

同学们一般按自己的学习总体规划去写每天的 500 字。比如，刚开学，我问一位学习处于中游的同学作业写什么。他说：“我最近一个星期集中力量突破文言实词，每天的 500 字，都写解释不准确的文言实词。”也有的同学语法知识掌握得不扎实，便说：“我最近用半个月时间写语法知识。”

我还教一些不知道写什么内容的同学学会给自己留作业，告诉他们要根据语文总体知识和整册教材分析，将知识分类排队，哪些是已知的，哪些是未知的。未知的再排一排队，稍加努力就能把会的排在最前面。每天作业就写这些稍加努力就能学会的内容。写完了，学会了，再写后面的。这样敌人就会越打越少，学习兴趣就会越来越浓。

作业内容因人而异，作业量有时也因人而异，特别是学生毕业前的那一年，自己有了较好的习惯，一部分同学语文基础已较牢固，就没有必要非写 500 字不可了。这样便重新和同学们讨论作业量。大部分愿写 500 字的仍写 500 字。有的同学提出写 200 字，有的愿写 300 字，都可以。一旦确定了数字，就不能随意更改，这个量至少持续两个月，总结出利弊之后再重新制定。

1985 年那届我教学的学生，毕业前的一年中有几名基础好的同学进行不写作业的实验。整整一年，没有写语文作业，也没有课堂笔记本和练习本，升学成绩仍然领先，这跟他们前两年打的基础牢固有关。

1994 年入学的学生，又多了一项每天用左手写 50 字的实验，便把每天 500 字的作业量减至每天 450 字，以防止学生过累。

每天 500 字，数量看起来并不大，但日复一日，不停地做下去，数量就可观，对学生的作用就大了。

习惯使人变得轻松，每天都做同类的事，节省了拖拖拉拉的时间。

作业怎么检查？以自检为主，互检为辅，老师、学校都要抽查。最重要的检查是期末的检查，放假那天，每人都需将自己半年中的 182 页作业计 91000 字，按年月日顺序排好，全班同学互相检查，我也抽检。按班级的规定，发现哪位同学缺一天作业，都要补齐，还要写出说明书，加以解释。即使因保管不慎，哪个月的作业遗失了，那也要一天不缺地补齐，以培养同学们一件事不做则已，做就要坚决认真做到底的习惯。

有同学说："我们的作业都是老师留的怎么办？"你觉得老师留的作业适合你，便做。对你来说或过深，或过浅，我想你可以请示老师，和老师商量，相信老师会支持你选择适合于自己的作业。

试想，每年写 18 万字的语文作业，每天作业又都是从自己的实际出发，认真去写，同学们的知识水平、语文能力怎么能提高得不快呢？

做练习力求一题多解

安徽省高考理科状元王琰同学在谈到解题时说：要锻炼自己的解题速度，开拓解题思路，增强解题意识，熟练掌握并运用公式，非做大量多种类型的习题不可。做习题不仅是扩大视野，增长见识，更重要的是锻炼解题技巧，也就是解决问题的方法和程序。做完一题，如果兴奋一番便完了，那么做题也就没有多大意义了，必须记住解题的方法，并推广到同一类的题目上，并再择其一二道试题，倘若很快成功，则该类题目的基本解法就被找到了。

这种学法叫举一反三，掌握了一种方法，可解多道同类习题。

要提高学习效率，还要练习一题多解。用多种方法解答同一道试题，不仅能更牢固地掌握和运用所学知识，而且，通过一题多解，分析比较，寻找解题的最佳途径和方法，能够培养创造性思维能力。适当增加一些一题多解的练习题，对巩固知识，增强解题能力，提高学习成绩大有益处。

心理学家们曾在一所非重点中学搞一个实验班，进行数学一题多解的训练，三年后，这个班的数学升学考试，平均成绩 99.3 分，效果非常明显。实验班的同学普遍喜欢上数学课，甚至觉得数学课很像智力游戏，越上课，越解题，心情就越愉快。

一题多解是可以广泛采用的高效学习方法。

边学边问，才有学问

下课铃响了，一部分同学跑出教室玩，还有一些同学围住老师问个没完。日久天长，人们会发现，喜欢围着老师问问题的同学，大多是先进同学，也有的原来成绩不突出，就因为近一年来，喜欢提问题，成绩越来越好。而后进同学呢，几乎都有不愿提问题，或有疑难也不好意思问的特点。

“学问”本来包含“学”和“问”两个方面，现在有的人只知道“学”，而不知道“问”。别人 10 年、20 年苦心研究才得出来的东西，自己一问，也许一个晚上就明白了。

陶行知说，做学问就是要学要问。光学不问，只做到一半；光问不学，也只是一半。又问又学，才是完整的学问。发明千千万，起点是一问。人力胜天工，只在每事问。

孔子从 15 岁开始发奋读书，因为没有人教他，所以他在书上碰到疑难问题时，就到处找人请教。他“问礼于老聃”“学琴于师襄”，还曾经求教过一个只有 7 岁的小孩。有一次孔子到太庙（古代帝王祖先的庙）去参加祭祀典礼，因为是第一次参加，所以在祭祀过程中，遇到的每一件事情都要问，从祭祀用的牛羊，一直问到举行仪式所伴奏的音乐。等到祭祀完毕，人们都忙着回家的时候，他还抓住别人的衣袖不放，继续请教一些还不明白的问题。别人看他老是打破砂锅问到底，就说他是“每事问”，后来书上便有“孔子入太庙，每事问”的记载。勤学好问的孔子，终于成了大学问家。

我国南北朝时杰出的农业科学家贾思勰一生勤学好问。他的著作《齐民要术》是我国最早的一部农业百科全书。尽管他是一位有学识的科学家，却仍到许多地方向农民虚心请教。他年轻时养了200只羊，结果死了大半，请教别人，知道了是因为饲料不够多而饿死的。第二年他又养了200只，并把饲料准备得足足的，可是又死了不少。到底是什么原因呢？他听说百多里外有位老羊倌，羊养得特别好，就不辞劳苦，赶去求教，终于找出了羊死的原因。原来他把饲料扔到羊圈里，羊在上边踩来踩去，屎尿拉在饲料上，羊就不吃这种脏草，时间一长就饿死了。于是他住在老羊倌家里，仔细学习老羊倌的经验，从此他养的羊不再死亡，越长越健壮。

当然，好问，不是瞎问、乱问，要问得有意义有价值，问到点子上，应注意以下几点：

1. 问谁。

凡有长处的人，我们都应向他们学习。韩愈说：圣人无常师。比己强者，等于己者，不如己者，均可以问。但一般情况下，你得了解被问的人确有长处。如果面对一个素不相识的人，你不知他是否有长处，若向他请教经济问题，就有可能吃亏。

2. 要不耻下问。

不以向不如自己的人请教而感觉羞耻。请教别人，不要爱面子，怕丢人。为了学到知识，就是受些羞辱，也要发问，这样不仅增长了知识，还拓宽了自己的胸怀，是一举两得的好事。

3. 要先问己，再问人。

陈景润说：“不要一遇不懂的东西，马上去问别人，自己不动脑子，专门依赖别人，而是要先自己认真地思考一下，这样就可以依靠自己的努力，克服其中某些困难，对经过很大努力仍不能解决的问题，再虚心请教别人，这样往往会得到更大帮助和锻炼。”

4. 问要有目的、有中心。

抓住核心问题，才容易有收获。

5. 追根寻源，一问到底。

在学习过程中寻师问难，要建立在认真读书和思考的基础上，清朝学者郑板桥说："读书好问，一问不得，不妨再三问，问一人不得，不妨问数十人，要使疑窦释然，精理迸露。"

6. 排除提问的障碍。

不善于问的同学，一般面对着三种障碍：①学习不用心，发现不了问题。②发现了问题，但思想懒惰，不愿探索。③愿意探索，但不好意思问别人，怕丢面子。显然要做勤学好问的学生，必须排除这三种障碍。

学问的生命在于应用

我反复告诫我的学生：学问的生命在于应用。学问是什么？学问是工具。工具是因应用的需要产生的，有了工具还要到实践中去应用。应用中，又要改进工具，然后再去应用。

语文是什么？语文是工具。学了语文干什么？应用这个工具去认识改造自我主观世界与客观世界，这样学语文才越学越有趣，越学越活。

美国第一任总统华盛顿说："读书而不应用，书等于废纸。"善于将所学知识应用于实践中，所学知识才掌握得更加牢固，你才会成为知识的主人，学了知识也才有意义。

上海南洋模范中学初三学生杜冰蟾，应用自己学习的语文知识，发明了一种无须任何口诀、不必死记硬背的"汉字全息码"，把繁难的方块汉字分解成一百个部首字进行编码，极易掌握，它可广泛应用于中文电脑打字、编辑、中外文助译等。

恩格斯能成为无产阶级革命导师，主要原因之一，在于他善于将所学的知识应用于研究现实问题。他的名著《英国工人阶级状况》，就是他应用所学知识，调查研究实际问题的结晶。他在写这本书时，常常到工人栖身的肮脏的住宅区去，了解工人们的实际状况和疾苦。他还阅读了有关论述英国工人阶级状况的一切著作，仔细研究了他所能看到的一切官方文件。恩格斯本人曾经描述过他深入群众调查研究的情形：“我抛弃了社交活动的宴会，抛弃了资产阶级红葡萄酒和香槟酒，把自己的空闲时间几乎都用来和普通工人交往，对此我感到高兴和骄傲。”

恩格斯即使在被迫流亡的处境下，仍然利用一切机会研究实际问题。为了了解现实问题，1842 年恩格斯被迫离开巴黎时，决定步行穿越法国中部，了解法国农民的生活。注重学习又注重应用，使恩格斯成为伟大的无产阶级革命家。

所谓技能，就是学生将知识应用于实际的一种能力。非常熟练的技能，就叫技巧。人如果没有技能，只是有一堆不会用的知识，那就成了图书馆里的书橱。记住的再多，也是一堆没用的死知识。

我的学生学了写议论文的基本知识，我便引导他们应用于生活中的实践，大家写了《谈两个自我》《把懒惰的自我踩在脚下》《谈心灵的窗户》《谈心灵世界》。通过写这些文章，巩固了所学的知识，增强了分析认识自我的能力，提高了写作技能。

同学们学习了写说明文的知识，便用来观察、认识、分析周围的事物：《教室》《教学楼》《实验楼简介》《实验中学校园》《辽河大街》《盘锦城区布局》《金枝荷叶和九月菊》《仙人掌》《君子兰》。写这些文章使同学们更热爱生活，说明文的知识掌握得更牢固，写作技能在使用中越来越强。知识有用了，更爱学新的知识。

互助组有利于双方提高成绩

我们学校每位老师都要和一位学习后进的学生组成互助组。老师帮助学生提高了成绩，学生帮助老师增强了教育能力。

20 多年来，我一直在班级内引导班干部和后进学生组成互助组，或者学习尖子和后进生组成互助组。戴明峰和陈昊，张小飞和赵广民，雷蕾和赵伟，蔡东和李健……后进学生在先进同学帮助下提高了学习成绩，先进同学也在帮助后进同学的过程中更认真地学习，更严格地要求自己，也不同程度地提高了成绩。

美国华盛顿大学的心理学家们，曾让参加初级社会心理学讲座的学生，去试验叫作“成对指导”的教学方法。选择212名学生，让成绩在上位的人和在下位的两人搭配成一对，坐在一起听课，并设法能使他们互相刺激对方，告诉他们最后的评定以“两人所得分数之平均分作为两者的成绩”。其他170名学生，则和往常一样上课，没有什么变动。

结果，不曾搭配成对的学生的学习成绩，获得最好成绩A的人仅有20名，获B的人80名，C有57名，被评定为下位的D和E者竟有13名之多。而以“成对指导方式”上课的学生，不仅整体平均分数比前者优越，分别来看，成绩得A者有37名，得B者148名，C者27名，得D和E者则为零。

从这些结果可以很清楚地看到，同学互相的刺激及切磋，能使成绩较差的人振奋起来，赶上去，成绩好的则更上一层楼。

互助组的优点在于：第一，浪费时间及被动的用功减少，合理而主动的用功增多。第二，需互相切磋、说明，比传统的用功方法能加深理解。有人结伴学习，与一般无条件接受老师授课的被动的用功完全不同，你可进行积极主动的努力。

自习时放音乐利大于弊

班级进行自习课放音乐的实验。

刘洋同学负责选择音乐。先放的是古典音乐，婉转、悠扬的乐曲在教室回荡，学生们的心变得沉静，情绪平稳。大家高高兴兴地读书、作文、算题，几天下来感觉效率很高。

过了些天，大家又建议放钢琴曲的录音带，同学们也感觉浑身舒畅，大脑工作效率提高。

还有的同学建议放流行歌曲的伴奏带，放了一节课，除几位学习尖子外，大部分同学注意力明显不集中。

我们又放气功音乐，是高志祥老师的《中华神童功》音乐。舒缓的节奏，清丽的韵律，使人的精神很容易进入开阔高远的境界，摆脱鸡毛蒜皮、名利得失的干扰，不知不觉全身心投入有意义的学习之中。

实验结果，古典音乐、旋律较慢的钢琴曲、气功音乐明显有助于同学们减轻学习的疲劳感，减少读书时的单调感，容易使人驱除周围不利的噪音的干扰，忘却一些现实生活中纷争的小事，胸怀相对变得开阔，注意力增强。

但当放流行歌曲和旋律快的钢琴曲时，除极少数注意力极好的学生外，大部分同学注意力被分散了，也有的身体随钢琴曲的快节奏摆动，使学习受到干扰。

根据美国心理学家关于音乐对学习效率有何影响的研究，在简单语汇训练的调查中，通俗音乐及古典音乐都显示，有音乐伴奏时远比没有音乐时的成绩理想。但是，在解读力训练的调查中，却显示古典音乐的伴奏，对用功几乎没有任何妨害。而通俗音乐的伴奏，则在理解词组时，反而成为用功的障碍。他们指出旋律比古典音乐单纯而明快的通俗音乐，较容易为人所理解，无形中使人倾耳静听。这样，在复杂的知识性作业中，通俗音乐成为具有意义的音律，进入学生的耳鼓，对精神的集中及思考发生不良影响。因此，利用“音乐伴奏法”来用功，要先懂得哪种音乐对哪种功课的内容发生什么不同的影响，才能有好的效果。

我们班的实验几起几落，终于没能成为制度，原因在于：第一，比较费事，负责放录音的同学要选择音乐，又要播放，同学们对音乐的选择又“众口难调”。第二，有两三个音乐迷，听什么音乐都太投入，反倒影响学习，尽管是个别人，集体也要适应他们。

10 多年来，都有学生在家里边听音乐边学习，提高了学习效率。对此，我一直支持。

第八辑

认真复习

制订个人复习计划时，切忌平均使用时间。每个学生的情况不一样，各门学科的特点也不一样，知识掌握程度又不一样。对自己的弱科，难度大的学科，要多花点时间。

总之，四个数据清楚了，订复习计划就能做到不脱离实际，胸有全局、脚踏实地订出的计划，就容易实现。

制订复习计划

面临中考、高考，有的同学复习有条不紊，步步为营，学习很有章法。

也有的同学到总复习时，面对知识量大，常常顾此失彼。也有的一片茫然，什么都想抓什么也抓不住。

两者复习效果差距很大，分析原因是多方面的，其中之一，在于前一类同学善于制订切实可行的复习计划。

每逢期末考试前一个月，升学考试前半年，我都要求学生制订具体的复习计划，有时我还在班会上，请同学们公布自己的计划，大家互相交流，取长补短。

怎样制订复习计划呢？一般要注意以下四点：

1. 知识量。

根据大纲和中考、高考要求，看看准备考试要掌握多少知识。

不妨打开书的目录，认真统计一下。

每科升学科目，要知道有多少章、多少节、多少道习题和多少个实验，这是最基本的统计。总复习制订计划更重要的是要按知识体系重新编排知识量。

特别是语文学科，不能按课文顺序，一定要按“语文知识树”的体系重新编排知识量。因为总复习要按知识体系复习，往往要打乱原来的章节顺序。一般情况是，把属于同一中心内容的章节编排在一起复习，这样复习时，中心突出，收效大。

掌握知识量，不仅仅是一项简单的统计工作，还有一个分类问题、系统化问题。掌握了系统的知识量，制订计划时，心中就会有数。

对优秀学生来说，由于平时已搞过专题复习，对知识量分布就了如指掌，总复习时只不过是再加工提炼一次而已。

有的同学直到总复习时，才第一次对知识进行分类和系统化，虽然晚了一些，但这样做了，还是能明显提高复习效率。

2. 时间量。

对知识量有数，怎样消化、吸收这些知识，显然需要时间。

中考、高考要复习的内容多，而时间有多少呢？一般情况下，我把课上大部分时间交给学生自己支配。有的学校，大部分时间是在老师的指导下进行复习，真正归自己自由支配的时间是有限的。

老师支配的时间要紧紧跟上，除此之外，只要肯挤，能用于自己支配的时间还是不少的。即使每天老师 7 节课全都安排满，一点不给学生自己支配，你在早自习还可有 1 小时，晚自习可有两小时，中午及下午倘若安排得好，也可挤出 1 小时。这样，全天用于自己支配的时间就能达到近 4 个小时，这是一笔很大的财富，精打细算，能做很多事情。

3. 欠债量。

初中或高中几年学习过程中，有些知识没学或没学好，自己心中要有个数。要统计一份知识和能力的“欠账单”。

三年或更多年份形成的债务，很难在半年时间内全部还清，面对这份“欠账单”，你就要分辨一下轻重缓急，计算偿还每份债务需要的时间，再计算一下自己复习所能支配的时间总量。确定一下，哪些债务能够偿还，哪些能偿还一部分，哪些根本就不可能有时间偿还。先明确有所不为，才能做到有所为。一般说来，先要偿还那些小债务，先偿还有得分点的记忆性债务。

4. 老师复习的进度。

总复习是在老师指导下进行的。因此，制订总复习计划时，个人的复习计划，应当服从老师的复习计划。除自学能力很强的同学外，一般不要自己另搞一套和老师不一致的计划。

掌握老师的总复习进度计划十分重要，如果你不考虑老师的计划，或不知道老师的计划，自己就是订了个人计划，结果也往往被老师的计划冲垮。

有了以上四个数据后，制订个人复习计划就做到了心中有数，能够从这些实际出发了。

制订个人复习计划时，切忌平均使用时间。每个学生的情况不一样，各门学科的特点也不一样，知识掌握程度又不一样。对自己的弱科，难度大的学科，要多花点时间。

总之，四个数据清楚了，订复习计划就能做到不脱离实际，胸有全局、脚踏实地订出的计划，就容易实现。

温故知新，定期复习

俄国教育家乌申斯基曾经把不能巩固地掌握知识比作喝醉酒的马车夫，忘记了所装载的东西捆在车上，也不往后看看，只是一个劲地往前赶路，东西颠簸丢了，也不知道，结果赶回家去的仅是一辆空车。

中国"熊瞎子掰苞米"的故事更是妇孺皆知。熊瞎子每掰一穗新苞米，便夹在腋下，同时扔掉了前面掰的。这样忙了很长时间，还只是有一穗苞米，以前的都丢了。老师、家长都用这个故事告诉孩子们要温故知新，定期复习。

捷克教育家夸美纽斯说："假如同一件事情常常得到重述，到了最后，哪怕智力最低的学生也就能领会了，这样，他倒能跟上别人；至于聪明一点的学生因为这样彻底精通了科目，也会感到喜悦。"

顾炎武是我国清代一位很有学问的思想家，他可以背诵147000多字的《十三经》。他的诀窍就是每年要用3个月的时间复习背过的书，每天200页，温习不完绝不休息。在旅行途中，自己骑在马上，随时随地默默背诵。读过的书，如果发现有背不上来的地方时，就赶快停下来，拿出来温习。

革命导师列宁记忆力惊人的原因，在于他从青少年到老年总是坚持经常、反复地阅读自己的读书笔记。他说，我不单凭记忆去解决，而是经常翻阅自己的笔记。单是列夫·托尔斯泰的《安娜·卡列尼娜》，列宁就读了100遍。列宁读过的《黑格尔〈逻辑学〉一书摘要》中，有许多醒目的眉批："注意，不清楚，回头再看！""要回过头再看。"……

马克思在反复阅读方面，也可称楷模。他经常反复阅读歌德、莱辛、莎士比亚、但丁和塞万提斯等大作家的作品，而且能整段整节地背诵如流。他对自己做过一条规定，对希腊悲剧作家爱司启拉留斯的希腊原文著作，每年都要重读一次他的笔记和他所读过的书中做了记号的地方。

显然，要提高学习效率，必须紧紧抓住复习这一环节。怎样搞好复习呢？以下这些方法值得参考：

1. 复习时间、内容安排要适当。不要把相近的学科连续起来，这样容易感觉单调、疲劳，降低复习效率。还要注意劳逸结合。如思想家卢梭复习时，就能合理安排时间，他连续研究几个领域不同、难度各异的问题，使大脑得以调节和休息，从而保证整天用功而不觉疲乏。他早上攻读哲学，中午翻阅地理、历史。此外，还穿插一点体力劳动，以消除大脑疲劳。

2. 复习时要认真阅读教材和课堂笔记，认真做作业，在理解上下功夫。理解是记忆的基础，理解了，才能把知识记得住，记得牢。

3. 要以自己复习为主，要经常"过电影"，检查复习的效果。闭上眼睛，在大脑的荧光屏上放映各科知识的图像，甚至把重要的章节的每一段文字，都在大脑中一字不差地放映出来。

4. 总复习要制订复习计划，这样才不至于顾此失彼，才能高度集中注意力。阶段复习要及时、经常。教育家乌申斯基曾把记忆中的知识比作"建筑物"。复习应当是巩固建筑物，而不应当是修补已经崩溃了的建筑物。

复习要扬长补短

孙伟同学是我们班的数学科代表，数学成绩遥遥领先，考试题量越大，难度越大，他数学成绩比第二名领先的幅度就越大。

但两次期末考试总成绩，他都排在中等，原因是他不愿学政治、历史、地理、生物等学科，尽管数学成绩领先，但期末试题难度不大，他比人家高不了几分，而不愿学的科目，每科拉下十来分，总分就要丢掉四五十分。

他很苦恼，快到期末复习了，来找我想办法。

我问："过去你怎样复习？"

他说："我平时上政治课、历史课时，不感兴趣，总想，快期末考试再背也来得及。但到复习时，数学和政治一比，还是愿意做数学题，数学题做起来常常忘记了时间，不愿学的政治、历史什么的就没时间学了。"

"问题就出在你这种复习方法上。"我说，"你这是截短补长法。本来你的短科已经很短了，你又截去一段。你的长科数学已经遥遥领先，参加全市竞赛已多次获奖，仅靠平时学，期末不复习，成绩领先也没问题，你就是天天复习数学，起早贪黑，废寝忘食，也不会比别人多出几分，原因是期末试题较浅。中上同学认真答题都会在90分以上，你不复习能得100分，全力复习数学还是得100分。

"至于政治、历史、地理、生物这些弱科，你平均还不到60分，这些科目总复习容易见效，你干脆把数学复习的时间全部分在这'四门短科'上。以你的智力，集中半个月时间，复习这四科的重点难点，每科达到80分以上，应该没问题。"

孙伟听了觉得有理，我帮他制订了复习计划，并且强化了及时检查。

期末考试，他信心百倍进考场。成绩公布，他的四门短科总成绩共提高 85 分；数学得了 98 分，为班级第二，仅比第一名少 1 分。这样算来他的 7 科总成绩比上学期提高了 84 分。在班级的名次由 28 名提高到第 8 名。总成绩的提高，激发了孙伟学习政治、历史的兴趣，后来，他上课也愿意听讲了。增强了自信心，学数学的效率也比以前高了。

越是长科越愿学，越是短科越不愿学，这是许多学生爱犯的毛病。其实，长科提高成绩都比较难。人们学习某种技能时，进行到一定水平时就会出现技能进步暂时停顿现象，这在心理学上被称为“高原期”。“高原期”是暂时极限，产生的原因是多方面的，如心理疲劳、身体不适应、训练步骤不科学、学习方法不合理等。要克服“高原期”不是短时能完成的。

高分的摘取一般都在灵活运用或综合难解的题上，一般同学要在这两方面推进一步是非常困难的。显然用截短补长的办法，把时间、精力用在自己的“长科”上，增加总分不会太多。至于那些弱科，成绩还处于中下水平，要提高 10 分或 20 分就完全可能。一般说来，一门学科，由 60 分提高到 80 分的难度，要远远小于由 95 分提高到 100 分的难度。

我不同意孙伟同学复习“截短补长”的方法，绝不意味着赞同“截长补短”，即放弃长科的学习，全力以赴去补短，那样同样会走向另一个极端而导致失败。事实上，我们班也有因“截长补短”而总成绩下降的同学。

陈军同学数学成绩也属上等，也是政、史、生、地成绩不佳。他见孙伟复习时课外不学数学，史地取得了好成绩，下个学期他也模仿，结果，史、地、生、政四科上升了 36 分，而数学、物理两科却下降了 33 分，长短科一抵消，总分虽提了 3 分，但主科下降，总起来算还是得不偿失。

陈军问我：“和孙伟用的方法一样，为什么效果不同？”“原因在于，你是在截长补短。孙伟的数理基础极扎实，课后不学成绩也不会下降。你的数理分数虽然和他不相上下，但基础没人家牢，不认真复习，等于丢了原来的阵地，再去占新阵地，得失互相抵消，甚至得不偿失。”我说。

复习时，必须注意扬长补短，弄清自己的长科是什么，基础牢固到什么程度，先把长科的阵地守住。复习短科时，也要用“扬长补短”的办法。

先看这个短科中，自己喜欢的、平时学得比较扎实的章节有哪些。见到这些长的“章节”，自己便在短科中有了阵地，站稳了脚跟，再去一点点占领自己短的章节的阵地。这样复习，心里才踏实，才会步步为营，节节胜利。

怎样复习效率高

德国哲学家狄慈根说：“重复是学习的母亲。”中外一切学有成就的人，无不重视复习。

目前中学生对复习的重视程度并不一样。据一份调查统计，重点中学优秀生课后能及时复习的有 77.2%，而一般中学学生课后及时复习的仅有 25.3%，“有时候复习”的学生占 59.5%，还有 15.2% 的学生“临考前才复习”。

这项调查还指出：优秀学生普遍重视复习，他们是“每天有复习，每周有小结，每章有总结”。一般中学生往往不注意复习，有的学生（尤其是初中生）连书都不看，就忙着做作业。这正是造成优生和差生学习差距与分化的重要原因。

怎样复习效率才高呢？有人总结六个要点：

1. 围绕中心，及时复习，巩固深化知识。

复习的首要任务是巩固和加深对所学知识的理解和记忆。首先，要根据教材的知识体系确定好一个中心内容，把主要精力集中在教材的中心、重点和难点上，不真正搞懂，绝不放松。其次，要及时巩固，防止遗忘。苏联教育家乌申斯基说：“与其借助复习去恢复记忆，不如借助复习去防止遗忘。”复习最好在遗忘之前，倘若在遗忘之后，效率就低了。复习还要经常，不能一曝十寒。

2. 查缺补漏，保证知识的完整性。

我们平时学习中难免出现理解或记忆上的知识缺漏，通过复习，一旦发现，要及时弥补，加强薄弱环节，学得更扎实。事实证明，凡是抓紧复习的同学，经常对知识查缺补漏，很少在学习上欠“债”，他们总能获得比较完整的知识。

3. 先回忆，后看书，增强复习效果。

每次复习时，先不忙看书，而是把老师讲课的内容（包括思路）回想一遍，概念、公式及推导方法先默写一遍，然后再和课本、笔记相对照，哪些对了，哪些错了，哪些忘了，想一想为什么会错、会忘。针对存在的问题，再看书学习，必然留下深刻印象，经久不忘。这种回忆，既可检验课堂听课效果，增强记忆，又使随后看书复习重点明确、有的放矢。对于课后复习来说，确能深化理解，强化记忆。

4. 看参考书，适当拓宽知识面。

课后复习时还可看一些参考书。参考书要精选，不宜多，最好在老师指导下每科选一本。看参考书要和课堂学习同步进行，即围绕老师讲课的中心内容或自己不懂的地方，作为看的重点。还要和教材对照起来看，以掌握教材知识为主，适当加深加宽对书本知识的理解。参考书中的精彩部分，可取其精华，随手摘记。

5. 整理笔记，使知识条理化、系统化。

边复习边整理笔记，是使所学知识深化、简化和条理化的过程。整理可以从三点入手：

（1）补充提示。补充听课时漏记的要点或复习时新的体会、发现，提示教材的重点、关键，或正确思考的角度、方法等。

（2）综合归纳。概括各知识要点，写出内容摘要。

（3）梳理知识，抓住知识之间的联系，理清条理，编出纲目。

6. 复习应注意的四个问题：

（1）掌握好复习时机。及时复习比延迟复习效果要好，但也并非越早越好。复习的最佳时机，要根据个人的学习习惯，根据课程的性质、难易程度而决定。听课较吃力，疑难问题多，就要及时些；当堂基本听懂，复习只是深入钻研，则间隔一两天，影响不大。课程概念、原理抽象费解，复习就应及时一点；讲课主要是叙述性内容，与书本内容一致，也可以间隔一段时间再复习。

（2）复习安排要合理，通常有集中复习、分散复习、穿插复习三种形式。课后复习宜于分散、经常进行。以记忆为主的学习内容，如英语的单词、语文的背诵课文，要依靠多次重复以强化记忆，应分散复习。阶段复习最好集中用整块时间，一次复习深透为好。当然集中复习又可将性质不同的课程（如史地、数理）交替安排，穿插复习，使大脑各神经区得到轮换休息，脑的工作效率就更高。

（3）个人钻研为主，相互讨论为辅。“独学而无友，孤陋而寡闻。”善于从集体讨论中复习，比个人冥思苦想的复习好处多。但讨论应以个人钻研、独立思考为基础，事先要有准备。讨论中也要开动脑筋，不能有依赖思想。讨论应有明确的中心，人数不宜多（二三人即可），而且要和个人的学习安排结合起来，才能起到促进复习的作用。

（4）复习方式要多样化。复习不应是机械地重复。除了背诵、抄写，还可运用自我提问、举例说明、比较分析、材料对照、绘制图表、编写提纲、做练习题等多种方式。复习中还要不断增添新的信息，把过去学的和今天重看的感受认识加以比较、分析、提高，发挥思维的灵活性和创造性，求得每复习一次都有新收获、新创见，充分发挥“温故而知新”的“知新”作用，这样创造性地多样化复习能明显提高复习效率。

“四化”复习法

总复习中，怎样才能既进一步理解知识，活用知识，又从新的角度融会贯通，而不是简单地重读一次，有的同学采用消化、简化、序化、系统化的“四化”复习法，取得了显著的效果。

1. 消化。

这是知识有效地存储的基础与前提。如果对所学的知识不理解，就谈不上真正的消化，而不消化的知识是进不了“信息库”编码存储的。如果只是“死记硬背”，机械地重复记忆，即使背得滚瓜烂熟，所复习的内容在我们的头脑中，也只能像油浮在水面上一样，不能同头脑中已有的知识融合在一起，这就会出现“消化不良症”。

要消化，就要从自己的实际出发，做到有所不为，才能有所为。复习时，回头一看学过的知识有许多很陌生，许多不会。此时如果急躁、贪多，什么都想学，想一口吃成个胖子，结果只能贪多嚼不烂，复习跟没复习区别不大。要治疗“消化不良”，就不能贪多求快，要从一点一滴做起，稳扎稳打，步步为营，宁肯少些，也要好些。

2. 简化。

这是总复习关键的一环。所谓简化，就是前面所说的把厚书读薄。画“语文知识树”“数学知识树”等方法，前面已经说过，就是一种把书读薄的方法。

简化的关键是将知识浓缩概括，将繁杂的知识简单化，零乱的知识条理化，相互之间逻辑化。经过加工整理，就可以用简单明了的公式、符号和图表等多种形式，将知识纳入有机的体系之中；就能把知识变成自己的，即利于记忆储存，又便于提取使用，运用时就能做到思路纵横伸展，左右逢源。

3. 序化。

这是从占有知识到牢固储存知识过程中的重要一步。从某种意义上讲，“序化”的过程，也是对知识进行“集装”的过程。如同轮船装货，同样多的货物，用“集装箱”装比起散装来，所占体积要小得多，装卸效率要高得多。有条不紊地将输入的信号分别装入大脑的各个有关功能区，进行编码和存储。如果复习中能按各学科知识的内在规律与联系，进行比较、分析、分类、综合和小结，各种知识都可以有规律地进入存储系统之中。

4. 系统化。

某些同学理解的系统化，就是经过查缺补漏，能全面系统地掌握知识。这跟前面说过的“简化”“序化”有相同的地方。某些同学喜欢这样总结他的复习经验，尽管在逻辑上有经不住推敲的地方。但这样思考久了，运用时间长了，便也不失为一种有效的、特殊的复习方法。

三步复习法

张海同学在班级学习中等，他自己预测能考上一般院校就不错了，家长和老师觉得也是这样。高考成绩出来，居然被自己觉得希望不大的第一志愿——国家重点大学吉林大学录取。同学们询问他原因，他觉得主要是自己复习阶段进步快，他介绍说，自己复习分三步走。

第一步（3—4 月份）是系统复习阶段。一般是把所学知识系统地复习一遍。这一遍着重是狠抓“双基”，吃透教材。

复习方法不是重读课本或强记定理和公式。如果你平时学习方法得当，那么只需要翻阅一下笔记，或读一下课文画了线、做了标记的内容就行了。

然后，要对主要内容、观点和论点进行概括和总结，再按照一定的逻辑体系，融会贯通地组织材料，做到：纵向联系成一线，横向联系成一片，不仅搞清每个原理的来龙去脉，而且使知识系统化。在掌握知识内在联系、加深理解的基础上，再运用原理和公式解答各类习题。

第二步（5 月初—6 月中旬）是查缺补漏阶段。针对自己的薄弱环节，再打一次歼灭战，使自己的知识整体化，做到无较大缺漏。

第三步（6 月中旬—7 月 3 日）是最后回顾、贯通、巩固和运用知识自测的阶段。

这三步是就一般情况而言，不是绝对的。要注意两点：一是要与教师的辅导尽可能相结合；二是要从自己的学习实际状况出发，与自己掌握知识的实际情况相结合，不能千篇一律。

三段复习法

有的优秀同学在介绍复习方法的班会上，介绍了自己学习使用过的三段复习法，许多同学觉得有参考价值。

第一段，全部学科的总复习。

1. 列出重要内容一览表。

为了便于记忆和应用，你要把重要内容列成一览表，将其纵横关系整理清楚，做到一目了然。

一览表可以一张张分别做，也可以综合在一张大纸上。对于那些需要背诵的、互不连贯的内容，则可以使用卡片来记忆。这一阶段的工作，主要是整理一览表和卡片，在以后的阶段复习中，只要不时地加以使用便可以了。

2. 消除疑点。

在完成了“整理”工作后，就应开始实质性的复习了。这时候往往会遇到一些疑难问题。一般来说，这类问题大多是有关考试的“关键性问题”。一定要理解深透，如果能以这类问题为中心开展相互讨论，必然大有好处。比如讨论中，你无法扼要说明问题，这就表明你对那个问题仍未彻底掌握。

第二段，全力突破成绩不佳的科目。

这一阶段主要目的，是突破成绩不佳的科目，但这并不是说其他科目可以丢开不管。

1. 重点在于做练习。

这个阶段的复习重点在做练习，以训练应用能力。像数学、物理等学科，可以使用习题集之类的书。所做的练习，要和教材的基本内容有关，并参照有关的一览表。

语文、英语等学科，要以教科书为中心，反复练习读法、译法、语法等。这些学科的知识范围较宽，复习时应把思路放开些，把有关的知识联系起来进行综合练习。

2. 征服较差学科的方法。

征服较差学科，最重要的是巩固基础。基础不扎实，却猛看各类参考书，或是做各种很难的练习题，不但浪费了时间，效果还不会好。关键是应真正掌握基本的概念、公式、定理等。

复习这类学科，最好是与一位擅长这些学科的同学一起进行，这有利于你在短时间内提高成绩。

面对一门学科，你也不能平均使用力量，可以把了解的部分做一般的复习，把主要精力集中在加强薄弱环节上。

第三段，各科重点复习。

临近考试的冲刺阶段，心情比较紧张，这时怎样复习效率高呢？

1. 把教科书的整个体系印在头脑中。

在复习的第三阶段，你可能已经将教科书的内容复习多次。但有些地方是花了很多时间重点复习过的，有些地方是轻描淡写一扫而过的，对全部教科书之间的联系，还没有一个整体的概念。如果不把这些零散的知识按一定的顺序整理成一体，临到考试，由于前后左右的相互关系不尽明白，就难以运用自如。

怎样才能把每门课的体系印在脑中？

你要把第一阶段整理的知识系统一览表拿出来，再专心地看一看，将内容按顺序和它们之间的关系记在脑子里。

记忆的时候，光看是不能完全解决问题的，你至少要把重要的项目背出来，写在纸上。对总的线索有所了解后，其他内容顺藤摸瓜，按逻辑顺序充实，不必那么费劲就记牢了。

2. 由近而远的复习策略。

考试的最后冲刺阶段，一般人往往按考试范围的顺序，“由远而近”地复习，即先复习某一学科的第一册，从 1、2、3、4 页开始，再复习第五册、第六册。这样复习有好处，开始很用功、很周密。但也有的同学随着时间越来越紧，越往后，越松垮，最后匆匆结束。还有的一看时间不够用，便抱着听天由命的态度，或干脆把后面部分省去，以“碰运气”的侥幸心理来对待考试。

其实，后面部分的内容和前面相比，是对前面知识的综合，难度也高，出题的可能性当然也大。既然如此，却把大部分时间花在前面的内容上，便有些得不偿失。

另外，后学过的知识复习起来印象还比较深，回忆起来，比较省时间。

后学的知识，一般综合性比较强，常常牵涉到前面的知识，这样在复习后学的知识时，遇到以前学过的较模糊、拿不准的知识，再随时往前复习，容易使前后知识联系起来，两者都加深了印象。

总之，临近考试的冲刺阶段，对重要内容，先复习最近学过的，然后再一步步向以前学过的知识延伸，这样复习，效率更高些。

锥形复习法

诺贝尔经济学奖获得者、美国的西蒙教授曾经说：“对于一个有一定基础的人来说，他只要真正肯下功夫，在 6 个月内就可以掌握任何一门学问。”

这话是有一定的科学根据的。心理学的研究成果表明，一个人 1—1.5 分钟可以记忆 1 个信息块，而每一门学问，估计大约包含 5 万个信息块。如果 1 分钟记忆 1“块”，那么记忆 5 万“块”信息，大约需 1000 小时；以每星期学习 40 小时计算，掌握一门学问，大约需 6 个月。

事实证明这也是可能的。只有初中文化的熊存瑞，17 岁那年立志要当个音乐家，以每天 10 小时的时间，苦练一年多手风琴，终于使专家们为之叹服。后来，他又以每天 10 多个小时的时间攻读英语，两年时间学完有关专业的全部课本，以全国第一名的成绩，考入北京大学西语系，插班 2 年级。不久，他又攻读考古学，半年时间自学完大学考古专业 4 年的课程，一举考取考古研究生第一名。熊存瑞所用的，正是集中力量于一点的“锥形学习法”。

所谓锥形学习法，就是选定专一的学习目标，集中时间，集中精力，攻其一点，务求突破。

运用“锥形学习法”之所以会取得那么高的学习效率，道理就在于：其一，排除了干扰，减掉了无效劳动，减少了犹豫、拖拉的时间。其二，在一段时间内，用“大运动量”的学习，集中一点，强化刺激，促进了记忆。其三，学习节奏的加快，缩短了新知识与旧知识点的联系，促进了新旧知识和融会贯通，促进了知识结构的建立。

“锥形学习法”适用于学习一门新知识，当然也会适用于复习一门已经初步学习过的知识，假如你能把总复习时间分成几个阶段，每一阶段集中精力，突破一个学科，尤其是自己原先认为没有把握的学科，一定会收到满意的效果。熊存瑞用半年时间自学完大学考古专业 4 年的新课程，我们迎接中考、高考的复习，一般是用半年时间复习两年半以来学过的旧课程。他自学新课程，是自己未学过的，又没有老师指导，还能够考取考古研究生第一名。我们复习旧课程，又有老师指导，如果也达到他那样专一的课程，一定能取得理想的成绩。

“趁热打铁”复习法

这是通过及时复习，克服遗忘、强化记忆的方法。它在课后复习中广泛使用，最为常见。

科学实验表明，人们记忆学习材料后，在 3—7 天内遗忘最快。一般来说，在 9 小时以内，趁着头脑里还有些记忆痕迹时，花 10 分钟复习的效果比在 5 天或 10 天以后花几小时复习的效果还要好。及时复习，就要赶在遗忘之前，在记忆犹新的时候，“趁热打铁”，可以收到事半功倍之效。

这种复习方法的一般步骤是：

1. 每天晚上用一定时间，对当天所学的新课做一次复习。可以先回想，重温新课的主要内容，再翻开课本或笔记本核对，深入理解。

2. 复习后再做作业。通过作业练习，深化理解和运用新课的知识。

3. 对记忆难点（如英语单词、语文背诵课文等）在当晚临睡前或第二天起床后再花少量时间，加以复习巩固。

运用此法有两个要点：

1. 贵在“及时”。要把握学习的有效时机，养成“今日事今日毕”的好习惯。

2. 遵循学习规律，坚持先复习后作业。即使没有书面作业，也应坚持复习。

“旧路新探”复习法

这是一种变换阅读和思考顺序的复习方法。

机械、单调地重复同一知识，往往使人生厌。“旧路新探”法适当变换复习顺序，采用“顺逆交错”的方法，能给人新鲜感，易有新的发现，复习效果增强。

1. 逆思。从教材最后的章节开始，从尾到头地逆思，默忆一遍教材的主要内容，溯本求源地探索它的知识脉络。

2. 顺读。从头至尾地依顺序读教材。由因求果，理清它的内在联系及发展线索。

3. 顺逆交错思考。上述“逆思”“顺读”反复多次，交错进行。这样执因求果、溯本求源的交错思考，极有利于掌握教材的结构特点，弄清知识的来龙去脉，既能巩固深化理解所学知识，又能理清思路，学习思考方法，独立探索问题。

运用这种方法要注意：

1. 读思结合。逆思与顺读要互相照应，对记忆不牢的内容，再读时要重点复习，强化记忆。复读不懂的问题，要叫“暂停”，多思深究，及时解决。

2. 贵在出“新”。这种复习不能只满足于回忆起所学知识，而要透彻理解，融会贯通，力求有新的体会、新的发展。

编写“错题集”

“人不该在一个位置上跌两次跤”，意思是该及时吸取教训，及时分析失误的原因，及时改正，不在一个问题上犯两次错误。

事实上，“人常常在一个位置上跌两次或更多次跤”。有相当数量的同学，一个错误，常常一犯再犯。

为降低错误的重复率，我一直要求学生编写“错题集”。

每人准备一个大笔记本，页数为 100 页，分为五个主要学科：语文、数学、英语、物理、化学。根据自己的成绩事先预留出每科的页数。以每科平均 20 页计，赵磊同学语文成绩好，就预留 10 页，因这科错题少。数学分数比别的科稍低些，就预留 30 页。赵小磊同学恰恰相反，语文成绩低，数学则很少错误，他就预留语文 35 页，数学则只留出 5 页。

平时自测，或老师组织的小测验，期中、期末试题，每次考过之后，就把做错的题重抄一遍在“错题集”上，错误的答案和正确的答题过程都要写上。必要时，还要写出错误原因。

人们认识事物的方法和能力有很大差异。但纷繁复杂的差异中又存在着若干普遍规律。这就决定了在一些情况下，人们很可能要犯某种类型的“典型错误”。

中学生因受年龄特征、学习基础、生活习惯等条件的影响，常犯一些典型错误，例如：许多中学生因受汉语习惯的影响，学说“中国式英语”，如初中学生把“他比你高”说成 He taller than you（应是：He is taller than you），这类汉语习惯的干扰很难排除。

据调查，只有 4% 左右的中学生能在作业中通过 5 次纠正错误，基本排除汉语对某一外语语法知识的干扰作用，有 90% 左右的学生需通过 10 次以上的更正才能排除汉语的干扰作用。

这说明因汉语习惯干扰而产生的外语错误是多么典型、多么难改，要战胜各科上的“痼疾”，编“错题集”是有效的办法之一。

有的错误，老师强调，学生也听了，但重视程度不够。如：赵伟同学把“考试”两个字写错了。我强调了两次，到期中考试时，他又写错了。后来，我请他把这两个字编入“错题集”，并好好分析一下原因，他照办了，原因分析得很符合他的心理实际。这以后，这两个字他再也没写错过。

“错题集”一般这样写：

先写清测试时间、地点以引起注意。

科目：数学

题目：若 $|a|=-a$ 成立，求 a 的取值范围。

错误：当 $|a|=-a$ 时，$a<0$

正确：$a\leqslant 0$

原因：概念不清。

科目：化学

题目：下列反应能否发生

$Cu+H_2SO_4=CuSO_4+H_2\uparrow$

错误：能。

正确：不能反应。

原因：因记忆错误不能灵活运用金属活动性顺序的知识而导致错误。

科目：物理

题目：质量 0.5 千克的锤子以 25 米 / 秒的速度打在铁块上后，又以 10 米 / 秒的速度弹回，设接触时间为 0.02 秒，求锤子对铁块的平均作用力多大。

错误：取竖直向上的方向为正方向，则 v_0=−25 米 / 秒，v_t=10 米 / 秒，根据动量定理 $F \cdot t = mv_t - mv_0$

$$\therefore F=\frac{mv_t-mv_0}{t}$$

$$=\frac{0.5\times10-0.5\times(-25)}{0.02}=875\text{（牛顿）}$$

又因为锤子对铁块的平均作用力与铁块对锤子的反作用力是大小相等的，所以锤子对铁块的平均作用力是 875 牛顿。

正确答案：动量定理中的 F 应是研究对象所受的力。在锤子重力不可忽视的情况下，F=N−mg，所以铁块对锤子的弹力 N=F+mg=875 牛顿 +5 牛顿 =880 牛顿。由于作用力与反作用力大小相等，因此锤子对铁块的作用力应是 880 牛顿。

该错误是由于对动量定理理解不深造成的。

这样的“错题集”，优秀学生一学年五个学科加在一起，写不了 100 页。复习的时候，他们先看“错题集”，把“错题集”上的题再做一遍，这样，用时少而复习效率高。

1982 届毕业生鲁良旗的“错题集”就编写得格外认真，在有些同学看来根本不值得重视的笔误，她也认真分析原因，制定具体的改正措施。她的“错题集”比一些成绩不如她的人写得还多还细，正因为她格外认真对待每一点错误，到后来考试，她错得越来越少，后来以优异成绩考入清华大学。

后进学生每次考试丢分多，“错题集”量太大，他想都改，结果顾此失彼，每况愈下。我引导他们每次只将有可能改正的错题编入“错题集”，如：张军同学的数学，150 分只得了 85 分，丢掉了 65 分。对他来说，入班时数学只得 45 分，现在能有 85 分成绩就是很大进步了。结果他把错的 65 分都编入“错题集”，下次也不可能都改正，还加重了他的烦躁的心理。我引导他只挑自己觉得不服气的，觉得下次能改的 25 分编入“错题集”，这样，他能超过及格线，再认真些，能达到 110 分，他就越学越有信心，形式上“错题集”编少了，实质上他多学了知识。

填“学习病历”

我们到医院看病，要填写“病历”。身体上有病，填“病历”。学生思想上有了病，我也引导他填“心理病历”。学习知识有了缺陷，我也引导同学们填写“学习病历”，以使纠正错误变得生动有趣些。下面是杨颖同学写的一份“学习病历”。

疾病名称：字词，课后题记忆缺陷。

发病时间：已有一年半之久。

发病原因：一拿起书来，便认为自己什么都会了，背得马马虎虎，复习密度不够。

治疗方法：端正学习态度，使用快乐学习法。背课后题不像背课文那样能享受到美好的境界，但可以把课后题当成一项游戏，和小孩子们玩的搭积木游戏一样，越玩式样越多、越新鲜、越好玩。背字词按理说不难，可是每当我背起它们，总自以为是，认为自己什么都会了，有时兴趣来了，一狠劲钻进背诵中，把字词背得好熟，可事后不复习，对一般的测验也是敷衍了事，到考试时才尝到苦滋味。今后背字词，利用早晨背一些，晚上再复习一遍。

几个疗程：两天连续坚持，隔一天再继续重复，如此治疗，每天用 90—100 分钟，大约 10 天，整册书的字词，课后习题可较准确地记忆。

每次考试之后，我都要求学生按失误分析，填一张表（孙星慧同学填写）。

	语文	数学	英语	物理	化学	总计
记忆不准	10	8	2	5	3	28
笔误马虎	2	3	2	1	3	11
不理解	7	7	1	6	1	22
总计	19	18	5	12	7	61

上面这张表是一份期末成绩分析表。期末成绩一揭晓，满分 500 分，最高分是 478 分，孙星慧得了 439 分。和第 1 名相差 39 分，排在班级第 18 名。她以前一直排在前 5 名，一下子下降这么多，她情绪变得非常低落，一时竟不知如何是好。

我引导她分析各科失误原因，她才感觉到，记忆丢的 28 分不可怕，下次完全可以夺回来，笔误马虎的 11 分自己本来会，只是进考场太紧张了，下次注意训练自己的情绪，也可夺回来，仅这两项就可再拿回 39 分。倘若再加强复习深度，不理解的题再夺回几分，进入前 3 名是有把握的，发挥得好，可以夺第一。

一些中等生和后进生每逢大型考试公布分数之后，面对不理想的分数常常发愁、难过，还有的掉泪、焦虑。不是把力气用在分析原因、制定措施、争取下一次进步上，而是用在对自己丢分太多的忧虑中。

其实，每次考完，诊断一下自己丢分的原因，将其大致分为三类，一类因记忆不扎实丢分，二类为本来自己会做，只是因为笔下误答或心算失误丢分，三类为很难的题，确实因不理解而丢分。一般说来，同学们丢分大多是前两类原因、前两类病症，只要肯努力、多练，是容易医治的。这样分析，便增强了信心。

不用橡皮纠正错误

日本著名教育学家系川英夫，曾将300名学生分成两组。一组可使用橡皮涂改作业中的错误，另一组只许在错处用红笔打上“×”。

结果人们惊奇地发现，使用橡皮的那组学生，在作业相同的情况下，其差错出现的概率比后一组高出30%。

系川英夫认为，在学习过程中，学生很容易为新异、醒目的刺激所吸引。用红笔给错误打上“×”，把犯错误的教训保留下来，对帮助学生吸取教训是十分有益的。

如果再让学生在错误旁边写上正确的内容，使其进行正和误的鲜明对比，则又能进一步帮助学生用正确知识去改正错误。

这种“不用橡皮法”对强化记忆和理解作用显著。用橡皮把错误擦掉，除能保持作业整洁外，似乎再无优点。权衡利弊，还是“不用橡皮”为好。

介绍这种方法的目的，在于更好地战胜错误，而并非提倡“马虎”，有时使用橡皮也是必要的。提出“不用橡皮学习法”，是为了帮助同学主动战胜错误。

系川英夫提出“橡皮——学生思维发展的障碍”这一观点后，引起许多人的重视。我国也有多家报刊予以转载，有的地方还进行了实验，均获得了良好的实验效果。我们学用此法，要因人因年级不同而取其精华，灵活运用。

8-1 > 8

我们班学生除了做课间操、眼保健操、练气功是和全校同学一样，每天还要有一节课时间跑步和体育活动，每天还要做100个仰卧起坐、俯卧撑。

用这么多时间锻炼身体，不耽误学习吗？近20年的实践表明，不仅不影响学习，还会提高学习效率。

成百成千的例子证明，入学时成绩相同的学生，每天坚持锻炼身体的，几年之后成绩会超过，甚至远远超过不锻炼身体的学生。

我们班历届坚持持之以恒跑步、仰卧起坐的同学80%都是班里的学习尖子。即使个别不是尖子，也由于长期锻炼，持之以恒，而远远超过了入学时和自己成绩相同而不认真锻炼的同学。

《8-1 > 8》这篇命题作文，我引导一届又一届的学生反复写。从每天8小时学习时间中挤出一个小时用于锻炼身体，虽然只剩了7小时学习，但效率会大于不锻炼身体、只顾埋头学习的8个小时的效率。

20世纪70年代末期，我们这样注重体育锻炼时，个别家长还怀疑，怕影响孩子的学习。待到一年以后，看到自己的孩子体质增强，精力充沛，意志也比以前坚强，成绩提高了，他们便由衷地支持体育锻炼了。

刘洋、李智、冷双、林翟，这些平时跑步十分自觉的同学，如果赶上几天连续下雨，就觉得浑身疲乏，思维也没有往常敏捷，他们便采取在室内增大运动量的办法，增强体质。

第九辑

从容考试

一个学生，十几年学校生涯，面对无数次考试，应该尽早训练自己轻松进考场，有心答题、无心想胜负的心理，久而久之，形成习惯，自然在考场上能正常发挥，甚至超常发挥。

自己出考试题

有一年临近暑假前一个月，同学们在紧张地准备期末考试。

课间，同学们不知不觉地猜测起，这次考试可能出哪些题目。你一言我一语，争得热火朝天。连续几天的课间，大家都自然地搞这种猜题活动。我觉得这有利于调动大家的积极性，便提出：“咱们每个人出一套模拟考试题，大家抽签做。等到正式考试以后，看谁猜中的题多。”

大家觉得挺有趣，便高高兴兴地出考试题。

因为要出题，就要回忆以前考试的题型、命题的一般原则。

因为出试题，就要将以前的知识全面复习一遍。

因为出试题，考别人，自然得挑选重点、难点。

学生出考试题能出好吗？开头出不好，练习一个阶段就好一些。我们班学生自己出考试题，出了 20 多年了，出题的水平逐渐提高。

具体怎么做呢？大致有两种方法：一种方法是自由式。比如学完文言文单元，我们也出题互相考。每位同学根据自己的经验、认识，确定这组题一共分几种题型，几道大题，各包括几道小题。知识的覆盖面，题量大小，分数分配全由自己确定。

还有一种方法是规定式。以第三册文言文单元为例。本单元我们确定需掌握的知识点如下：文学常识 12 处，通假字 7 个，易错字 85 个，虚词 13 个，实词 169 个，重点句子 49 句，背诵古诗 7 首，课后习题 12 道。班级规定单元试题必须从知识点以内出，规定必须出 7 道题，且对每道题的题量、分数也做了严格规定。如：

第一题：文学常识，考 5 处，计 10 分。

第二题：通假字，考 4 个，计 2 分。易错字，考 10 个，计 5 分。

第三题：虚词，考 5 个，计 5 分。

第四题：实词，考 10 个，计 30 分。

第五题：译句，考 5 句，计 20 分。

第六题：默写，考 5 句，计 10 分。

第七题：课后习题考两道，计 8 分。

题量确定后，由每位同学根据自己的认识去填具体考试内容。出题时究竟采取自由式还是规定式，由同学们举手表决。试题出完要写上出题人的名字。

答题的时候，试题先交给承包考试的刘洋同学（起初是交给我），然后每人轮流抽题，抽到谁的就答谁的题；偶然抽到自己的题，就再重抽一次。

答题以后，将试卷连答案都交给出题人，出题人根据自己确定的评分标准评卷。

评卷以后，出题人将结果告诉答题人，答题人可以提出不同意见，双方讨论，倘若仍不一致，再找班干部或老师最后确定分数。

每次考试前，我还和学生一块儿讨论补考的分数线。近五年，语文 150 分满分，我们确定 120 分以下的要补考。补考由甄慧同学负责，她组织几名 120 分以下的同学，重出试题，再找一自习课时间补考。

20 多年来，作为老师我不再出题考学生，学生们觉得，这样考试有如下几点好处。

首先，复习目标明确。

逐项逐个复习知识点，不容易顾此失彼。复习后将不会的内容挑出来，成为试题。因为试题的标准答案还要由自己做，这样难点也解决了。有一位学习后进的同学，上出试题课已经 20 分钟了，还没出完第三题（此题是虚词）。问他为什么，他回答道：“还没找够最难的词，容易的又怕考不住别人。”

其次，学生感觉主动。

过去老师出题时，中下等学生摸不清老师思路，基础又差，不知从何复习，干脆躺倒不干，等着挨打。现在自己出试题，复习目标明确，又可主动向同学出击，中下等学生积极性也高起来了。

最后，同学之间互相考，兴趣浓。

看同学们抽题时那种期待、神秘、愉快的表情，就知道他们对同学们出的试题多么感兴趣。学习尖子抽到尖子的试题，答得非常认真，抽到后进同学的试题呢，更不敢怠慢，因为让后进学生挑出毛病来，太丢面子啦。后进同学答题积极性也高，有的还能给尖子学生指出试题某处不合理。他们出题更是认真，马尧同学，1996 年入学考试全校倒数第一，语文才得了 27 分。1997 年春节前，市里统考，他达到及格线，得了 92 分（满分 150 分）。有一天洛阳一老师来听课，我外出回来晚了，进屋一看，马尧还在静静地自习，原来在出月考试题。尽管我没布置，他也知道按计划快月考了，那么考前就该出试题。他谈到自己的进步时说："过去我不知道怎样对付考试，自从出考试题，我就知道了该怎么复习，哪些容易得分要狠抓，哪些不太重要，就不用太多时间学。"

考试的目的和作用

考试是学生学习的基本环节之一，它是对学习效果的检查和评价，并从中起反馈作用。

适量的考试有利于激发学生的学习兴趣，有利于培养学生的竞争意识，有利于增强班级、学校的凝聚力，更有利于上级学校及社会发现人才，选拔人才。

一般情况下，考试分四个层次。

1. 学校组织。

学校出面组织进行的考试有阶段考、期中考、学期考。这种考试的作用是检查教师的教学效果和学生的学习效果是否达到教学大纲规定的目标。学生成绩将作为升级、留级或毕业的依据。考后经过老师的讲评，可以促使学生总结经验、补缺补漏、改进学习方法，起到激励学生奋发向上的作用。

2. 教育行政部门组织。

市、县、区教育行政部门组织的学期、学年或学科结业，中学毕业统一考试，就检查学习效果、促进学生学习而言，作用跟学校组织的考试相同。不同的是在统考范围内有一个统一标准。通过统考，可以评估各学校的教学质量，并做出指标，引导各校朝着正确的教学方向走，对学校起到指导、监督、激励的作用。

3. 国家或者省市组织。

升学考试一般由国家或省市组织。这是一种选拔考试，择优录取，分配到各类高一级学校，难度和标准化程度要求比上述两类考试要高。如高考，由考试大纲提出明确要求。

4. 学科竞赛。

国际或国内各级教育行政部门和各级各类学术研究会组织的学科竞赛，属智能考试，在于发现人才、鼓励拔尖。考试内容不受教学大纲约束，要求智力高、能力强、知识面广。

考试是生活在现代社会的学生、成人必须面对的现实，是无法躲避的现实。既无法躲避，那就该多从积极的一面去考虑，对提高自己的素质更有利。

同样面对考试，有的同学越考抗挫折能力越强，越考学习积极性越高，越考自学能力越强，这样就使考试的积极作用在自己身上得到了充分发挥。

了解命题的方向和要求

为了有效地备考，一定要了解命题的方向和要求。

考试命题一般都有一定的指导原则，考试范围都有一定的根据。

考试的要求和范围主要是根据国家颁发的《教学大纲》和部编教材，还有就是教育行政部门颁布的《考试大纲》《复习范围》和有关指令。

高考命题的指导思想，有关报纸、杂志都曾做过明确的介绍：既要便于高校择优选拔学生，又要有利于中学教学工作；既要高于高中的毕业考试，又要不脱离高中学生的实际。

命题的内容以中学各科教学大纲和现行教材为依据，突出重点，兼顾全面。题目的覆盖面要尽量大，即力求知识面广，机动灵活，不偏不怪，不超大纲，深浅得当，分量适宜，题型多样。从近几年的试卷研究中可以看出，题目的特点是“广、小、巧”。广，就是覆盖面广；小，就是题目小；巧，就是解答要求灵巧。

难度要求大体有这样的规律：一份试卷的组成，考记忆和理解水平的题量约占 50%；考分析和思考水平的题量约占 30%；考综合运用和创新水平的试题约占 20%。

每年高考，各科难度实际上不完全一样。而且同一科，不同年份考题难度也不一样，总会有摆动。摆动的原因，一是跟命题的老师有关。二是跟对上一年考题的反映有关，太难太易都将有所调节。三是跟形势有关，如跟教育改革的形势有关。

了解考试的题型和命题的原则

有的同学可能说：“我们班级从来不自己出考试题，更不互相考试，互相评卷。我该怎么办？”

我建议，每次大考前，不管老师要求不要求，你都提前出一套模拟试题，这对你提高应试能力帮助极大。

出试题，能使你了解考试的题型和命题的原则，备考就做到了心中有数。

1. 题型。

在长期的考试实践中，发展出多种多样的题目形式，根据评分是否客观，可分为客观性题型与非客观性题型。前者指选择题、是非题、分配题、填空题、排列题等能客观评分的试题；后者指问答题、论述题、作文题等不能客观评分的试题。

2. 命题的一般原则。

尽管试题的种类繁多，形式不同，功能各异，但在编制时是有一般原则可循的。

（1）试题的形式要符合考试目的，要能测出所欲测量的知识和能力。

（2）内容取样要有代表性，亦即覆盖面要大，各部分内容比例要适当。

（3）题目格式不要使考生发生误解，要使考生明白让他干什么，怎么干，答案应以什么形式出现。

（4）语意要清楚，文句要简明扼要（但不可遗漏解题所依据的必要条件），要避免使用含义很深的字词，除阅读测验外，应使成绩尽可能不受语言能力影响。

（5）应有不致引起争论的确定答案（但并不是只能有一个正确答案）。

（6）各个试题必须彼此独立，不可互相牵连，不要使一个题目的回答影响另一个题目的回答。

（7）题目中不可含有暗示本题或其他题正确答案的线索。

（8）题目难度要适合受测团体的知识和能力水平。

（9）题目内容要具有一定思想性、教育性，至少不应给学生带来不良影响。

（10）施测与评分方便、经济，且不易受无关因素干扰。

3. 选择题的编写要领。

在标准化考试中最常用的是选择题。此种题目在结构上包含两部分：一部分叫题干，由问句或陈述句（可以是完整的，也可以是不完整的陈述）所构成；另一部分叫选项（亦称备选答案），包含一个或几个正确答案及若干个错误答案。

编拟选择题的要领如下：

（1）根据考试的目的和内容采用最适当的题型。

（2）选项要简短，必要的叙述或相同的修饰语应全部置于题干中。

（3）每题只能环绕一个中心，并有一个或几个正确答案，正确答案在内容和形式上不可特别突出，但其正确性必须确凿无疑。

（4）题干应当包含解题所必需的共同要素，并尽可能做到精练、准确、清楚，不要把选项夹在题干中间。

（5）错误答案应对考生具有迷惑性，不要错得太明显，此种答案可以是学生经常发生的错误，也可以是一般性的误解和似是而非的内容。

（6）各个选项在形式上应该协调一致，或为数字，或为图形，或为人名。文字长短也应大体相当，以免对正确回答提供线索。

（7）选项之间不应相互重叠，相互包含，相互依赖。

（8）几个选项最好随机排列或按逻辑顺序（如按量值大小、时间先后等）排。正确答案在每个位置上出现的次数要大致相等，且不要形成固定的格式。

（9）所有选项在逻辑上和语法上都能与题干相接，否则本来正确的答案，考生会因为它在逻辑上或语法上与题干不衔接而放弃；反之，如果干扰答案在逻辑上或语法上与题干不吻合，被试者就会根据常识发觉它们之间的矛盾而加以排除。

（10）题干要尽量创设新的情景，文字要自己拟定，避免重复书本上的现成实例和措辞。

4.选择题的常见题型。

有单选题，只有一个正确选项；还有多选题，有一个或几个正确选项。下面以单选题为例，研究它的常见题型。

（1）最佳选择题。此种题目的基本模式是在每个问题下有四五个可供选择的答案，其中只有一个是最佳的，即最符合题意的答案。

（2）配伍选择题。此种题型是几个问题共用一组答案，备选答案放在问题的前面，问题与答案数可不相等，每项答案可选用一次，也可以重复选用几次，或一次也不用，但每个问题只允许选择一个答案。

（3）比较选择题。此种试题主要考查应试者对两种类似情况或数量作比较、鉴别的能力。试题的形式与匹配题类似。也是在一组问题之前，先列出一组用字母标明的答案，要求应试者给每一问题选择一个最合适的答案。由于此种试题只对两种情况进行比较，因此只存在 4 种可能的选择：A、B 代表需比较的两项实质性内容；C 代表两者都正确（有关，均有等）；D 代表二者都不正确（无关、均无等）。

（4）组合选择题。此种题型的标准模式，是在题干后面列出 4 个数字标明的选择答案，其中可以包括 1 个、2 个、3 个或 4 个正确的选择，在排除错误选项或认定正确选项后，按规定组合格式，选择一个字母作为答案，约定的组合形式及答题方法是：如果（1）、（2）、（3）是正确的，选字母 A；如果（1）、（3）是正确的，选字母 B……如下表：

A	B	C	D	E
(a)+(b)+(c)	(a)+(c)	(b)+(d)	(d)	(a)+(b)+(c)+(d)

例：一个棱台是正棱台的条件是：

（a）两个底面是相似的正多边形；

（b）两个底面平行；

（c）两个底面中心的连线垂直于底面；

（d）两个底面对应顶点连线的延长线交于一点。

答：（E）

（5）因果选择题。每个问题都由结果或判断、原因或条件两部分组成，回答问题使用字母 A—E，其含义如下：

A. 结果和原因的叙述都正确，并且能用原因正确解释结果（或两者密切相关）；

B. 结果和原因的叙述都正确，但不能用原因正确解释结果（或两者无关）；

C. 结果是正确的，但对原因的叙述是错误的；

D. 结果不正确，但对原因的叙述是正确的；

E. 对结果和原因的叙述都不正确。

例 1. 函数 $y=3\sin^2x+4\cos^2x$ 不是一个周期函数，因为这函数的周期求不出来。

答：(E)

例 2. 有些物体相对静止，其原因是没有受到力的作用。

答：(C)

例 3. 抛向空中的石块总要落到地面，因为有作用力必有反作用力。

答：(B)

例 4. 鲸属于鱼类，因为它生活在水中。

答：(D)

(6) 填空选择题。在每个空白处或每题后提供 3—5 个备选答案，要求受试者从中选出最合适的内容用代号填空，每题可有几个空白要填。

(7) 类推选择题。此种选择题主要考查受试者对事物间关系的概括能力和推理能力。

例：根据前两个词的关系，从所给的五个词中找出一个词，使其与第三个词的关系和前两个词的关系相同。

豌豆→蚕豆；苹果→?

A. 水果；B. 国光；C. 糖果；D. 果树；E. 橘子。

答：(E)

(8) 分类选择题。此种题主要考查分析综合能力。

例：从下列单词中找出一个画线部分发音与其余 4 个不同的单词。

A.f<u>oo</u>t　　B.w<u>oo</u>d　　C.t<u>oo</u>k　　D.f<u>oo</u>d　　E.g<u>oo</u>d

答：(D)

(9) 多项选择题。此种试题的特点是：在题干后面列出多个用字母标明的选项，其中正确答案可能不止一项。考生要把正确的都选上，不必按一定方式组合。

例：二次函数 $y=ax^2+bx+c$ 是偶函数的条件是：

A. $c=0$　　B. $b=0$　　C. $a \neq 0$　　D. $bc=0$

答：(B、C)

5. 其他客观题类型。

（1）是非题。

提出一个论点要考生判断是否正确，对的打“√”，错的打“×”。

（2）填空题。

提出一个不完整的陈述，要求考生把缺少的字词填上，可空一处，也可空几处。

（3）连接题。

列举两组词或两组事物，用线条把有关的词或事物连接起来，实际上就是一种匹配选择题，只是采用了不同的形式。

（4）排列题。

依据时间、大小或其他原则，排列事物的顺序。

经常出试题，猜试题，你就能够摸清老师或教研部门出题的规律、意图。你就由被动挨打，变成了主动出击，越学越主动，越考越快乐，成绩越好。

有效利用考前半个月时间

离高考还有半个多月时间了，有的同学变得焦虑，有的变得浮躁，也有的觉得该轻松一段时间，基本不学习，更多的不知道怎样利用这段时间更有效。

究竟该如何利用这段时间，给自己高考的成功添点砝码，参加过高考，并且取得优异成绩的同学的经验值得我们借鉴。

李凌同学是 1994 年浙江省的高考状元，他从金华二中考入清华大学。他说：“这段时间，我不怎么做练习，主要是浏览课本，整体把握一下知识系统，背一点要背的，记公式、定理，从例题上找点做题技巧。”

北京大学生命科学院学生、毕业于河北省石家庄市二中、高考成绩 687

分的尹鹏说："到这个时候，在学校老师的引导下，肯定已经进行了好几轮复习，大部分学校都开始让学生自己复习。我觉得，应该进行提纲挈领的复习，很显然，这么短的时间要上一个层次是不太可能的，那就要在稳住已有水平的同时，查缺补漏。"

中国人民大学新闻系学生、毕业于陕西西安中学的陈阳同学说："去年这段时间，我是在家自己复习，将大纲要求范围内的教材从头到尾浏览一遍。当然，要想将历史、政治重新背一遍，时间上不允许，只能翻一翻，温习回味一下。遇到较生疏的，则多费点时间，当然这也起稳定军心的作用。"

这一阶段，有的同学觉得做练习没用了，不如光看书；也有的说，做练习能使你浮躁的心静下来。究竟怎么办好?

清华大学计算机系学生、毕业于重庆十八中的袁昱，高考成绩684分。他说："应该做题，拳不离手，曲不离口，只有保持不断地做题，考试时才不会感到生疏。但这时不能钻难题，做点难度适中的基础题，甚至课本上的例题。"

陈阳说："上午头脑比较清醒时就背点书，下午则做点数学题，有时就反复想想解题思路，然后对着答案验证一下而已。"

这段时间，分析自己的错题，或整理我们以前说过的"错题集"很有益处。

清华大学电子系学生、毕业于山西省实验中学、高考成绩683分的粟强同学说："平时复习，一定做过多套综合性模拟试题，几套试题下来，基本上能覆盖应掌握的知识点。复习这些试题可算是一种便捷手段。特别是那些自己做错了的，更要细心地分析分析，找出错在哪里，加以克服。"

李凌同学说："做错的不注意，不下狠劲扭转自己的思维，还会做错的。"

为高考准备很长时间了，到临考前这一段该不该轻松轻松呢?

北京大学尹鹏同学说："不能松懈，心好比在原野上狂奔的马，一旦放开缰绳，就难以收回。这时应该追求心情平静、自然，对高考泰然处之，要把成败看得淡一些，不作太大计较。"

清华大学电子系学生郑治山说："压力肯定存在，主要取决于你如何对待。压力也会增加你的战斗欲望，促使你兴奋起来，更好地应付高考。”

这段时间，同学们都开始注意休息，高考取得优异成绩的同学，一般都注重体育锻炼。

清华大学袁昱同学说：“平时能复习到晚上 11 点。临考前，9 点多就上床睡觉，一般都是 6 点半才起床，锻炼一会儿再去学校。高考不仅是知识的较量，也是体质、精力的较量。这段时间，坚持体育锻炼很有好处。”

不过高考状元们建议不要去搞踢足球等剧烈运动，这一方面体力消耗较大，也比较容易出危险。乒乓球、羽毛球、慢跑之类的轻松活动比较适宜。

相对稳定的生活规律很重要，临考前尤其如此，随意变换作息时间会影响考试时的发挥。

袁昱同学说：“最好不要打破以前的生活规律。但如果你前段时间休息较晚，现在应该调整过来。因为那时你的兴奋点也许在晚上八九点钟，和考试需要的兴奋点不一致，考试时萎靡不振，考完了却兴奋异常，对考题想来想去。这样不仅影响水平的正常发挥，也会对下一场考试造成一定的妨碍。总之，临考前，要早睡早起，将自己一天的兴奋点调得对准考试时间。”

尹鹏说：“考试前，如果条件允许，看看考场，甚至坐坐自己的考座，可以稳定自己的情绪。考试时必需的用具，千万别落下。钢笔没水了，或者铅笔断了，考场上发生这类事都会影响情绪，对考试造成妨碍。天气比较热，不妨带条湿毛巾，擦擦汗。”

这些同学的话都是经验之谈，同学们可以根据自己的实际，汲取有益的经验，提高高考前这段时间的学习效率。

考前“独往独来”好

放学了，同学们高兴地走出教室，拥出校门。有的仨一群，俩一伙，谈着，笑着，走着，只是偶尔想到手里拿的书；有的二人同行，或谈心，或互相提问背诵的内容；有的一人独行，边走，边背诵，边思考。

班长向我建议：“老师，放学路上，几个人一起走不好，常常说闲话，分散精力，有时还打打闹闹，影响团结，有时几个人在路上横行影响交通。咱们班不是常说试试并不吃亏吗？能不能实验一下在路上独往独来，我想会有不少好处。”

征求全班同学意见，100% 的同学都愿试一试。

“试多长时间？”学生问。

“先试一天。”我说。

我想到我们小时候，放学是排成队，出校门，走在大路上，谁到了家，谁就自动走出队伍。那样自然没有几个人的“横行”，不会有打闹，也极少有危害人的闲言碎语。那样做很好，但不一定适合现在的学生，便只同意试一天。

试验当然是指早晨和中午上学、放学的路上，冬天昼短夜长时，晚间必须几个人结伴而行。

试了一天，大家感觉很有趣，又都要求再试三天，试了三天，同学们感觉利大于弊，纷纷要求再试。

同学们还提出选举东南西北四个方向的独往独来监督员，我们还确实设立了放学时走向四个不同方向的监督员。其实只要离开学校 500 米之内独往独来，再往前，一般就不会再寻找说话的同伴了。

课间，活动课，操场上，同学们热火朝天地玩，兴高采烈地交谈。

放学，走出校门，大家各奔东西，同一方向的也保持一段距离，每人拿着一本书，背一个知识点，思考点问题。偶尔有同学凑到一起了，该方向的监督员便提醒：“别忘了，独往独来试验。”

试验了一个星期，请同学们讨论这件事的利与弊，同学们争先恐后地发言：

“好处是心静，我过去和几名同学一起走，常东一句西一句地说个没完，有时说得不是地方，惹得自己和别人生一肚子气。”

“我和张海同学是固定在一起走的，我俩好得不分你我，一放学，觉得该玩一玩了，我愿去电子游戏厅（那时学校和社会还没明令禁止学生不许入内，游戏机还是新生事物），他不愿去，但又不好意思不陪。两人一起去，胆子大多了。他爱吃零食，我不好意思不跟着，于是学会了花钱、吃零食。这么一分开，我们没了伴，电子游戏厅不好意思进，零食吃得也少了。”

“我没有固定的朋友，见人家都两三个人一起走，自己觉得孤独，便勉强找两三个人，跟人家一起走，走了一段不对劲，又找另外两个人，换了同路人，又怕原来的同路人有看法，为此多伤不少脑筋。提倡路上独往独来，恰好符合我的性格。”

“上学放学路上时间紧张，正应该讲效率，可两三个人一走，放学上学往一起聚时，常常你等我，我等你。互相比赛看谁走得快的时候也有，但太少了，大部分时间是说说笑笑，谈谈唠唠，不知不觉比个人走路多费不少时间，还养成了懒散的毛病。”

“两三个人一凑，谈学习少，谈闲话多。闲说，常常涉及同学关系，常常背后谈别人缺点，不仅影响团结，还使自己的胸怀变得狭隘，活得累。”

“路上一个单词活动非常好，不费劲就背会了，但仨一帮、俩一伙地走路，唠着唠着，就把正事耽误了。”

我说：“请同学们不要一边倒，再说说独往独来的坏处。”

静了一会儿，经过启发，有的同学才说：“独往独来可能对性格孤僻的同学不好，他本来就不愿与人交往，路上再没有机会，不更孤独了吗？”立即有同学反驳：“在学校，活动时、节假日时不都可以交往吗？”我说：“他毕竟少了一些交往的机会。”

又有同学说：“学习比较紧张，放学了，随便交往可以放松一下。”又有同学反驳说：“若把学习当成乐趣，就无紧张可言，何况在学校学习，上课时穿插讨论、提问、练习，又有各学科搭配，体音美调节，体操、眼保健操、练气功、跑步、课间活动，已经有张有弛了，路上背知识点也可以放松背，非要一帮一伙地闲谈，那不是轻松，而是松散。”

显然同学们能让理智压倒感情，从较长远的角度分析这个问题。

讨论结果：大家要求以后班级长期规定，路上独往独来。

我说："咱们先不忙着下结论，也不做统一要求，而是顺其自然，觉得几个人一起走好处多的就一起走，愿独往独来的，咱们提倡。但至少做这样的规定，每次期中、期末考试前的那一个星期，大家一定要独往独来，以形成一种不同于往常的备考气氛，怎么样？"

同学们热烈鼓掌。

经几届学生试验，大家觉得考前一周独往独来，明显地利大于弊，有利于静心学习，有利于进入备考状态，有利于把干扰降到最低点。

考试前不宜开夜车

班级的学习经验交流会上，有同学介绍某科学家读书时，临考试前开夜车，取得了好成绩。

其实这是误导青少年。个别科学家可能擅长开夜车，甚至我们班上个别同学，也有时一天只睡三四个小时，白天不困，成绩照样突出。但那只是个别的例子，一般中学生如果去效仿非吃苦头不可。

心理学实验已证实，记忆在醒着的时候和睡眠的时候，其减少、消失是有相当差异的。用功后立刻睡觉，两小时内有记忆的退减，但以后则未见减少。相反地，一直醒着时，用功后 8 小时记忆仍有显著的减少。

也就是说，用功后可以用睡眠来阻止记忆的减少及消失。

那么，为什么会发生这种现象呢？答案是：只要你醒着，无论维持多安静的状态，人的头脑里都或多或少会有多种干扰情报闯进来。这种情报越来越多，刚刚记忆的事物，便被新涌进的情报所埋没，就显得不鲜明、不醒目。

显然考试前开夜车或当天起得太早，都不利于考试。

进考场莫患得患失

每年中考、高考，都有个别平时成绩一般的同学，超常发挥，取得别人意想不到的好成绩。本来一般学校都难以考取，发榜时却进了重点线。

也有的同学，事先大家都觉得他能进重点，成绩一公布，却连一般学校都考不上。

原因是多方面的，其中一个重要原因就是超常发挥的同学，没有包袱，没有心理压力。反正大家都觉得自己考不上，社会、家长、朋友、熟人都不对自己抱太大的希望，自然也不施加压力。这样走进考场，轻轻松松，从从容容，既没想考上重点如何高人一头，也没想考不上一般学校便怎么矮人一截。不患得患失，进了考场，心无杂念，只有试题，自然心静，守住心灵的一片宁静了；自然生长出智慧，答起题来，平日所学，尽现于心，当然容易正常发挥或超常发挥。

发挥不好的同学，重要原因之一是背的包袱太重。老师、同学、家长、亲人都知道自己学习好，能考上重点。考不上怎么办？如何见江东父老，如何面对老师的惋惜，同学的同情，家长的伤心，个别人的白眼。考上了怎么荣耀，怎么请亲友吃饭庆祝，怎么登台领奖，怎么激动地面对采访……患得患失之情绪，搅得心潮翻滚，波澜起伏，难以静心面对考题，当然难以正常发挥，容易招致失败。

古时候，有两个秀才去赶考，都想知道自己能不能考上，便到测字先生那里去测字。

张秀才不假思索，随口报了个“串”。测字先生满脸堆笑，赞不绝口：“恭喜相公，定会连科及第，乡试如愿，会试成功。”

王秀才见他报“串”字，测出这喜人结果，自己也极想成功，便也报了个“串”字。不料测字先生见了同样的“串”字，脸色却晴转多云，说：“相公非但中举无望，且有大病之灾。”

后来果然张秀才两试皆中，王秀才乡试便落第，急得大病了一场。王秀才病愈后去请教测字先生，为何测同一字会有不同结果。先生说：“前一相公没用心想，随口报‘串’。‘串’字由两个‘中’字组成，所以有两中之喜。而你是想了又想，有心报‘串’，‘串’底加‘心’字便成了‘患’字，患得患失，最后患病。”

一个学生，十几年学校生涯，面对无数次考试，应该尽早训练自己轻松进考场，有心答题、无心想胜负的心理，久而久之，形成习惯，自然在考场上能正常发挥，甚至超常发挥。

考场放松法

陈志伟同学学习认真，上课积极发言，平时作业正确率很高，但考试成绩总不理想。分析失误原因时，他说：“我丢分的题80%不是由于不会，而是因为紧张。我的胆子小，一进考场，心就发慌，特别是坐在那里，还没发卷纸，监考老师强调考试纪律时，我心里七上八下，我不想照别人抄，就怕别人照我抄，监考老师发现，我不也算违纪吗？一会儿又想，这回考不好，老师同学怎么看我，父母会怎么伤心。千头万绪，越想越怕，到发了卷纸，这些念头还缠绕着我，摆脱不开，以致心烦意乱，有时平时作业感觉非常简单的题，到了考场，越着急，越不会做，有时大脑居然一片空白。”

陈志伟同学问我：“怎样才能排除紧张的情绪，轻松地进考场。”

我向他介绍了几种方法：

1. 闭目养神法。这就是平时每次开学典礼、结业式大会上，我讲话前指导同学们做的：两脚叉开，与肩相等，脚掌平行，两手放在膝盖上，双肩下沉，微闭双目，头要正直，让身体逐段放松。

先让大脑放松，仿佛大脑变成了一团雾，弥散在空气中，弥散在宇宙空间。再让颈部放松，肩部放松，两臂放松，胸、腰、胯、腿逐段放松。感觉自己全身原来像装满了米的袋子，现在米都倒出去了，浑身随随便便、轻轻松松、自自然然地软下来。

2. 冥想法。闭目，内视鼻尖，以鼻对口，以口问心，气沉丹田。可以想自己心灵深处有一汪湖泊，湖泊十分平静，没有波澜，没有涟漪。湖泊边上长满了花草树木，花草树木的影子倒映在湖泊上，十分清晰，色彩斑斓，历历在目。再仔细想一朵莲花的影子，花瓣、花蕊、花粉的形象都十分清晰地倒映在心中的湖上。这样想来，不知不觉，就忘记了是在考场上，倒好像是在风景宜人的西湖边，心情自然就不紧张了。

3. 调整呼吸法。进了考场，微闭双目，开始深呼吸。呼吸时身体要放松，吸气时要深、细、匀、长。意想一口气细细、均匀地入鼻，进肺，再往下进入小腹。呼气时要又粗又快。平时一呼一吸每分钟 20 次以上，调整时可将其减至 10 次以下。还可想自己正站在月季花丛中，吸气时，月季花香沁人心脾。这样调整几分钟，会有神清气爽之感。吸气时也可默数 1、2、3、4、5、6，呼气时，则数 1、2 两个数。这样慢吸快呼，大脑不由自主由注意考场转移到注意调节自己的身心、呼吸。

4. 三调并重，辅之以动作法。调身、调心、调息同时进行，双手再轻压合谷穴。这种办法有利于治疗高度紧张的考生。

陈志伟考试前试用这些方法，感觉都有效，他最喜欢的还是冥想法。想美好的景物，就来不及想乱七八糟的事情。答题时，也心平气和从容不迫，发挥越来越好。

幻想式应考法

战胜怯场，轻松应考的办法，当然不止前面介绍的这些。每位同学还可以创造适合于自己的轻松应考的办法。张海同学在学习方法交流会上就介绍过自己应用幻想式应考法。

1986 年第十届亚运会上，韩国男女乒乓球队双双击败雄霸世界乒坛多年的中国男女乒乓球队，在国际体坛上引起了轰动。为什么能够取得震惊世界的成绩？《世界体育参考》1986 年 10 月 25 日的一段报道说："韩国的教练们发现了一种'幻想式'训练法。所谓'幻想式'训练法，就是要运动员睡前在床上幻想跟对手比赛，幻想出整个战情，其目的是使运动员在心理上养成同最强的对手对抗的习惯。这样，当他们真的冲锋陷阵时，心理上有了准备，一般都能正常发挥水平。"

张海同学过去进考场也发慌，他从韩国乒乓球队的"幻想式"训练得到启发，也对自己进行"幻想式"考试训练。办法是考试前半个月，每天临睡觉前，躺在床上，逼真、细致地想面临大型考试的情景：在喧闹的人群中，自己沉静地等候入场。凭准考证，进入了大楼，并找到了考场，在监考老师的指导下找到了贴着自己考号的座位。坐下来，心不沉静时就闭目养神，心沉静时，就观察监考老师，研究老师的性格。老师开始发试题了，自己从容地接过试题，先对照试题的页数是否顺序相连，接下来开始答题。

他想得很逼真、很细致，如同身临其境，这样想惯了，到真的进入考场时，心理准备充分，适应了考场的一切，一点也不感觉紧张了。

答题前纵览全卷

有的同学进入考场拿到试题后，不看全卷，从第一页，第一题开始答。他们害怕看到后面不会的难题，干扰了前面答题的情绪。

这样做的坏处是，前面遇到难题，可能以为后面也全是难题，同样答卷情绪不佳，还完全可能因过多用时答前面的难题，到快交卷时，后面容易的、会答的题却没有看到，没有时间答了。

大部分同学领到试卷后，先用几分钟时间浏览一两遍，做到胸中有全局，特别对经常研究考试题，经常自己出题的同学，拿到试卷总有一种似曾相识的感觉，绝大部分类型题都做过，绝大部分题自己都会做，浏览全卷起到了稳定情绪、坚定信心的作用。

有的同学还总结自己浏览全卷的经验，提出要做到八看：

1. 看试卷页数是否齐全。

2. 看题目印刷是否清晰，对解答有无文字障碍。

3. 看自己的知识与题目类型的对应情况，对大脑中记忆的知识提前做好提取的心理准备。

4. 看试题的分量，包括书写量、阅读量。考试量大，要突出快；考题量少，要突出稳。

5. 看试题难易的分布、比例。题易谨防粗心，题难不要灰心。

6. 看卷首注意事项，这是解题的指南。

7. 看试题分数的分配，发现高分题，设法突破。

8. 看监考人员发卷后有无补充说明，如题目更正，时间延长等，一定要及时更正，及时记住。

通过八看，你对全卷从整体把握，像一位临战的将军，知己知彼，就能高屋建瓴，胜券在握。

怎样编排解题顺序

拿到试卷，总体浏览之后，就开始答题了。先答哪些题，后答哪些题，顺序安排得当，才有利于发挥自己的优势，有利于真实地表现出自己的实力，不至于答完题后产生过多的遗憾。

一般说，确立解题顺序应该因人而异，量体裁衣，就是要适合自己的特点，适应自己的知识结构，适合自己的解题习惯。

人们熟悉的“先易后难”的解题顺序，并非适合一切人。

常见的解题顺序一般有六种：从头到尾法，先易后难法，先高分后低分法，客观性题目入手法，主观性题目入手法，先难后易法。

这些方法，各有自己独特的优势，同时也就产生一定的弊端，自然也就分别适用于不同的场合、不同的考生。

1. 从头到尾法。

优点：不易漏题。

弊端：易使考生疲倦，如时间掌握不好，会失去最后的高分题。

适用：粗心的考生，时间充足的考试。

2. 先易后难法。

优点：可以使考生始终保持良好的心态。

弊端：易漏题、费时间。

适用：心情紧张的考生，时间充足的考试。

3. 先高分后低分法。

优点：可以保证高分题有足够的时间。

弊端：易漏题，易使考生疲倦。

适用：题量大，时间紧，善于做高难题的人。

4. 客观性题目入手法。

优点：易造成考生良好的应试心态。

弊端：易导致主观性试题时间不足。

适用：基础扎实的考生。

5. 主观性题目入手法。

优点：抓住应试力强的有利时间发挥。

弊端：心态不佳的考生易紧张。

适用：题量小，阐述能力不很强的人。

6. 先难后易法。

优点：难解题有足够时间，脑力最佳时刻给了难解题。

弊端：不易把握时间，易紧张，心中无底。

适用：极特殊学习尖子，通览全卷觉得有把握时。

具体选择哪种答题顺序，一定要结合自己的实际。

考场运筹时间的方法

考生在正常情况下应该按照时间的多少安排答题的顺序，步步为营，稳扎稳打。如果因意外，出现时间少、试题多、无法正常解题的情况，不妨采用以下应急方法：

宁可只解答要点，不做详细阐述，也绝不留下一些题目空着。这是因为一道题的答案不管你答得如何完善，得分也仅是一道题的分数。而解答了两道题虽然只有一半，然而是答案的主要内容。一般说分数相加比只答其中一道题分数要高。

如是分析性的题目，可采用只列要点、简例，不做具体分析的方法。要点、简例用提纲表述，不阐述它们之间的联系，也不考虑语言组织。这类题目一般按要点、简例分析几方面评分，答了要点便有要点分，如再加一个简例，则丰富了内容，分数就更高。

每年升学考试，都有这种现象：出了考场，考生惊呼："啊哟，我的演算步骤还在草稿纸上。""哇！我的这道题漏掉了！"

要避免这种情况，就要力求留出一定的复查时间。

复查，是大战后打扫战场。解题犹如战斗，讲究紧张、速战速决；复查是打扫战场，要求冷静。所谓冷静就是从原有的思路中解脱出来，从当事者变为旁观者，对试卷做仔细审查、无情挑剔。要知道：当局者迷，旁观者清。应试者只有头脑清醒时，才能避免种种遗憾。

怎样参加标准化考试

标准化试题分为主观题和客观题两种。主观题大家比较熟悉。客观试题有固定答案，用微机阅卷。

客观题主要有以下几个特点：

1. 题量大。

一考就是几大篇，甚至十几页。考生用于读题的时间多，需要注意答题的速度。许多教师非常重视训练学生的答题速度。北京师大实验中学要求学生每天读一篇英语短文，至少读三遍，第一遍看懂大意；第二遍弄懂难点，掌握关键词；第三遍复述文章梗概。当然，选用短文的难度要适当，一般稍难于历年高考试题中出现的短文。没形成阅读习惯前，开始会感到吃力，一旦坚持下来，半年就会大见成效。因此，每个考生必须懂得，阅读能力是参加标准化考试的基础能力，不具备这种能力，参加标准化考试必然丢分很多。

2. 覆盖面广，并且提供的答案具有很强的迷惑性。

这就要求考生平时熟练地掌握基础知识和基本技能，扎扎实实地打好功底。那种只靠横冲直撞、抠难题、猜考题的考生在标准化试题面前是无能为力的。只有那些步步为营的将士，才能夺得一座又一座城池。

3. 答卷要求严格。

客观题的答案是做在专用答题纸上的，考生需按要求将正确选择项处的空白点涂黑。不按此要求答卷不得分。

考生应尽快适应这些特点，参加标准化考试应注意以下三点：

1. 狠抓基础知识的掌握和基本功训练。

标准化试题中大量采用的选择题，看起来不难，做起来不容易。有的同学认为，做不出来就猜。猜确实可以得点分，但毕竟是瞎子摸象，不能取胜。由于试题内容覆盖面大，基础性强，所以没有扎实的基础知识做功底必定要答错。因此考生要注意：（1）复习的全面性。（2）重要概念、公式、定理、语法、习惯用语等内容一定要在理解的基础上牢记，熟记。（3）注意准确性。切忌一知半解，以提高判断正误的能力，防止在选择时受“迷惑”。（4）提高答题速度。标准化试题量化，对速度有较高要求，平时就要注意答题速度的训练。

2. 认真阅读考试大纲，弄清楚考试范围和要求。

考试大纲中包含了每科考试的性质、目的、内容、范围，以及试卷的规格、考试的方法，题型、题的分量等内容。这些都需要认真了解。如果有样板题或模拟题，还应结合考试大纲认真研究一下，认真“演习”一下，做到心中有数，以便实际考试时充分发挥自己的水平。

3 注意答卷技术性的要求。

主要有五点：

（1）确认答卷规格，看发的卷纸有无毛病，如果试卷本身会影响评卷，应立即请求老师换卷。

（2）避免漏涂。凡应涂的地方都涂上。

（3）避免错涂。有的人选 A 涂 B。有的考生黑色标记没有涂到规定的位置，都将前功尽弃。

（4）避免浅涂。光电阅读机在识别考生所作黑色标记时，都存在着它对黑色标记颜色深浅程度的最小识别极限。如果着色太浅达不到起码可读标准，机器就会视为未涂，即使答案正确也不给分。所以着色涂黑时要适当深一些，清晰一些。

（5）保持卷面整洁。试卷上凡与正确答案无关的笔迹都不能保留，应与错的记号一样通通擦干净，以免给阅读机输入错误信息。另外卷面不能捅破，不能折叠，不能撕破，否则输入阅读机时会出现故障，影响评分。

考场解题怎样开拓思路

考场上解题，开拓思路十分重要。有的同学考完以后说："这些知识都会，可就在考场上想不出来了。"原因之一就是思路窄。如同打仗，明明有军队，但因道路窄或道路时断时续，有现代化的部队也不能及时调到战场上。

思路宽呢，就好像纵横交错的大道都通向战场。将军可以任意调动各路大军迅速到达第一线，做最佳的出击。

开拓思路要学会多种思维方法。

1. 相似思考法。

抓住事物的相似之处，由此及彼，开拓思路。1986 年高考作文题是"树木·森林·气候"，不少考生思路局限于自然界里的树木、森林和气候之间的关系，若你适用相似思考法，你就会从自然的思考中超越出来，联想到个人、集体和国家的关系，联想到人才、社会和文明的关系……从社会、人生的层次上作新的构思。

2. 相反思考法。

从反面去剖析、反证、推理、概括或理解设想问题。思考中经常问自己："如果倒过来，会怎么样？"如"老马识途"，可以正面立意，老一代的经验是极为宝贵的；也可以反面立意，老马识的路是老路，老路对现代化建设是行不通的；用相反思考法，正中求反，异中求新，往往独辟蹊径。

3. 对比思考法。

将难解的题目和记忆中的某些相似、相反题进行对照比较，分析题型异同，从而确立思路的异同。例如练过“缩写”这种作文形式，而测试的恰恰是没练过的“扩写”。将这两种方式进行比较、分析、对照，就确定出相应的思路，对提供的内容认真分析综合，确定中心，安排好重点、详略。抓住最能体现中心的场面、细节进行扩充，做细致、生动的描写，做到内容充实具体，情感真切动人，中心明确突出。

4. 溯源思考法。

在知道一种现象后，不仅仅局限于现象表层的思考，而要进一步探究现象的本源。有道思考题：大兴安岭失火原因？从现象上说，火灾起于肇事者的火种。但为什么会有肇事者的火种？这里有人事原因，人事原因中又有制度原因，制度原因中又有历史原因和现实原因，顺藤摸瓜，问题就越来越明朗。

5. 多路思考法。

将思路从各个角度扩散开去，向四面八方辐射。构思《读〈滥竽充数〉有感》，通常从指责南郭先生不懂装懂角度发议论，一旦进行多路思考就会发现许多新的立意，如批评乐队队长的官僚主义，赞扬齐王“好一一听之”等。

6. 换元思考法。

任何事物都由多种因素构成，本质上具有多元性。在思考中，如果朝一个方向行不通，就应及时改变方向，亦即换元。四川省 1988 年中考作文《家庭的风波》，构思时可以换元为《学校的风波》《一件小事的风波》等进行思考，思路开拓了，再回到“家庭”写风波，就顺手了。

7. 分解思考法。

对一些综合性较强的题目，难以一下求得问题的解决，便可用分解思考法，将综合题分为若干小问题，一一攻破，然后再综合起来。如数学证明中，前一个证明的结论为后一个证明的前提，在解题时就可分为两个小问题，依次思考求证，再联系起来求证。

开拓思路不是平原跑野马，漫无边际。它是在特定的题旨下，提供选择项。因而思路一经开拓，就要果断选择，切忌患得患失，优柔寡断。如有的考生写作文时做了多种构思，沿着这种思路写了一段，沿着那种思路又写了一段，用心不专，都会半途而废。

怎样防止“跑题”

出了考场，考生们喜欢议论试题，操场上，花坛边，仨一群，俩一伙，常听到有的同学懊悔地惊呼：“哇！我跑题了！”“真倒霉，若不跑题，答满分没问题。”特别是中考、高考答卷跑题，有的同学懊悔得直拍大腿，有的甚至顿足捶胸。

怎样防止“跑题”呢？应从两方面入手：

第一，认清题型术语的含义。

题型术语是约定俗成的答题规范的词汇，它对解题有严格的指向性。常见的题型术语是：

比较：寻找事物之间的相似之处和不同之处，一般是“同中求异”或“异中求同”。

对比：将两方面加以对照，显示出区别，有时近似比较。

解释：对事物的本质属性加以说明。

判断：对理论、原理或事情的真假性，提出你的判断，有时还需说明理由。

简述：或叫简答，简明扼要地叙述要点，省略掉细节和具体事例。

列举：列举出相关的知识和要点，不做具体阐述。

评价：从一定的角度，对某事物的价值做出估价，其中一定程度上包含个人的意见。

证明：为所得的结论或决定提出充分的依据。用文字或符号表达结论与依据间的逻辑关系。

论述：或叫阐述，或叫分析。必须详尽地论证阐述，论点明确突出，论据确凿充分。

第二，明确题型的解答要求。

（1）选择题。

要求考生从规定的迷惑答案和正确答案内选出一定数量（或唯一，或多项的）的正确答案的试题。

（2）填充题。

给出一个不完整的句子，要求考生把省去的那些重要的，关键的字、词、符号、结果、图表等内容补充完整。有填空题、填图题等小类。解答填空题，考生首先要认真理解题意，字斟句酌，按题目要求准确填上恰当的内容。值得注意的是，解答填充题，不仅要语句通顺，而且还要准确，切忌以空白的长短作为答案内容多少的标准。若是书本中的原话，应“以书为据”。

（3）改错题。

要求考生改正命题中因某些字词造成的内容形式上的错误，侧重考查学生对知识的理解和应用。解答改错题，首先要从题目所表达的整体意思思考、判断、限定、表述等是否恰当；其次应抓住某些关键性词句，如“凡是”“都”“只有”等表范围的词，看是否与学过的科学原理、客观事实、标准规范等相矛盾。做改错题的原则是：一要不违背出题原意，不作不相关的或不突出主要意思的更改。二要抓住要害，修改造成错误的关键字词。

（4）配伍题。

由两组有关的素材组成，要求考生为一组的每一项，在另一组中选择出一个联系最密切或相配的项目。常见的有连接题和排列题两小类。解答配伍题需注意：明确题目按什么标准来配搭；两组素材中的项是否存在一一对应关系，每一项是否仅限用一次，所列项目是否选完。

（5）解释题。

要求考生叙述、说明某个名词、术语、原理、公式或某种理论、观点、事实、关系等。主要测试考生对知识的记忆、理解和表达能力。各科各类知识的解释题的解答有较大差异，如历史中的“事件名称”，常常需要解说事件发生的时间、地点、简单原因，主要当事人、事件经过、事件意义等。而语言中“术语名词”，只要解释所指对象含义即可。

（6）读文题。

一般是由文和题两部分组成，如语文测试中的阅读题。解答读文题，首先要读题，再带着题去读文，既省时，效果又好。解答时，既要回忆相关的知识要点，又要联系具体的环境。这种测试主要检查综合适用的理解能力、分析能力、表达能力，灵活性较大，照搬记忆中的要点，得分不会很高。

考试时从陌生中寻找熟悉的东西

遇到陌生的试题，不要惊慌，要想到不管试题怎样陌生，始终不会超越大纲的。只要具备大纲所要求的知识，总能找到解题的路子。

对付陌生试题的应变方法，是力求从陌生中发现自己熟悉的东西，由一点突破，扩大战果。

1982 年高考，在作文上取得高分的一位考生，曾经谈过这样的体会：前两年高考作文都写读后感。老师在复习课上也详细讲解了读后感的各种写法。我在约半年多内看了 200 篇文章，写了近 100 篇读后感。

可是走进考场，遇到的作文题目却是《先天下之忧而忧，后天下之乐而乐》。起先我感到试题陌生，很慌张，但马上命令自己“镇静”，仔细审题，努力从中发现我知道的知识。首先我回忆起题目这句话是北宋范仲淹的一句名言，于是在草稿上写下“北宋，范仲淹”五个字；接着我想起这句话是范仲淹在《岳阳楼记》中提出的一个重要观点，表达了他的幸福观。于是我又在草稿中写了“《岳阳楼记》范仲淹的幸福观”。

这时候，我的思路忽然活跃起来，眼前像有火花一亮，猛然想道：这次作文虽然不是写读后感，但“先天下之忧而忧，后天下之乐而乐”是《岳阳楼记》中的名言。写读后感的一种方式就是抓住文章中的名句或一个观点集中谈、深入谈。这次考试就是抓住这一句最能表明作者观点的话谈感想。

于是，我感到陌生的题目熟悉了，就在草稿上写出了提纲：

1. 指出“先天下之忧而忧，后天下之乐而乐”是北宋政治家、文学家范仲淹的人生观。

2. 指出这是一种幸福观，许多革命者把它作为座右铭。

3. 举例分析，毛泽东在长沙师范读书时，“身无半文，心忧天下”……

4. 我是一名共青团员，也应该“先天下之忧而忧，后天下之乐而乐”。

这位考生的经验说明，陌生的试题，只要仔细审题，深入思考，也能挖掘出熟悉的东西。

考场常见故障排除方法

应试是精神上的一场拼杀，战情千变万化，难以预测。许多事实证明，本是胸有成竹、胜券在握的考生，由于应试时缺乏必要的应变能力，发生意料不到的故障，影响了应试能力的正常发挥，有的甚至一败涂地。

考场上常见的故障有以下四种：

1. 看待事物的习惯心理。考生熟悉一种题型或原理的固定的使用范围，便会形成解题的心理定式，在遇到类似的题型时，常常按照习惯的路子思考求解，结果南辕北辙，差以毫厘，失之千里。

2. 错觉。考生对某种题目驾轻就熟，当试卷上出现相似的题目，便错以为是自己所知的题目，便将答案写上。

3. 记忆障碍。本来很熟悉的字、公式、知识，突然受阻，一时怎么也回忆不起来。

4. 钻牛角尖。在解题时，只沿着一条思路走下去，碰鼻子不会拐弯，一错到底。

考场上要排除障碍，应注意四点：

1. 冷处理中等转机。当遇到确实难以攻克的难题时，为了不空耗精力，就应先把它搁置下来，暂时告别，去解决另外的问题，或者根本不考虑这些问题。休息几分钟，大脑得到松弛后，回到原来的题上去，或许会突然悟出解决的办法。一位高考文科考生说："作文《习惯》，怎么写呢？左思右想，始终难以下笔。我干脆抛开它，去检查前面已经做完的试题。我检查到综合阅读题时，其中一句'以一人之誉而召季布，以一人之毁而遣季布'触动了我的灵感，思路突然开阔起来，于是一篇谈'用人习惯'的议论文形成了。"

2. 列举知识要点进行筛选。遇到难题，考生对思考方向或试题答案不能做正确判断时，考生可根据试题检测大体方向，列举相关知识要点，来比较选择。中考有一道试题：说出下列带点的词在句中的意思。

A. 一狼洞其中。

B. 半匹红绡一丈绫，系向牛头充炭直。

这道题是对文言文词义掌握程度的考查。当你一时难以回答时，便可列举相关的知识要点：通假字、词类活用、名词作状语等，然后逐一考查，经过选择比较，就会发现这里的"洞"是名词活用为动词，是"打洞"的意思。"直"是"值"的通假字，"价值"的意思。

3. 四步思考突破法。现代测试的一个突出特点，突出了综合性。它不是要求考生简单地回忆知识，而是要求考生对过去所学的多种知识进行综合运用；它也不是对以往习题的简单模仿，而是利用教材提供的知识构造新的题型，具有较强的灵活性。因此，考生在临场应变活动中，很容易遇到难题，陷入困境。采取下列四步思考法有利于你选取突破口，摆脱困境。

第一步：哪些基础知识是同本题有关的？

第二步：这些基础知识是否有联系？

第三步：哪些解题思路与本题问题有关？

第四步：利用前两步列出的要点对第三步提供的思路进行逐个分析、排除、选择，最后找到突破口。

在进行以上四步思考时，一边想一边写出要点，有利于比较分析；即使最终未能突破，阅卷老师也可以根据你的思路正确程度给予相应的分数。

4. 碰鼻子后急转弯。解题时若思路受阻，难以突破，就不应一条道跑到黑，立即换一个思路，或许会豁然开朗。

心理学家黎德出过一道题考学生：“用 6 根火柴构成 4 个三角形，使这些三角形每边都是一根火柴那么长。”考试结果只有少数几个学生用 6 根火柴构成一个三棱锥。这个问题的死角是受试者默认为 4 个三角形都要在一个平面上，这种思维定式，使他们钻进了牛角尖。如果在平面上碰鼻子及时将思路转到立体上来，那么问题就迎刃而解了。

转换思路，不仅仅是选择解题的正确方向，有时也为了适应考生本人的知识结构。解题中每种思路的展开都需要有相应的知识跟上，知识储备不足，思路会因此中断。所以，及时转换思路能够弥补你的不足而发掘你的潜能，将解题的突破口选择在你的优势上。

1981 年文史类高考数学试卷上有一道题：“已知正方形 ABCD 相对顶点为 A（0，1）和 C（2，5），求顶点 B 和 D 的坐标。”这是一道解析几何题，但可以看成复数题，也可以把原点移到 AC 的中点（1,3）看成平移题，一题多解。当你一种方法行不通时，完全可以换另一种方法。多一条思路就多一种选择的优势。

附录：语文知识树

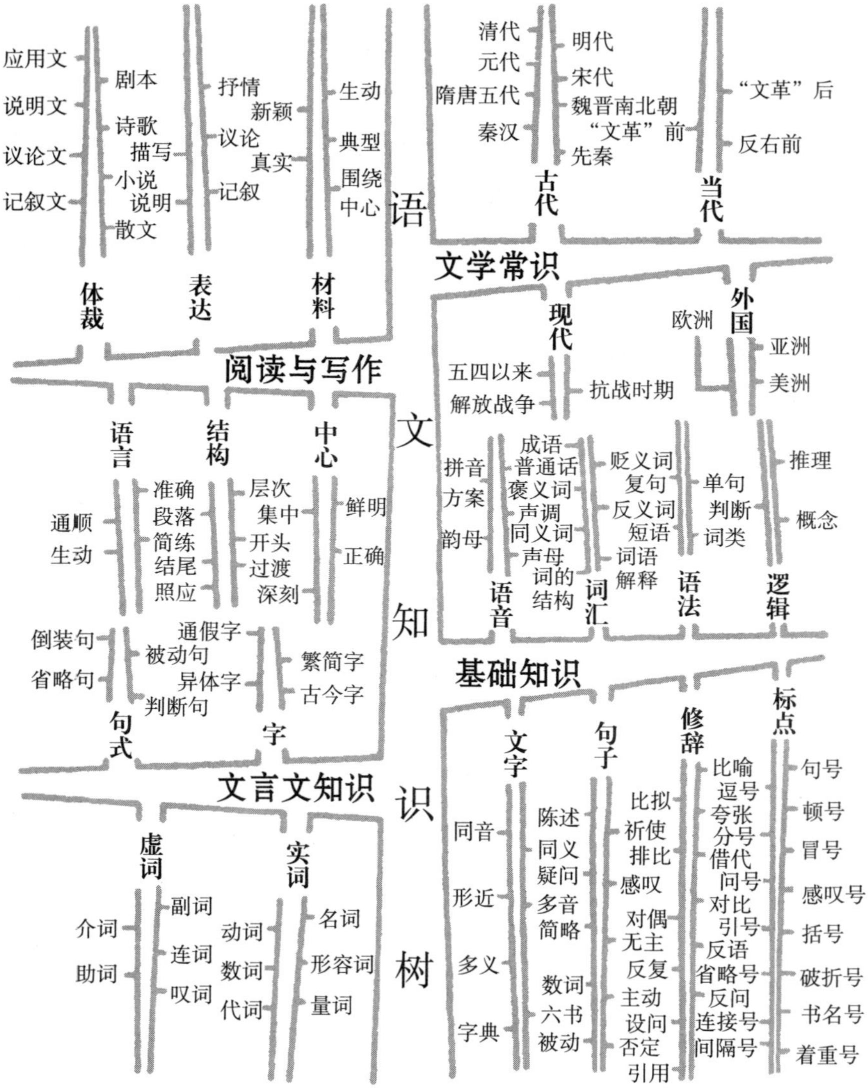

说明：本表因篇幅所限，只列出知识序列的第一、第二、第三层次，第四层次以下从略。原拟4部分19项118点，经研究确定为4部分22项131点。